U0455091

品读石家庄

孙万勇 著

学习出版社

图书在版编目（CIP）数据

品读石家庄 / 孙万勇著. -- 北京 : 学习出版社, 2024. 10. -- ISBN 978-7-5147-1279-7

Ⅰ. K292.21

中国国家版本馆CIP数据核字第2024GP8387号

品读石家庄

PINDU SHIJIAZHUANG

孙万勇　著

责任编辑：宋　飞
技术编辑：刘　硕

出版发行：学习出版社
北京市崇外大街11号新成文化大厦B座11层（100062）
010-66063020　010-66061634　010-66061646
网　　址：http://www.xuexiph.cn
经　　销：新华书店
印　　刷：北京顶佳世纪印刷有限公司

开　　本：710毫米×1000毫米　1/16
印　　张：24.75
字　　数：257千字
版次印次：2024年10月第1版　2024年10月第1次印刷

书　　号：ISBN 978-7-5147-1279-7
定　　价：68.00元

序

党的十八大之后，以习近平同志为核心的党中央提出了“五位一体”的总体布局，文化建设在新时代的战略地位得以彰显。

如果说，前些年人们更多地从对经济社会的促进角度来认识和研究文化建设作用的话，那么，现在开始比较注意思考文化对整个社会发展的主导和引领作用了。这是一个鲜明的进步，说明经过几十年改革开放的实践，人们对文化重要性的认识特别是其在新时代影响力的感悟，更加理性和升华了。

我在《文化力》一书中曾经谈到，文化力是人类社会进步的永恒推动力。文化力渗透于社会的各个方面，可以说文化力的作用和功效是无边的、是无形的、是无限的、是无极的。文化力对经济建设起着先导作用，对于思想建设起着感化作用，对于环境建设起着辐射作用，对于人才成长起着催化作用。总之，文化先导力在人类文明发展的进程中有着巨大的反哺作用。

同理，文化力对于城市发展的引导作用，也是十分的重要。为什么一些城市先天条件差不多，区位优势不分伯仲，但发展的结果却大不相同。有的进步显著，成为引领时代的翘楚，有的始终磕磕绊绊，落后于人。归根结底，除了物质建设等硬件条件的差距之外，文化建设的短板，即在认识和发挥地方文化的引领作用方面，还相对滞后，可能是重要的原因之一。由此，领导者应当进一步加大对文化力的重视程度，更多地研究如何把文化力的引领作用内化于城市发展的过程之中。从这个角度说，我十分愿意看到《品读石家庄》这样的书。

说起来，我也是河北人。因为若干年前，原籍通县还归属于河北省。更重要的是，20 世纪 80 年代中期，我曾在河北省委任分管文教的书记，常住石家庄。那是一段难忘的时光，结交了许多好朋友，对河北人、石家庄人留下了深刻的印象。作为燕赵大地、畿辅之地的子民，石家庄人生性纯朴直爽、实在义气，当然，也有几分执拗。他们不那么善于变通，但认准的事情，却会干得很实在。对人对事很热情，能包容，不排外，是可以信赖的城市群体。遗憾的是，由于工作繁忙，我没来得及深入品味这座城市的文化性格。孙万勇同志这本书，为我们提供了这样的机会。

作者长期生活在石家庄，有着十分丰富的素材积累和切身体会，具备全面准确反映这座城市文化气质的基础。本书不是简单的对城市历史文化的介绍，而是深入一步，揭示其长期积淀而内化的人文气质。可贵的是，作者秉持了客观清醒的认识，不仅展示了这座城市人文精神光鲜亮丽的一面，而且也严肃地剖析了不那么出彩的一面，其中，既有文化力推动下创造的辉煌，也有受人文精神制约而造成的失误与教训，既有成功的总结，也有失误的反思，将一个真实的石家庄展现于世人面前。与此同时，也就如何完善城市的文化品格，如何更好地发挥文化力的先导作用，提出了自己认真的、颇有见地的思考。在时下浮躁的社会里，能够沉下心来，认真负责地品读一座城市的人文品格和气质，这是应当点赞的。

其实，在国家推进京津冀协同发展战略的大背景下，人们应当更多地了解这块充满希望的土地。正如习近平总书记指出的，“京津冀同属京畿重地，地缘相接、人缘相亲，地域一体、文化一脉，历史渊源深厚、交往半径相宜，完全能够相互融合、协同发展。”了解这块土地，包括了解已经熟悉的北京、天津这样著名的大都市，也包括石家庄这样的区域性的重要城市；应当了解它的经济社会发展的现状，更应当了解它丰富多彩的城市文化气质，以及在文化力引领下未来发展的前景。毕竟，京津冀协同发展，将不可避免地给我们的生活带来影响和变化。

祝贺这本书的问世，也希望看到更多研究城市文化的书籍。

2017年7月20日

目录

开篇的话

这是一座有些神秘色彩的城市。

所谓神秘，并不是不被人所知，而是人们对它的历史、人文及其特有的个性了解不深、知之不多，既不像北京、天津、上海那样，说起“老辈子”的事，那么活灵活现，耳熟能详；也不像济南、郑州、长沙等规模差不多的城市那样，家长里短、风土人情，印象鲜明，总有些谈资甚兴的话题。

这座城市位于祖国版图的北方，太行山中段东麓，华北冲积平原的西端；它是环绕首都的京畿大省的省会，京津冀协同发展中的重要支点；它是除了海口之外，成为省会时间最短的城市；它被一些“文化人”诟病为没有什么历史和文化的城市，本地人提起此事，似乎也有些英雄气短；它有一个不怎么洋气甚至有些土的名字——石家庄，连石家庄人自己也叫它“庄儿”，以至于屡被一些“热心人”撺掇着改换市名。

长期以来，围绕它，人们收到了一些似是而非而又充满争议的信息。负面说，它是一座缺乏历史、缺乏文化的城市，正面说，它不缺历史，同样拥有值得自豪的文化底蕴；负面说，它是一个没有特点和风格的城市，正面说，它有着鲜明的文化气质，只不过人们不够了解罢了；负面说，它一直默默无闻，没有什么大的影响力，正面说，它是一座勤勉的城市，曾经为中华文明和新中国作出杰出贡献；负面说，它饱受大气环境的困扰，不宜居住，正面说，它连续几年入选最具幸福感的城市行列，这里的人们最有幸福感。

一座城市，并且是一座大城市，世人有着如此矛盾的印象和评价，这在全国并不多见。所谓有争议才有兴趣点，这更加重了人们的好奇心，产生了解读品味它的冲动。

然而，这的确是一个看似简单却难以从容下笔的题目。

所谓品读，不是简单地重复历史，而是透过历史看本质，品味出一座城市的文化内涵，以及由此而孕育出的城市气质和人文精神。这可能就有点难了。

难在，如何做到真正地品味。我们正处在一个浮躁的社会里，再熟悉不过的地方，却不容易静下心来，认真地、仔细地品味它、读懂它；而试图解读它的人，也往往“不识庐山真面目，只缘身在此山中”。何况，要在众说纷纭的背景下求得认同，准确地提炼并描述出这座城市的气质和文化特征，则更是需要小心推敲、仔细琢磨，颇有些给历史定性、给干部做结论的味道。

难在，品读要求的全面性和系统性。须知，一般的了解和认识是对事物表层的知晓，而品读则是对事物本质的把握。历史是一部大百科全书，一座城市的历史又是那样的浩如烟海。要从不同年代、重大事件、名人逸事、风土人情中，概括出这座城市的地域特色、精神气质、文化品格和人文符号，涉及政治、经济、社会、文化、历史、地理等诸多领域。况且，这些内容既前后衔接、连绵演变，又纵横交织、相互联系。要把这些内容从文化品格的角度准确地表述出来，需要去粗取精、去伪存真、由此及彼、由表及里，仔细研判、分析、概括、提炼，方能求得真谛。

有人说，石家庄历史短，不难说清楚。这个看法未免肤浅。且不说石家庄的身世几何，就算从近代开埠到如今，也有百年以上的历史。须知，上海、青岛、哈尔滨这些赫赫有名的大城市，都不过一百几十年的历史，深圳是改革开放后兴起的城市，仅三四十年的历史，又有谁能三言两语说清楚呢？更何况石家庄这样不事张扬的城市呢！

更难的是，品人的不易。人是历史的主人，是文化精神的体现者。品城、品精神、品文化，归根到底是品人，是品这座城市的人格。品读城市，就是要把人的精神气质、文化品格说清楚、道明白，说出它的个性特色和与众不同。而世间最难把握的对象就是人。且不说人的世界观、价值观不同，就是生存环境、受教育程度、人生经历和文化熏陶，都是千差万别、多姿多彩的。这其中，还有个性和共性的关系。我们现在需要品味的是，一座城市千千万万人，在漫漫历史长河、持续的繁衍生活过程中所形成的共性的人文精神，其难度更可想而知了。

然虽其难，方有挑战性和吸引力。

它的意义在于，通过品读使生活在一座城市的人们，了解自己从哪里走来，认知历史积淀成的丰厚的精神遗产、独特的城市气质和文化品格，从而增强市民的文化自信以及继承优秀文化传统的自觉性。读懂了城市，你才会明白，这块热土并不缺少历史，而且至少延续千年、连绵不断；并不是没有文化，而是璀璨生辉、光彩夺目。与此同时，也清晰地认识城市文化中某些消极的成分，自觉地摒弃那些偏狭的保守的、落后的意识，完善城市健康的精神气质和文化品格，为社会的可持续健康发展增添动力。

它的意义还在于，使域外的人们了解一座城市独特的文化生态，既可推进各种文化交流和融合，又能引导提升开放的程度和质量。无论是改革开放 40 多年的历史，还是今天推进京津冀协同发展的实践，都反复地启示，我们常常说的投资环境，从某种意义上讲，实际上就是文化生态环境。招商引资也好，交流合作也罢，首先是不同文化交流碰撞融合的过程；文化融合的程度，又影响到合作的深度、广度以及实效。

历史告诉我们，人的精神气质和文化品格是影响城市发展的重要因素。如北京人的大气、上海人的雅致、江浙人的精明、河北人的拙朴、东北人的豪爽、山东人的侠义、四川人的坚韧等人文特性，都不同程度地影响着当地经济和社会发展。江浙人做生意、搞合作，一定是精于计算的。你说要给最优惠的条件，他就会把国家允许的税收、土地政策规定，地方可以承受的减让程度算到极致，甚至比你还要清楚。当然，精明归精明，一般来说，他们还是很诚信守约的，合同意识比较强，是较可信赖的合作者。更重要的是，他们带来的先进理念和经验，如春风化雨般润物于大地上，来年的收成应该是不错的。

再如，北方人总感觉上海人不好接近。打起交道来，上海人言谈举止颇为讲究，透着一股“精明劲儿”，被认为是“乡下人”的外地人，总感觉不舒服。实际上，这种精明，是大都市人文气质不自觉地流露，同样是在商场上锱铢必较、追逐利益，上海人会用一种精致的语言、精致的方式、精致的技巧来实现。当然，上海人的法治意识很强，搞合作也很规范。同样地，这种精致气质用到城市建设上，就是追求精细、上档次、出品位。因而，上海的城市建设和管理水平也是全国一流的。很显然，这与上海特有的人文气质是紧密相连的。

有比较才有鉴别。举这些例子的落脚点，仍然是如何认识和完善城市的精神气质和文化品格，从而传承优秀历史文化，增强文化自信，为书写新的历史提供一些借鉴。

品读的意义如此重要，我们应当排除所有困难，去揭开石家庄这座城市的神秘面纱，诠释这座城市的本来面目。如果说，以往人们的目光大多停留在一线城市，已经非常了解北京、上海、天津、广州这些大城市，那么，现在是更多关注石家庄这些二线城市的时候了，特别是在京津冀协同发展的历史机遇面前。作为国家战略，京津冀是继珠三角、长三角之后，中国大地上崛起的又一个城市群，必将深刻地影响着国家经济社会的发展。因此，人们除了了解北京、天津这些大城市外，还应当了解这个区域内另一个重要城市——石家庄。

有学者认为，京津冀协同发展，目前还缺少第三支点，由此，发展存在着非均衡性。为使三地资源空间由非均衡性向均衡性发展，应选择将石家庄作为河北省的战略支点，使其升级为支撑京津冀协同发展的“第三极”，即京津冀协同发展的支点应确定为“京津石”。这种说法，是否准确科学，还有待论证，但可以清楚地说明，深入了解石家庄这座城市的重要性。说不定哪一天，你就会和它“邂逅”，并在这里留下人生的足迹。毕竟，这里或许蕴藏着一些重要机遇，等待你去发掘和把握。

由于多种原因，目前反映石家庄特别是石家庄文化的书籍还比较少，或许与它的实际地位和影响力还不相符。处在新的时代，我们有责任弥补前人未及的缺憾，为后人留下有价值、有意义的记录。

既然如此，就让我们一起“摸着石头过河”，坚定地、小心翼翼地、一步步做好这篇文章吧！

上篇

读读这座城

如同一个人有他的出身、由来和成长的印记一样，石家庄这座城市也有它的身世与由来。需要探讨的是，在漫漫历史长河中，它是怎样由一个小小的社会细胞，发育、成长、兴起为城市的，并由此而发挥着区域性的作用。同时，需要对它的文化DNA进行确认和比对：在兴起发展过程中，自然环境、生产方式、社会结构等因素，是怎样作用于城市的人文精神，从而形成它的文化个性和独特气质的。

一般来说，城市兴起发展的过程，就是人文精神创始和培育的过程；而人文精神的形成，反过来又影响和作用到城市的发展。品读石家庄，首先要了解它的历史。

一、滹沱河畔的前世今生

说起城市的起源，先要翻开厚重的历史画卷。学过历史的人都知道，城市是经济社会发展到一定阶段的产物，是人类文明成熟和发展的重要标志。

华夏民族在进入奴隶社会之前，由于生产力低下，只能采取群居和部落的形式生活。这个阶段，社会只有一些流动的聚居地，还没有真正意义的城市。毕竟那时的人类还处于茹毛饮血、谋求生存的初级阶段。

进入奴隶社会之后，夏商周及至春秋时期，人们开始有了“抱团而居”的意识。很显然，这个“团”，已经不是传统意义上的部落，而是既能稳定生产又能安居生活的城垣了。萌生这一需求的原因是，长期的诸侯战争带来的流离失所、家破人亡的悲惨境况，迫使人们向有防御设施的城垣集中；与此同时，随着生产力水平的提高，生产的物品有了剩余，要流通、交换，于是产生了集市，需要相对固定的交易场所。严格意义上讲，城市是先有市而后有城。因为有市，才能维持人们的基本需求；有城，才会有效地抵御外来的入侵，让人们安居乐业。

战国时期，虽然国家形态逐步完备，但还处在承上启下的初级阶段。在政权治理上，仍然实行的是部落制和分封制。直到秦统一全国实行郡县制后，才实现国家、郡、县的三级治理体制。统治者出于巩固政权、管理社会的需要，力图在自己的领地里，形成若干个区域性的政治经济中心，即中心城市。为了实现上述目的，郡和县的驻在地即治所，也都设在各类中心城市。

再回到石家庄。首先遇到的问题是，它有没有长久的城市历史？它的源头在哪里？翻阅史料，结果出乎人们的意料。

大量考古证明和史书记载，太行山下、滹沱河畔的石家庄一带，是华夏文明的最早发祥地之一，也是中国北方城市起源较早的地方。[①] 太行山前冲积平原的富饶、滹沱河水的充沛、交通区位的优势，早早就为人居和繁衍提供了适宜的环境和条件，也为城市的产生铺设了温床。

石家庄区域最早的城市萌芽出现在商代。20 世纪 70 年代，人们在藁城县（今石家庄市藁城区）台西村发现了商代大型聚落遗址，面积在 10 万平方米以上，建筑精致，生活功能齐全，可以认为是商王朝的一个重要都邑。

发现的大量文物还证明，支撑城市运转的经济活动已经比较活跃，青铜器、酿酒、制陶、丝织业甚至医疗器械都领先于世。这里发现了世界上最早的丝织品、最早的酒曲实物和最古老的医用手术刀。可以想象，在 3400 多年前，人们就能穿

---

① 张献中主编：《水帘洞揭秘——探访沕沕水石家庄先民之家》，河北美术出版社 2011 年版，第 141 页。

上丝织衣服，喝上美酒，有病还可以开刀做手术，在当时那是何等的生活品质啊！

春秋战国时期，是石家庄区域城市群蓬勃发展的年代。诸侯纷争，战乱频仍，为了躲避战争的摧残，王侯们纷纷建筑坚固的城垣。这一带曾经出现过 20 多座大小不一的城池，其中最高层次的中心城市是中山国都城灵寿（今石家庄市平山县三汲乡），面积 30 多平方公里，现存宫殿区、居民区、手工业区等遗址，其城垣规模之大、建筑水平之高，前所未有，在河北的先秦史上占有重要的位置。[①]

藁城台西村商代城垣遗址出土的饕餮铜钺

① 河北省文物研究所:《战国中山国灵寿城》，文物出版社 2005 年版，第 10 页。

时间到了秦代，秦统一六国后，先后将全国分置为三十六郡，后增至四十郡。当时的郡，相当于今天省和设区市之间的行政架构，直接由王朝控制。秦始皇没有忘记这里的土地和臣民。石家庄一带先归属巨鹿郡，后单独设置恒山郡。恒山郡疆域范围相当于今天石家庄市的大部分及保定市的西部，包括古北岳恒山。郡城置东垣（今石家庄市长安区东古城村），这是秦统一全国后石家庄区域的第一座中心城市，也是石家庄城市发展史的重要源头。至于为什么称为恒山郡，这与其所管辖范围内的古北岳恒山有关。①

原来，在清代之前，历朝封建帝王秩典祭祀的北岳恒山，都是位于河北曲阳县的大茂山，祭祀地点在曲阳县城的北岳庙（现有遗存，为全国重点文物保护单位）。明朝迁都北京之后，以祭祀地点在国都之南为由，出现了“迁祀到山西浑源”的动议。但改变几千年的祀岳惯例谈何容易，迁祀派和维祀派经过几次争论终无定议。清代旧事重提，继续延续了这场争论，直到顺治帝御批“移祀北岳于浑源”，改祀之争才尘埃落定。

迁祀虽然完成，但北岳恒山千年历史的印记依然保留下来。走到今天的曲阳县城，人们仍然能够看到以恒山、北岳、恒阳为名的街道；历史上恒山郡的治所——今天的正定县，也有恒山路、恒府广场等地名。

① 孙万勇主编：《石家庄通史（古代卷）》，河北人民出版社2010年版，第129页。

这是一段插曲。无论如何变化，恒山郡作为石家庄历史上第一个国家行政区划的地位已经确立。自此之后，历朝历代都在这一带设置过许多府、州、路、道等行政管理机构，尽管称谓各有不同，管辖范围或有盈缩，但2200多年来历朝历代，从来没有中断过。

按历史先后顺序，石家庄一带的行政区划设置沿革大致是，恒山郡（秦汉）—常山郡（汉代）—恒州（隋唐）—镇州（唐代）—河北西路真定府（宋辽金）—中书省真定路（元

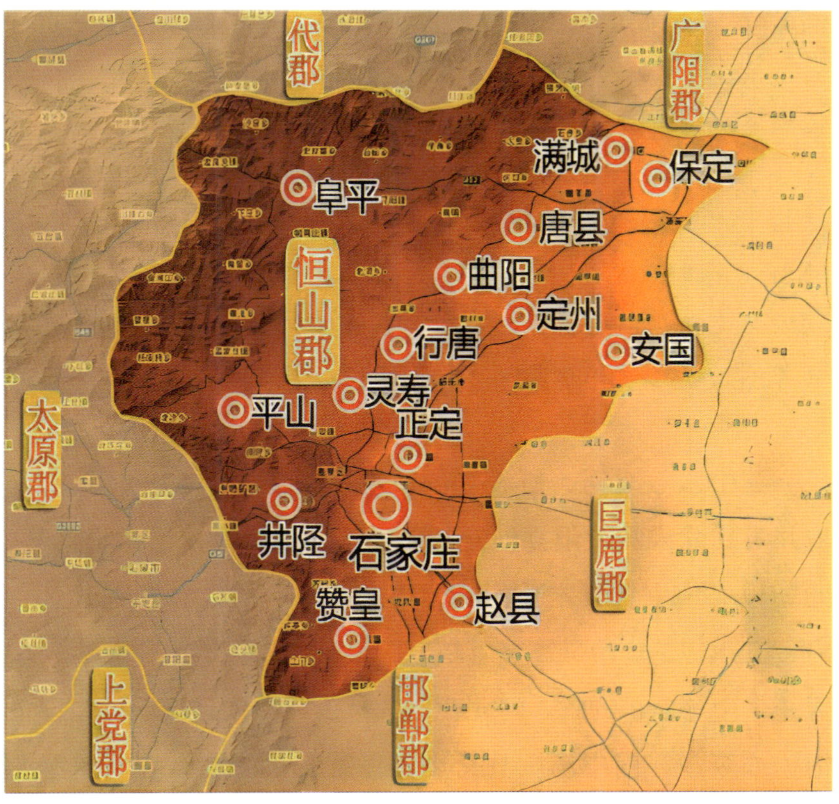

恒山郡区域图

代）—真定府（明清）—正定府（清代），大约可简化归纳为秦汉郡、隋唐州、宋金路府、元路、明清府。

表 1　石家庄主要朝代行政区划历史沿革表

年代	区划置	治所
春秋	鲜虞国	国都在今正定县新城铺镇
战国	中山国	国都在今灵寿县
秦朝	恒山郡	东垣（今长安区东古城村）
汉朝	恒山郡后改常山郡	元氏县故城村
三国魏	常山郡	真定（今长安区东古城村）
隋朝	恒山郡后改恒州	真定（今正定县城）
	分设赵州	平棘（今赵县）
唐朝	恒州后改镇州	真定
	分设赵州	平棘
宋朝	真定府属河北西路	真定
元朝	真定府属中书省	真定
明朝	真定府属北直隶	真定
清朝	真定府雍正改正定府	真定后改正定

其中多数时间，所设置的政府机构规格很高，领辖若干府州县。北宋在此设立河北西路，领四府、九州、六十五县；元朝设立中书省真定路，是国家二级行政中心，领九县、一府、五州，是规治最高、管辖范围最大的时期，大体相当于今天一个中等面积的省。河北西路的范围北接宋辽边境，南邻黄河。如今在河南省汤阴县岳飞庙里就有岳飞在真定府从军的记载。

明清两代，朝廷先后在此设立环绕京都的北直隶和直隶省，首长先后为直隶巡抚和直隶总督，驻地先后在大名（今邯郸市大名县）、正定，相当于今天河北省（比之范围更大，包括京津冀以及山东、河南的一部分）的省会。后来，只是为了与京城联络方便，直隶省的治所才迁移到保定。谁知道，石家庄的祖先们在200多年前，已经过了一把省会的“瘾”。[①] 其他时期，石家庄区域州郡府的称谓多次改变，甚至反复，但管辖范围或多或少，大致与今天的石家庄市相同。

需要说明的是，从东晋十六国始，常山郡的行政区划发生变化，在郡的东南部分设出一个区域性的中心，先为赵郡，后为赵州，再后为时郡、时州（以下统称赵州）。赵州属领过若干县，历经隋唐宋辽金元诸代，有上千年历史，也创造了辉煌的物质和文化成果。域内有名满天下的隋代建筑赵州桥，佛教名刹柏林寺，还有享有盛誉的特产雪花梨等。产生过一批历史名人，如唐代政治家、文学家，官至宰相的苏味道（赵州栾城人，今石家庄市栾城区）是著名诗人苏洵、苏轼、苏辙的祖上，今有味道府美酒念之；营造不朽赵州桥的伟大工匠李春（赵州人）；唐代政治家、父子宰相李吉甫、李德裕（赵州赞皇人）；元代数学家李冶（赵州栾城人）；等等。

中唐之后，赵州与镇州（真定）同属成德军节度使（驻真定）管辖。由于地域相连，历史同源，风物相近，所以赵州与镇州区域之间的经济、文化联系非常密切。例如，佛教禅宗

---

① 赵明信:《历史上的石家庄》，方志出版社2004年版，第299页。

的弘扬，就是镇州的临济寺与赵州的柏林寺联手完成的。应当说，北镇（州）南赵（州）像一对孪生兄弟，共同为石家庄一带的繁荣发展作出了贡献。从明代以后，赵州即划归真定府管辖，后来虽然一度做过直隶州，但基本上回归了今天的石家庄区划范围。

说来说去，我们发现，作为老郡府的石家庄这一带历史很久远，很早以前就如此富庶、如此开化、如此重要。在这个区域出现一座重要的中心城市，实在是一种历史的必然，不管它叫什么名字，如果没有这座城市反倒令人不可思议。

二、老郡府“家”在何方

有人可能会说，石家庄区域历史这么悠久，与今天的石家庄有什么关系呢？石家庄不是火车拉来的城市吗？这的确是个问题，不深入研究很难回答，仔细研究却并不复杂。

实际上，中国许多城市，历史上的中心治所都有过多次变迁。所谓治所，其实就是城市行政机构的驻地，某种意义上讲，也可以说是政府的“家”。譬如北京，公认是几千年的文化古都，但如果不从周武王分封燕地（都城在今北京市房山区琉璃河镇）算起，则只能从金朝建立中都开始，满打满算，也就 800 多年的历史。这一下子，至少就截去了 1000 多年时间，无论如何都说不过去。何况，它只不过是中心城市的名称变了、

“办公地址”变了，一如今天北京城市的副中心要迁到通州那样，而它的管辖区域没有变，生活环境没有变，经济发展、社会文明一脉相承，甚至连气候、水文都没有变，剪不断理还乱，怎么能说没有关系呢？显然，这种截断法是不可取的。

同中国的许多城市一样，历史上石家庄区域中心城市的治所也有过多次变迁。考古和史料发现，秦汉时期在这一区域，先后设置恒山郡、常山郡、真定国（一度与常山郡并存）等建制。由于王朝更迭、战争和自然灾害的影响，它的治所曾先后设在东垣城（今石家庄市长安区东古城村）、元氏故城（今石家庄市元氏县故城村）、真定城和真定安乐垒（今石家庄市正定县）。

有趣的是，由于正定这座中心城市的重要地位、统治者重视的原因，它的名称、地址的几次变迁，与历史上三位帝王密切相关。

从严格意义上讲，石家庄区域中心城市的第一个治所是坐落于滹沱河南岸的东垣城。史料记载，东垣古城兴起于2500多年前的战国时期，是中山国的重要城邑，它雄踞滹沱河南岸，扼太行山口，衔燕赵，控中原，具有重要的战略地位。秦统一中国后，在此设立东垣县，继而东垣城又成为恒山郡的治所，其军事、政治地位进一步提高，也是兵家争夺的战略要地。[①]

① 孙万勇主编：《石家庄通史（古代卷）》，河北人民出版社2010年版，第128页。

汉文帝刘恒

西汉初，第一位与正定史上有直接联系的皇帝——汉高祖刘邦，御驾亲征东垣平定叛乱，攻城数月破之，在取得决定性胜利之后，以天子之威，亲自将东垣更名为真定，取“真正安定”之意。这也是“真定”一名的最早出处，应当说，创始权属于刘邦。这以后，汉武帝又将真定升格为真定国，之后，由于避汉文帝刘恒的名讳，恒山郡改为常山郡（因原为汉封常山王属地），其治所则迁往元氏故城（今石家庄市元氏县故城村），一直延续了400多年的历史，其间一度常山郡与真定国并存。直到三国魏时，废掉真定国，常山郡址又迁回真定，真定恢复了中心城区的地位。

需要说明的是，最初的真定城并不是今天的正定城。它的前身是滹沱河南岸的东垣古城，与今天的滹沱河北岸的正定城位置遥遥相望，延续了五六百年的历史。其间曾做过东垣县、恒山郡、真定国、常山郡的治所。

作出古城迁址决定的，是另一位个性鲜明的帝王——南北朝时期的北魏道武帝拓跋珪。这位出身于鲜卑族却对汉文化十分崇拜的帝王，对风水学颇有研究，对迁移城址很有兴趣。在他称帝北魏初期时，就将都城由盛乐（今内蒙古呼和浩特市和林格尔县）迁往平城（今山西省大同市）。他的后任孝文帝拓跋宏沿袭了他的爱好，当然也出于巩固政权的需要，又将都城由平城迁往洛阳。入主中原后，拓跋珪的这种爱好丝毫未变，并且还要不时找机会、找对象付诸行动。

北魏道武帝拓跋珪

公元 398 年，作为北魏开国皇帝巡游四方，拓跋珪来到旧时常山郡治——滹沱河南岸的真定城，看到滹沱河北岸有一处高地，名曰安乐垒——一个扎营驻兵的军事城堡。在充分发挥丰富的想象力之后，认定那是“祥瑞之地”，“嘉其美名，遂移郡理之”，立即决定将常山郡治连同它的名字——真定，一起迁到北岸的安乐垒。[①] 从此，安乐垒，这个过去不知名的屯兵之地，摇身一变，成为真定城，而原来的真定城旧址，则渐渐荒废，淡出了人们的视野。在如今的石家庄长安区东古城一带，还保留着这座古城垣的遗址（为全国重点文物保护单位），依稀看得到当年的繁华。

自此之后，在长达 1600 多年的历史进程中，除了唐武德时期在短短 3 年时间里将石邑（今石家庄市桥西区振头街道）做过治所之外，真定城一直是石家庄地区稳定的行政治所，又逐渐变为河北中南部政治、经济、文化中心，承载着统领区域发展的重任。由此，也开创了石家庄历史上的真定（正定）时期。

① 孙万勇主编:《石家庄通史（古代卷）》，河北人民出版社 2010 年版，第 256 页。

而把有上千年历史的真定变称为正定，则是源于另一位帝王的任性。1723年，清王朝雍正帝继位，为避其名讳（胤禛），改真定府为正定府。[①] 什么叫避讳？就是皇帝的名字，包括同音字，其他地方、其他人都不得使用，已经用了的，要一律改掉。封建王朝的皇帝，就是这样霸道，把自己置于至高无上、独一无二的地位，是名副其实的孤家寡人。这也是真定最后一次改名，从刘邦改东垣为真定起，时间已经过去了1900多年。

铁打的营盘流水的兵。在这悠悠历史岁月中，真定（正定）做过郡治、州治、府治，以及路、道的首府，有时是路、府、州、县几级并存的办公驻地。但不管朝代如何更替，名字、城址如何更改，都没有改变其中心城市的地位。

综上所述，我们对石家庄中心城市治所的历史沿革就比较清晰了，大致是：东垣城（恒山郡治）—元氏故城（常山郡治）—真定城（真定国都城、常山郡治）—新真定城（安乐垒，先后为隋唐时期的恒山郡、恒州、镇州治所，宋金元时期河北西路、真定府路的治所，明清时期的真定府治所）—正定城（清正定府、直隶的治所）。由此，石家庄一带行政中心治所进入了一个比较稳定的时期。

时间老人来到20世纪初。历史在走入近代之后，仿佛非要弄出一点动静，打破这上千年稍显沉闷的社会局面。一个偶

① 孙万勇主编：《石家庄通史（古代卷）》，河北人民出版社2010年版，第608页。

然的机会、一个重大事件的发生，带来了石家庄区域中心城市的又一次变迁，由此掀开了石家庄历史新的一页。

三、新治所迁徙去哪儿

谁也不曾想到，这个闯入石家庄平静生活的东西就是铁路。火车来了！

19世纪中后期，曾几何时，立于强国之林的大清王朝，被西方列强以船坚炮利打开了门户，中国人眼中西方的所谓“夷技”长驱直入抵近中国，而铁路首当其冲。

最初的火车，可比不上今天高铁的受欢迎程度，因为封建保守势力顽固地维护祖宗的旧制，强烈反对这个惊天动地的新生事物。当喷着蒸汽、呜呜作响的火车来临时，上至清廷“老佛爷”——慈禧太后，下至地方当政者如遇洪水猛兽，百般阻挠。从铁路进入中国大地，到中国第一条铁路正式运营，期间曲折反复，长达20多年。第一条铁路是1865年英国人在北京宣武门外修建的，被慈禧太后以“失我险阻，害我田庐”为由而拆除。第二条铁路是1875年英国人在上海修建的吴淞铁路，当地的官员充满恐惧，竟花28万两白银赎回，然后拆毁。但“青山遮不住，毕竟东流去”，代表先进生产力的铁路，仍以不可阻挡之势登上中国的舞台，成为洋务派官员争相兴办的实业，铁路开始在华夏大地陆续修建。

在经过多次曲折和反复之后，贯穿中国南北的大动脉——卢（沟桥）汉（口）铁路、连接河北山西的正（定）太（原）铁路开始修建，并且陆续于 1906 年、1907 年建成通车。

细心的读者发现，这两条铁路的名称，都与后来的说法不一。卢汉铁路由于北起点最终设在前门火车站，而后来顺理成章地改称京汉铁路。正太铁路，则由于东起点改在今天的石家庄（当时属正定府获鹿县的一个小村庄），也只能改称石太铁路了。即使这样，由于它在正定府地面，人们在很长一段时间，仍然称为正太铁路。至于为什么设在石家庄而没有设在正定？其中的故事，涉及朝廷官员、地方士绅、设计施工的法国人等，就不是三言两语能说清楚的了。

1875 年，英国人在上海修建的吴淞铁路

故事还要从当时的社会背景谈起。从今天的角度看，有一条铁路大动脉经过本地，那是天大的好事，它对于当地经济、社会的拉动作用，对于城市的发展和影响力是何等大啊！为什么正定没有抓住这次机遇呢？一种说法是，当年正定府的官员和士绅们认为，正定县是良田沃土的宝地，不宜动土，修了铁路，会坏了风水。这倒同清廷的“老佛爷”——慈禧太后有共同的思维。正因为如此，正定方面对新建铁路，持消极被动态度，甚至还有排斥之意。一条铁路经过，在当时绝对是一件大事，何况又在正定府地面上，地方官员不会不知道，但到目前为止，没有找到正定方面积极争取的史料。另一种说法是，设计施工的法国人认为起点在正定，要架一座横跨滹沱河

正太铁路石家庄站

的大桥会增加资金，也力主变动起点。几方作用下，朝廷最终批准正太铁路起点由滹沱河北岸改为南岸。最初选定了一个叫柳林铺的小村庄，与滹沱河水运相连，规划称为柳太铁路。事情还不算完。随着施工的进展，法国人勘探后认为滹沱河是季节河，不能全年通船。起点设在柳林铺，仍然浪费钱财，干脆画一条直线，终点直接修到一个叫石家庄的村子。于是，这条铁路几经折腾，就成了石太铁路。

不管怎么说，当初力主改变铁路规划的人们，绝不会想到，由正太铁路—柳太铁路—石太铁路，改变的不仅是一条铁路的起点，而且改变了一座千年古城的地位和命运，带来了一座中心城市治所的迁移更替。

史料记载，随着正太铁路的开通，正定的政治、经济、交通优势日渐式微，工商业中心、水旱码头的地位渐渐没落。正如当年的《河北月刊》指出的那样，“正定在清时，虽为冲要之缺，但正太铁路通轨之后，豫晋孔道已移至石家庄，致地方日益衰落，工商业均无存在，比之一般县份尤见荒凉”；另一个曾经的“旱码头”——获鹿县的情况也是这样，失去了往昔的繁荣，而因铁路而兴的石家庄，一开始就展示出生机勃勃的发展力，以不可阻挡之势迅速崛起。由此，没落了一个旧的府城，促进了一座新城的兴起和繁荣。正定府与锦上添花、再创辉煌的历史机遇就这样擦肩而过！多年后，人们还在为此唏嘘不已。

然而，从历史大的格局来看，它不过是一个小插曲。区域性的经济社会不会就此停滞或戛然而止，中心城市的功能作用也一定会有新的替代。铁路带来的优势，使石家庄迅速成为新的中心城市治所。它继承了正定府的政治、交通、经济、文化中心的地位，继续发挥着中心城市的作用，也强有力地掀开了石家庄中心城市历史的新篇章。

在粗略梳理了石家庄历史上城市治所演变史后，我们发现了一些规律性的东西，即是区域的紧密性和稳定性。除了赵州在若干时期的分设之外（但彼此联系密切），大多时间，城市中心治所始终管辖的是今天石家庄一带的范围，像今天的鹿泉区、栾城区、藁城区、晋州市、新乐市、行唐县、灵寿县、平山县、井陉县、元氏县、赞皇县、高邑县、无极县等，都在其中，带有一定的稳定性，说明这一带经济社会内在的必然的联系。它令人信服的说明，从东垣—真定—元氏—真定—正

石家庄流域的滹沱河

定—石家庄，是这一地区历代中心城治的延续。这种延续，既是地缘上的延续，更是政治经济文化上的延续。这就是石家庄今天之所以成为河北的省会、畿辅重镇的历史渊源。

我们还发现了一个有趣的现象，中心城市治所的几次迁徙，都是围绕滹沱河两岸完成的。由东垣古城到元氏故城，再到真定城，再到安乐垒（真定、正定），最后到今天的石家庄，几次变迁，像是有条线，在两岸画了个“W”形，最远不过50多公里。说明了什么呢？我认为，是这座城市的亲水性和近文化性。毕竟，滹沱河是哺育这座城市的母亲河，依恋在母亲怀抱里，是再正常不过的事；正定古城是这座城市的文化根脉，延续了千年文明，亲近它，也是合乎情理之事。你看，一支自然之水，灌溉着万千良田沃土；一脉文化之水，滋养着芸芸众生，谁说这不是一个设城的好地方呢？！

四、近代石家庄的足迹

历史是波浪式发展的。不同的发展阶段，带来了不同的经济和社会的演变，因此，也直接影响到城市文化品格的铸造形成。研究这座城市的发展历程，也是十分必要和有意思的事情。

关于正定古城的历史演变，已经多有介绍，不再赘述。这里重点探讨近代石家庄的兴起之路，它是怎样从一个蕞尔小村跨越式发展成为一个拥有几百万人口的大城市的?

简而言之，石家庄的发展之路，大体走过了6段路程。

1. 近代工业文明的孕育

如果说，铁路的修建使石家庄由村庄变为城市，那么，近代工业的萌发和兴起，则是这座城市出世的源头和拉动力。也可以说，近代工业文明的出现，直接孕育和催生了这座城市。

与不少城市一样，石家庄也有自己的产业源头；还与不少城市一样，产业资源源于现代工业的黑金动能——煤炭。煤炭的开采、运输，是促使正太铁路修建、催生早期石家庄这座新城的一个不可替代的重要因素。而煤炭资源的集中地，在于西距石家庄50公里的井陉县，以及邻近的山西省。

史载，井陉县蕴藏丰富的煤炭资源，旧称“北方最良之煤田”。早在宋代，就开始出现民窑采煤，至清末，煤田已大量开采，形成规模。[①] 鸦片战争之后，由于工业机器的出现，对煤炭的需求量大大增加，传统的低效率的采掘方式已不适用。由于地方士绅、德国资本与中国官商的介入，近代工业煤矿应运而生，生产水平也大幅提升。煤炭生产的高额利润，使得煤矿就像一座金山，令觊觎者垂涎欲滴，因而，围绕它的利益纷争从一开始就没有停止过。

中国最早兴建的近代煤矿之一，是井陉县绅士张凤起于1898 年开办的井陉煤矿。由于资金短缺难以为继，开业不久就向官府提出与洋人——曾任北洋水师提督的德国人汉纳根入股联营申请。虽然清政府多次驳回申请，始终不予批准，但张凤起与汉纳根不肯善罢甘休，筹建新矿的步伐一直没停，在购置了大批新型机器设备后，1903 年新井正式开工。

虽事已至此，但矿产权属之争并未结束。袁世凯任北洋大臣之后，于 1906 年设立直隶矿务总局，并几次派官员督办落实井陉煤矿的权属问题。这些官员一方面收买张凤起所置矿地，另一方面与汉纳根讨价还价，力推变革产权体制与经营方式。经过多次磋商，双方于 1907 年正式签订合办协议。从此，井陉煤矿进入官营企业行列。严格地讲，井陉煤矿是中外合资企业。

---

① 石家庄地方志编委会:《石家庄市志》第二卷，中国社会出版社 1998 年版，第 168 页。

1898 年开办的井陉煤矿

与井陉煤矿先后起家的，还有一家华丰煤矿，由实业家杜英魁筹资于 1905 年兴办。之后，由于资金短缺，杜英魁联合正定吴雪门、王士珍等人共同入资开矿。不久，华丰煤矿与井陉煤矿产生资源纠纷，有官商背景的井陉煤矿占了上风，华丰煤矿生产一直不景气。为了改变这种局面，1912 年，他们拉拢北洋政府总理段祺瑞之弟段祺勋等人入股，改华丰煤矿为正丰煤矿，重整旗鼓，力图走出困境。由于段氏兄弟的庇护，正丰煤矿从此兴盛起来，也形成了与井陉煤矿并立的局面。

20 世纪 10 年代中期，井陉的煤矿进入了一个相对稳定高产的时期，年产量达到创纪录的 131 万吨。井陉、正丰两大煤矿也声望日盛，曾双双入选全国二十大煤矿之列，其生产的优质煤享誉海内外。

令老板们没有想到的是，煤炭产业的发展，不仅为自己赚得盆满钵满，而且为东边不远的一座新城打通了生命的血脉。源源不断的煤炭，成为正太铁路丰富的货物运输来源，以及石家庄商品集散地的充足货源。资料显示，在当年正太铁路和石家庄转运的物资中，井陉的煤炭居于首位。同时，也为石家庄的兴起、产业的发展、市民的生活提供了资源性的保证，并由此带来一系列相关产业的诞生。

与此同时，山西省如阳泉、晋中等地煤矿生产也进入工业化阶段，产生了快速外销的冲动。两地不谋而合，都在想方设法拉动交通动脉的建设，于是铁路应运而生。而铁路的开通，又为城市的兴起打下了第一根桩基。

100 多年前，在正定府获鹿县石家庄村东空旷的田野上，不知不觉之中，一片新式的厂房拔地而起，那标志性的高大水塔，人们在三五里地外就可以看到。这就是 1905 年由法国人建造的正太铁路机器总厂，时间早于 1907 年开通的正太铁路。实际上，它是直接为正太铁路运行配套、专门用于火车机车车辆修造的工厂。总厂下有锅炉厂、锻铁厂、模厂、装配厂、修车厂，可以为铁路运行提供全面的保障，其规模和技术能力，当时在全国都名列前茅。工厂的建成，带来了西方先进的生产技术、全套的管理方式，以及现代生活方式，是石家庄近代工业史上一个划时代的事件。同时，它还为石家庄培养出第一批产业工人。当昔日手握锄头的农民，穿上工装、拿起锤子站在机器旁时，标志着一个小村落开始城市化的惊人巨变。

1905 年由法国人建造的正太铁路机器总厂

“靠山吃山，靠水吃水。”石家庄最早的产业，很多都与煤炭相联系。以充足的煤炭为依托，1914 年，井陉煤矿在石家庄筹建的炼焦厂，是中国第一家冶金焦炭生产厂家，炼出了我国第一批优质焦炭。经过不断的技术改造，产量不断提高，初期日产 40 吨，后来达到 110 吨，年产 3.5 万吨；其所产清水焦炭和焦煤质量上乘，长期供应汉阳钢铁厂和兵工厂，并远销日本和东南亚。与此同时，石家庄炼焦厂还是我国最早回收利用焦炭副产品的企业，品种包括臭油、沥青、黑漆、樟脑溶剂等达 20 多个，用现在的话说，不仅延长了产业链，增加了利润，而且有利于生产环境的改善，甚至可以说，产生了循环化工产业的萌芽。这在当时的中国是少有的。

1914 年，井陉煤矿在石家庄筹建的炼焦厂

石家庄早期以煤炭为依托的产业，还有电力工业、铁制品、交通运输等。最早的电厂是 1908 年井陉煤矿的自建电厂，类似于今天的坑口电厂。以后又陆续建设了铁路大厂、大兴纺织厂、焦化厂，以及用于城市生活的民用电厂。后者的电力，为城市生活带来了一片光明。也得益于优质的煤和焦炭，石家庄迅速出现了一批铁工厂，如义兴铁工厂、永聚兴铁工厂、育德铁工厂等，主要生产轧花机、织布机、石印机等小型机械，也是石家庄机械制造业的开端。当然，还有以煤炭为主要对象的交通运输业，包括繁荣兴旺的货物转运业。

这一切都令人信服地说明，以井陉煤矿为代表的早期工业文明，为石家庄一跃成为华北地区重要工商城市奠定了坚实基础。

2. 清末肇始与民国雏形

清末民初，由于京汉铁路和正太铁路的修建，石家庄处在一个铁路的交叉点。原来默默无闻的小村庄，像变魔术一样，演变成为令人瞩目的工商重镇，其崛起速度之快，的确令人有些瞠目。

史载，石家庄始于明初，原是隶属真定卫的一个军屯，直到清康熙年间废除卫所军屯制，它才正式成为行政村，归属获鹿县管理。有关村庄的规模，光绪年间的《获鹿县志》记载，“石家庄，县东南三十五里，街道六，庙宇六，井泉

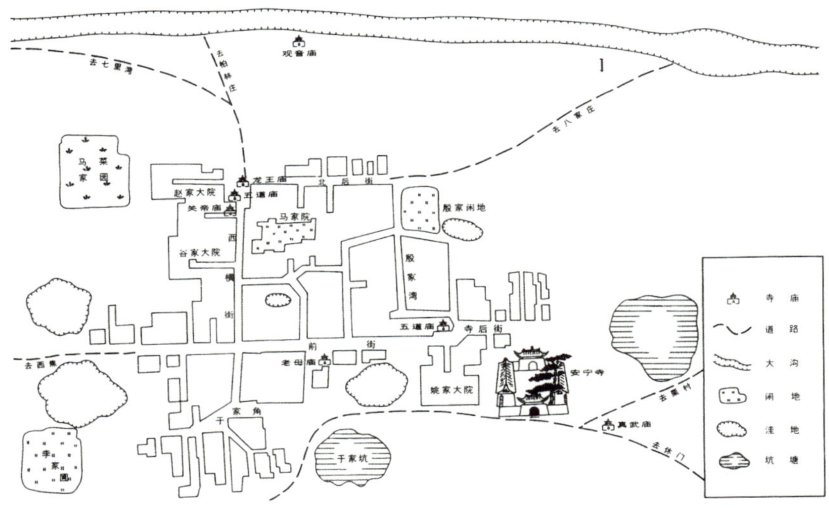

1902 年石家庄村轮廓示意图

四”[①]，其后的人口记录表明，石家庄村有93户，共532人。这在当时，的确是一个普通得不能再普通的小乡村，谁也不会想到它日后翻天覆地的变迁。这一切，都源于铁路的修建。

当火车第一声长笛鸣响时，石家庄也掀开了现代城市肇始的新篇章。火车以它巨大的时间和成本优势，排斥着一切落后的交通方式和生活习惯，吸引四面八方的人流、东西南北的物流，在这里交会聚散。由此，工商业在这里繁荣起来，各种必备资源和生产要素开始聚集，常住人口逐渐增加，一座城市不可避免、顺理成章地出现了。

说起来，石家庄的建城史很有特点，准确地讲，是先有市后有城。

清末铁路开通之后，石家庄村就日渐繁荣，迅速兴起为一个工商重镇，逐渐向中心城市的方向发展。无论从哪个角度看，它都已经是一个功能比较齐备的城市了，却长时期没有“名分”。原因是，一方面石家庄人在建市方面的意愿并不强烈，没有紧迫感，提出申请较晚，另一方面在于民国时期，由于军阀混战，无暇他顾，所以全国新置城市的审批陷入停滞状态。一直到1925年8月，中华民国临时政府才批准石家庄建市。[②]

当时的规划是，以石家庄、休（方言音qiū）门为基础，

---

① 孙万勇主编：《石家庄通史（近现代卷）》，河北人民出版社2011年版，第54页。

② 孙万勇主编：《石家庄通史（近现代卷）》，河北人民出版社2011年版，第54页。

各取一字，谓石门市。虽然后来建市的过程曾有停顿，但石家庄作为一个城市开始走上了历史舞台。这个时期，整个城市产业不断发展，规模渐渐扩展，服务功能逐步增强。1947 年城市解放后，为区别日伪时期的称谓，改为石家庄市。

“花开两朵，各表一枝。”作为石家庄市发祥地之一的休门村，也在城市发展中扮演过重要角色。实际上，它比石家庄村的历史更加久远，曾经是获鹿县的一个重要乡镇和集市，至今在休门社区还有花市街，就是当年棉花市场的旧地。

当城市跨过京汉铁路向东发展时，休门成了城市化进程的又一个萌发地，这里产生了石家庄的第一家电报房（现还有电报局街）、第一座城市公用的私人发电厂、第一家声光电影院、第一家纺纱厂、第一座跨铁路东西的地道桥，大量现代生活元素出现，使得城市的功能得到进一步完善。

与此同时，作为历史久远的村镇，它也有深厚的文化积淀，休门吹歌、休门大鼓流传至今，书法、武术活动曾经享誉一时，包括居住、饮食、民俗文化，都浸透着明显的地方特色。所有这一切，都影响着石家庄城市文化氛围的养成，以至于人们说，要全面认识石家庄原住民的生活，一定要去了解休门的历史。

当然，城市的最先发端还是与铁路紧密相连。由于正太铁路修建的初衷，是为了运输河北西部井陉、山西一带的煤炭，因而这一阶段城市发展的主要特点是，直接为煤炭运输服务的行业（如货物转运业）率先兴起。为什么首先是货物转运业？这不能不说“两个车站”的故事，起因就是正太铁路修建留下的“后遗症”。

原来，先通车的京汉铁路修建的是1.43米宽的标准铁轨，全国通用，而后来正太铁路修建的却是1米宽的窄轨，两条铁路无法相通。据说，设计施工方法国人给出的理由是，地形复杂而资金有限。这种说辞是否真实，自有公论，但两条铁路相继通车而不能交汇，却是千真万确。不得已，两条铁路修建了两个火车站，一开始名称也不相同。京汉路上的车站称振头站，这是借用了几里地外的振头镇的名字，因为石家庄名小声微；正太路上的车站以石家庄村命名，称石家庄站（可能因为是窄轨，底气不够足，有个名就行）。从山西运来的煤炭、棉花、铁制品等货物，需要转运到南北各地，近在咫尺却不能联运，只能先卸到石家庄站的货场，再用车马拉运到京汉路上的振头站。同样，京汉路的布匹、粮食、日杂货品要到山西去，也只能先卸到此站再转运到彼站。

这种一个城市在同一地点并存两个火车站的现象，在全国绝无仅有，而且一直延续了30多年，直到抗日战争时期才完成同轨。这是后话。想想看，该有多大的成本和浪费啊！

但这种畸形的设置，却促成了一个行业的兴起，这就是货物转运业。为了适应运输需要，那个时候，两个车站附近，货场连着货栈，鳞次栉比，人力胶皮车、骡马大车，以及后来的汽车，熙熙攘攘，络绎不绝，煞是热闹。不仅煤矿老板纷纷在此设立自己的货运公司，而且承揽托运、中转业务的地方转运公司和货栈也大量涌现。据记载，民国初期至20世纪30年代，石家庄的货物转运公司达到33家，货运工人达数千人之

正太铁路1米宽的窄轨机车

多。也就是说，这座城市出现的第一批产业工人中，与其他城市不同，不仅有煤矿的采煤工、开火车的铁路司机、养护铁路的护路工、修理机车的修理工，而且有以搬运货物为职业的运输工人。

货物转运业兴起的同时，随之而来，直接为铁路运输服务的其他行业也应运而生。银行、钱庄等金融业、电信邮政、供水供电等公用事业纷纷出现，以及相关联的商业服务业，如客栈、旅馆、百货店、药房、饭庄等也陆续登场，且不断繁荣。进入20世纪30年代，石家庄的商业服务业已经初具规模。

比较著名的有，与正太铁路同时建成的正太饭店，是石家庄最早的法式洋楼建筑，也是当时最豪华的饭店，曾经接待过孙中山、蒋介石、宋教仁、周恩来、彭德怀、彭真、阎锡山、九世班禅等知名人物。此外，还有建于1920年的中和轩

石家庄最早的法式洋楼——正太饭店

饭庄，是石家庄最早的清真饭店，其经营的蒸饺享有盛名，延续至今；建于1935年的乐仁堂药店，以真材实料、童叟无欺而知名；建于1928年的蚨纶绸缎庄，以品种多、样式新、服务好而著称。

这一时期，也是现代工业和商贸业的萌芽阶段。利用原料丰富、价格低廉、交通便利的优势，陆续有机器修理、焦炭烧炼、棉花纺纱和面粉、铁加工等新的工业崭露头角。1905年，石家庄的第一个机车修理厂——正太铁路机器总厂（今中车集团石家庄有限公司）开始创建；1914年，由德国人建设的石家庄第一座炼焦厂——石门焦化厂（前石家庄焦化集团有限责任公司）正式投产；1922年，第一个纺织厂——大兴纱厂（前石家庄国棉七厂）开始运营。同时，依托当地和山西丰富的粮产，石家庄的粮食贸易业也形成规模。20世纪30年代初期，石家庄经营粮食的货栈就达30多家，每年有成千上万吨粮食从这里进出。工商业的兴起，不仅满足了铁路运输的需要，而且完善了城市的生活功能，保障了市民的基本需求。

经济的发展，带来了文化的繁荣。新式学校、戏院、电影院纷纷面世，河北梆子、丝弦、评剧等粉墨登场，文化交流日益活跃。1924年5月，世界文豪泰戈尔，在林徽因、徐志摩陪同下，访问石家庄，还有美国、法国、比利时、意大利友人来访，国内外文化、现代文化与传统文化在这里交融，形成了独特的石家庄文化。

3. 日寇占领、国民党统治时期的蹒跚

从1937年到1947年的10年间，石家庄是在日寇和国民党统治下度过的。在那个黑云压城城欲摧的时期，城市发展畸形且缓慢，一切产业服从侵略者、统治者的战略需要，工商业受尽压榨，生存极端困苦；市民陷于水火之中，生活暗无天日。

日军占领石家庄之后，推行“战时经济体制”，对需要的战争资源实行绝对的统治和疯狂掠夺。日本占领者以各种手段，完成了对石家庄经济命脉的控制，民族工业生存空间受到打压，煤炭、棉花和重要农产品被侵略者掠夺外运。日寇占领初期，在日军特务机关的指挥下，组成若干分队，强行进驻交

日寇占领时期的石家庄大桥街

通、邮电、煤矿、工厂，先后强行对大兴纱厂进行接管，霸占了井陉煤矿、正丰煤矿、石门面粉公司、石门炼焦厂等重要企业。

大兴纱厂被日军强占后，生产的布匹和棉纱大部分被侵略者作为军需品运往日本。1942 年后，为了支持太平洋战争，日军大搞“献铁运动”，强行向各厂矿征收钢铁，甚至规定纺织企业要锤毁三分之一的纱锭用于“献铁”。拥有 3 万多纱锭的大兴纱厂因此被锤毁纱锭 1 万多枚，还被迫代日资企业锤毁 1.5 万多枚，工厂因此遭到沉重的摧残。

为了控制和盘剥井陉煤矿资源，侵略者重兵把守，不仅对煤炭生产不搞投入建设，而且野蛮开采、疯狂掠夺，根本不顾工人的死活。1940 年 3 月 22 日，井陉煤矿新井北大巷发生

井陉矿区万人坑纪念馆

瓦斯爆炸，日军强行关闭巷道和井口，致使357名矿工活活烧死在井下。这样的情形屡有发生，无数煤矿矿工被迫害致死，尸体就遗弃在荒沟野岭，任凭狼啃狗咬，留下了大大小小的"万人坑"。在如今的井陉矿区万人坑纪念馆，人们还可以看到这些悲惨场景的照片和资料。

不仅如此，太平洋战争爆发以后，日军进一步加大了对石家庄经济的抢掠，对全部生产和生活物资实行法西斯的统治和垄断。对城乡居民实行食盐、火柴、煤油、布匹、粮食等日用必需品的"配给制"。大米、白面确定为军粮，禁止老百姓食用。而配给老百姓的所谓"粮食"，是由豆饼、树皮、野菜制成的混合面，配给的数量又很少，根本不够食用。日军对石家庄周围农村的掠夺也十分残暴。他们组成抢粮队、运输队，抢夺大量粮食、棉花，就是名义上的购买，也是强买强卖。日本人控制的新民会合作社，以140斤抵100斤的大秤收购棉花，而且价格要比市价低一半。

在日本侵略者占据的8年时间里，出于掠夺华北战略物资和维持军事占领的目的，不断加强这里的铁路建设。他们强征民工，驱赶奴役他们日夜劳作，先是将正太铁路由窄轨改为标准轨，将两个火车站合并为一，继而又修建了石德铁路（石家庄至山东德州），与胶济铁路（青岛至济南）相通。[①] 这样，华北的物资可以经铁路畅通无阻地直达山东青岛的港口，装船后即可直运日本。对此，日本侵略者并不隐讳，在他们编写的正太铁路改轨计划要点中，公开提出改轨的方针是："着眼于

荷枪实弹的日本兵监视中国人修筑石德铁路

① 孙万勇主编：《石家庄通史（近现代卷）》，河北人民出版社2011年版，第361页。

适应军事的需要以及开发沿线资源方面的急切需要”，开发资源是“鉴于为解救日本内地的煤炭饥饿”，等等。

侵略者就是这样，用野蛮的手段，维持他们对中国财富的占有和抢夺。日寇在占领石家庄期间，通过正太铁路抢运山西、河北等地的矿产品、棉花、粮食等物资不计其数，仅煤炭就达 850 万吨。想想看，中国人民缺吃少穿，食不果腹，每天只能食用配给的混合面，挣扎在死亡线上，大批的物资却被侵略者无耻地抢走，这是一笔屈辱的弱肉强食的血泪账，善良的人们切不可忘记。

正是由于日本侵略者的残酷压榨，石家庄民族工商业受到摧残，许多企业被迫关闭，整个城市经济萧条，百业凋敝，步履艰难，不少市民、商户难以谋生，纷纷外逃他乡，市内人口锐减，远远低于沦陷前的水平。

抗战胜利后，石家庄仍然没有摆脱悲催的局面。“赶走一只虎，又来一只狼。”国民党当局进入石家庄后，强占胜利果实，实行空前的独裁统治。他们打着“接收”的名义，利用接收日伪企业的机会，囊括了大量的资财。大小官吏不仅倚仗职权，囤积物资，操纵市场，大发“胜利财”，而且巧立名目，以各种名目盘剥百姓。1945 年 11 月，国民党军队发布强征白面的公告，规定大小商户分别征收 200—800 斤数额不等，同时征收煤炭，全市商户无一幸免。在国民党军队的强取豪夺之下，加之国民党政府滥发纸币，导致通货膨胀，物价飞涨，石家庄商户纷纷倒闭，仅 1947 年关门歇业的就达 292 户。

与此同时，国民党政府无心搞城市建设，而是一心为了准备内战，拼命加强军事设施。先后强征民工建了两条内市沟和环城铁路，而市内却道路破烂，设施不堪，整个城市的发展处于停滞状态。城市管理更是无人问津，整个社会混乱到了极点。在日伪时期的基础上，妓院、烟馆、赌场三大公害进一步猖獗，石家庄被人称为娼妓多、毒品多、地痞流氓多的“三多”城市。

到 1947 年解放为止，整个石家庄人口不过 19 万，工业生产总值不过 2000 多万，可以说是民不聊生、百废待兴。石家庄人民急切地盼望着获得新生。

4. 新中国初期的大规模建设

以 1947 年 11 月 12 日石家庄解放为标志，开辟了这座城市的新纪元。新生的石家庄，犹如活力十足的青年，迸发出极大的建设热情和创造力，使这座城市如凤凰涅槃，获得了新生。

20 世纪五六十年代，是石家庄城市发展的黄金期。国家特别看重这个地理位置、交通优势十分明显的地方，在“一五”时期①，将其列入重点建设的城市之一，实施一系列相配套的重大举措。

石家庄在战争的废墟上，重新规划建设了自己的家园。1953 年，国家批准了石家庄市第一期城市总体规划。规划确

① 1953—1957 年，我国发展国民经济的第一个五年计划时期。通过第一个五年计划，初步建立起独立的工业体系。

定，城市性质以纺织工业为主，相应发展机械等工业，为中等轻工业城市。城区控制总面积约在80平方公里以内。在城市布局上，确定了两翼齐飞、拉开城市框架的战略目标，即完善旧城区，跨越京汉铁路，向东南发展的目标方向；合理设置功能分区，在市区东北部规划工业区，在东南部规划行政办公区，在南部规划高校区；等等。在市政建设上，加大自来水、下水道、道路、公共汽车等的投入，并陆续开始实施。

许多年后，外地人称许石家庄的城市格局，比较大气、舒展，也相对齐整通达，基础建设扎实。不要忘记是那个时期的规划奠定了这座城市的基础。

在城市总体规划指导下，石家庄开展了大规模的重点项目建设，取得一系列令人瞩目的成果。先后在这里建设的有，

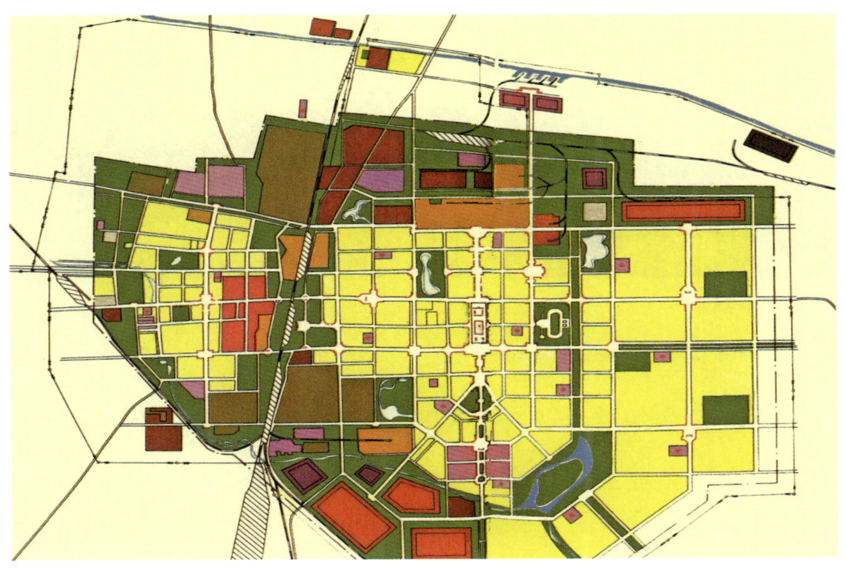

1955年石家庄城市发展规划图

列入国家“一五”计划的156项重点工程之一、由苏联援建的亚洲最大的抗生素生产项目——华北制药厂（包括抗生素厂和淀粉厂）、河北最大的火力发电厂——石家庄热电厂。华北地区最大的纺织工业联合体——4个纺织厂和1座印染厂，后来又兴建华新厂（即国棉五厂），扩建石家庄厂（即国棉六厂）和大兴纱厂（即国棉七厂），形成华北地区乃至全国的重要发展工业基地之一。

河北最大的火力发电厂——石家庄热电厂

进入国家第二个五年计划时期，石家庄加快发展的步伐，一大批新的企业上马建设。其中有全省第一家年产730万零配件的拖拉机配件厂，年产10万吨的石家庄钢铁厂，年产20万吨的石家庄焦化厂，年产30万吨的化肥厂，以及后来的动力机械厂、水泵厂、通用机器厂、农业机械厂、锅炉厂等企业。

那是一个火红的年代，人们似乎有使不完的劲，每个人脸上都洋溢着笑容。报纸上、广播中，人们天天看到的、听到的都是工厂建设消息，都是开工或竣工仪式的场面。国家意志与人民群众力量的结合，产生了前所未有的效率，大批重点项目的建成投产，使得石家庄由一个工业基础薄弱的城市，迅速变为一个产业门类比较齐全、轻重比例比较均衡的新兴的工业城市，奠定了这座城市的产业性质和基础。饮水思源，如今石家庄比较有实力的几大产业，如制药、纺织、机械、化工等，都是那个年代奠基的。

在城市规划的指导下，经过“一五”“二五”时期的努力，城乡面貌发生历史性的变化。解放初期，被称为“大村

“一五”时期石家庄的建设工地

庄”的石家庄，开始“由庄向城”的转变。城市基础设施不断加强，公共事业日新月异。先后新建裕华路、长安路、和平路等东西向道路，建设大街、体育大街、建华大街等南北向道路，使整个市区道路形成了方格化的骨架网状。

从石家庄解放到1957年的10年间，城市面积由124平方公里扩展到381平方公里，相当于解放初期的3倍多。昔日的“龙须沟”被移除，老旧的砂石路、石子路被柏油路代替，与解放前相比，自来水管道增加到76公里，增加3倍多；新建市区道路35条、107公里，增加4倍多。城市整个面貌焕然一新，市民的精气神也意气风发。

与此同时，国家还十分重视社会建设，改善民生事业，教育卫生机构大量增加。解放前，石家庄基本没有高等教育，本地学生需要到外地才能上大学，没有正规化的大医院，人民缺医少药。

从20世纪50年代起，石家庄新建或迁建了一批大专院校，包括石家庄师范学院（今河北师范大学）、河北医学院（今河北医科大学）、铁道兵学院（今石家庄铁道学院）、石家庄军械学院，规划建设了一批新的中等专业学校和中小学校。

一批现代化的医疗机构不断发展壮大，从20世纪50年代开始，先后兴建了河北省医院，河北医学院第二、第三、第四附属医院，河北省中医院，河北省人民医院，以及一批卫生防疫站、妇幼保健站等基础卫生单位。

到1959年，全市拥有大学7所、普通中学675所、小学

7114 所、中等专业学校 72 所。与解放初期相比，全市医院由 4 所增加到 55 所；医疗保健站由 10 个增加到 651 个，卫生医疗机构床位和医务人员分别增加了 25 倍和 3.4 倍。基本实现了学有所教、病有所医，市民文化素养和生活水平显著提高。

文化体育事业长足发展，公园、电影院、剧场、图书馆、文化宫、体育场遍布全市，人们温饱之后有了充实的文化生活。由此，石家庄的城市功能明显增强，现代城市的雏形开始显现。

5. 省会迁入后的蝉变

说起河北省的省会，是很有戏剧性的。因为它的变迁次数之多，时间之频繁，在全国各省的省会里，可能是绝无仅有的。这一切，都因为河北省特殊的地理位置——畿辅之地。

历史上的京津冀之地，曾经是地缘相接、地域一体、文化一脉，有着千丝万缕的联系。历朝历代，这一带都处于一个行政区划内。

从汉代开始，汉武帝在全国设立“十三刺史部”，京津冀地区属冀州和幽州刺史部。唐代，唐太宗将全国分为十道，京津冀一带属于河北道。元朝开始，京津冀地域的行政区划属于中书省。明清两代，对京师周边也是一体化管辖，先后成立北直隶和直隶省；民国后，改为河北省。北直隶和直隶省的省会，先后设在大名、正定、保定；河北省的省会先后设在北平、天津、保定，也是包括当时京津冀在内的政治、经济、文化中心。

严格地讲，那时并没有京津冀的概念。只是到了近代、民国以后，政府将北京、天津先后设置为特别市，即国民政府的直辖市，逐渐打破了京津冀一体化的行政格局，出现了北京、天津、河北 3 个地理概念，且处于不稳定状态，由此，河北省的省会开始了频繁的变动。

表 2 民国以来河北省省会变动情况

时间	变动
1928 年 7 月	直隶省改为河北省，省会设于天津
1928 年 10 月	国民政府将河北省省会从天津迁往北平
1930 年 11 月	河北省省会从北平迁至天津
1935 年 6 月	天津改为特别市，河北省省会从天津迁到保定
1945 年 11 月	抗战结束后初期，河北省省会设在北平
1946 年 7 月	河北省人民政府机构从北平迁回到保定
1947 年 11 月	解放战争期间，河北省省会从保定又迁回到北平
1949 年 7 月	中央人民政府定河北省省会为保定，河北省人民政府随即于 8 月成立
1958 年 2 月	河北、天津行政合并，省会由保定迁往天津
1966 年 5 月	保定又一次成为河北省省会
1968 年 2 月	河北省革委会在石家庄成立，石家庄成为河北省新省会，并延续至今

变动的原因，主要是京津冀复杂而易变的行政区划调整。

近代以后，北京地位的提高，已经不适合再成为河北省的省会，而河北省希望有一个分量十足的城市，能够引领京畿之地的发展。当时京津冀的经济布局、产业实力集中于天津，于是河北省的愿望是将省会设在天津。

然而，愿望虽美好，现实却很骨感。天津能否成为河北省省会，河北省说了不算，而取决于其是否是直辖市的地位。这种地位的每次变化，相应带来省会的又一次变迁。1930 年 11 月，天津市改为河北省省辖市，河北省省会由北平迁到天津；1935 年，天津市又成为直辖市，河北省省会回到保定。这种变动一直持续到新中国成立后，省会先是确定在保定；1958 年，天津成为省辖市，省会再到天津；1966 年，天津又成为直辖市，省会再到保定。但并没有至此画上句号。

20 世纪 60 年代中后期，一场大的动乱，打乱了正常的社会秩序，使河北省的省会再次出现历史性的变动，也带来了石家庄中心城市地位的又一次提升。

1968 年 1 月 29 日，在“文化大革命”武斗（各派群众组织武力争斗）的枪炮声中，河北省的省会由保定迁到石家庄。①

与往次变迁不同，这次河北省会的变动，是一次完全没有计划的、仓促的无奈之举。也可以说，搬来的人和接受搬家的人，即新移民和原住民都没有什么思想准备。

背后的故事是，在那个特殊的年代，华北各省、市、区，

① 孙万勇主编：《石家庄通史（当代卷）》，河北人民出版社 2013 年版，第 417 页。

都已经完成了对旧的党委、政府的“夺权”，即由自发的群众组织（所谓的造反派）代替合法的党政机关行使权力（这在今天是不可想象的），成立新的领导机构——革命委员会（简称“革委会”），唯独环京津的河北省还是空白。原因是，老省会保定的武斗迟迟不能停歇，偌大的城市，居然没有省府的立足之地，放不下一张安静的办公桌。

在畿辅之地、向来不甘落后于人的河北省颇为无奈，河北省革委会筹备领导机构，便把目光投向了石家庄。他们看中的是，这座解放最早的城市，群众基础好，工人阶级力量强大，在经过动乱之后，很快平稳下来，社会秩序相对稳定，特别是有包容心理，不排斥外来人，而且，地处交通枢纽，四通八达。这一切，更适合当一个省会。于是，提出请示将省会迁往石家庄。在得到中共中央、国务院、中央军委、中央文革小组批准之后，实现了这次搬迁。

其中，还有一段小的插曲。当时每个省、市、区成立革委会，《人民日报》都要发表一篇祝贺的社论。比如，天津市成立革委会的社论题目是《海河两岸尽朝晖》，山西省成立革委会的社论题目是《三晋大地响春雷》，充满了那个年代的色彩。对河北省成立革委会的社论题目是《华北山河一片红》，取意是整个华北都成立了革委会，题文倒也贴切。

仓促变为省会的石家庄，开始并没有什么感觉，社会照常运转，人们照样生活，甚至认为是你们愿意来的，和我有什么关系？然而，随着时间的推移，他们越来越感觉到身边的变化。那就是，不管愿意不愿意，这座城市成了全省政治、经济、科技、文化、教育中心，人口大量增加，机关学校多了，南来北往的人多了，各种会议、文体活动多了。城市面貌不断变化，高楼大厦多了，火车的班次增加了，公共汽车多了，城市的面貌更加大气了。

作为省会，这座城市开始与国家机关、各大部委直接联系，中央和国内许多城市，在关注河北发展的同时，开始关注石家庄的发展，甚至国外的目光也加入进来。高鼻子、蓝眼睛、肤色各异的外国人，经常进进出出。这一切，都使这个区域性的城市，一跃成为京畿大省的中枢、几千万人口大省对外形象的代表者，城市的地位、功能和影响力都有了提升，甚至连人的精气神、城市气质都潜移默化，有了新变化。

多年后，人们在回忆这段历史时，开玩笑地说，保定在不经意中丢掉了个省会，失去了难得的优势；石家庄在不知不觉中“捡”了个省会，获得了重大的发展机遇。

其实，历史眷顾这座城市，既有偶然性，也有必然性，仿佛是为了弥补过去的缺憾，完成当年未完成的蓝图。有一段故事，鲜为人知。

20 世纪 50 年代，石家庄就曾被规划为省会，但阴差阳错没有实现。如前所述，石家庄以它的区位优势、交通优势和历史积淀，做一个省会是完全够格的。新中国成立后，河北省省会确定在保定，但省政府并没有搞大规模的建设，原因是一直在考虑是否有更合适的城市选择，并且把目光投向石家庄。

经过多次论证，河北省向中央和华北局请示：“我省石家庄市，地处京汉、正太两铁路干线的交点，工业比较发达，也将是全国重要工业城市之一，且为军事要地，在国家建设发展中，该市势必成为全省经济文化中心。为了便于领导工业推动全省建设工作，特呈请将省会迁往石家庄市。”1954年，中央正式批准同意搬迁。为此，在石家庄成立了河北省省会搬迁办公室，并着手开始进行城市规划、实施省级党政军机关和大批事业单位的建设。只是由于后来中央强调集中资金搞经济建设，河北省决定省会暂缓迁往石家庄。这一缓，就是十几年。

从某种意义上讲，是“文革”动乱促成了这次搬迁，实现了20世纪50年代的规划。这不由使人想到了那句老话，该是你的，就是你的，早晚也会给你的。

6. 改革开放时期和新时代的升华

从20世纪70年代末期，到新时代的今天，特别是党的十八大以来，是石家庄发展的辉煌时期。伴随全国发展的步伐，石家庄也一直在崛起，实现了过去几十年未曾有的跨越。如今石家庄的形象，可以用翻天覆地、多彩多姿来形容。

经济上，它已经成为一个有骨骼、有劲力、有规模、产业比例比较均衡的“大个子”，正在高质量地发展着。石家庄的产业结构不像有些城市那么“重”，比较依赖钢铁、煤炭等重工业，也不像有些城市那么“轻”，单纯依赖纺织、食品等轻工业。总的来说，它的经济发展不倚重倚轻，受市场调整的影响较小，颇有些“东方不亮西方亮”的感觉，因而没有大起大落，一直处于比较稳定的发展状态：粮仓和菜篮子丰满且绿色十足，粮、菜、肉、蛋、奶、果等产业，从数量到质量都有了大幅提升，农业产业化的水平也在不断提升。纺织、医药、电子、机械、化工、轻工等传统产业换挡升级，继续发挥主导作用，装备制造、循环化工、生物制药、信息通信等新兴产业蒸蒸日上，很多产品畅销国内外。党的十八大以来，石家庄的产业结构开始加速转型升级。金融市场的发育，新兴科技产业的兴起，文化产业、现代服务业的出现，都标志着这座城市具备了可持续发展的后劲。特别需要一提的是，石家庄的文化产业从无到有、从小到大，已经成为一个生机勃勃的新的经济增长点。十几年前，人们还不相信这里会崛起一个动漫产业，如今列入国家级动漫企业的公司已达 11 家，生产的动漫产品达到 1 万多分钟；涌现出一批知名的文化产业企业和知名品牌，如

艺朵茶艺是一家大型石木雕文化创意企业

行销海内外的艺朵茶艺的木石茶具；在奥运会、世博会等重大活动中大放异彩的藁城宫灯；等等。

城市建设上，它早已褪去了“老土”的面貌，换上了现代化的新装。与改革开放前相比，城市建设不断加强，道路网络、公用设施不断完善，内环、二环、三环路相继建成，新建了四通八达的高架路、立体交通枢纽。近年来，实施了“拥河发展”战略，新建了复兴大街、河北大道，打通了一批卡脖子路、断头路，环路和出入市口更加畅通。一大批新城市综合体拔地而起，商贸、物流、电商茁壮成长，城市服务功能大大增强。交通条件更加优越，高速公路、高铁四通八达，航空港通达国内及境外100多个城市，2017年，市区又进入了地铁时代，截至2024年9月，石家庄地铁建成投用里程78.2公里，建成车站60座，一期规划已基本建成，初步形成贯穿东南西北的轨道交通网络骨架，有效缓解城市交通拥堵。生态环境进一步优化，城市绿化美化再上新的台阶。

文化旅游事业蓬勃发展。新建的体育中心、图书馆和青少年宫，为文化休闲提供了新的场所，遍布全市的体育公园、篮球场、乒乓球场、健身器材，为群众性健身活动保驾护航。西柏坡纪念馆、正定古城，经过不断精心打造，成为旅游热门打卡地，古城的夜景、夜市，璀璨夺目，吸引了众多海内外的游客。改扩建解放广场、解放纪念馆、湾里庙步行街等一批新的街区，成为石家庄市的新地标，石家庄的历史文化、红色文化影响力显著提升，旅游人次和旅游收入不断创下新高。

石家庄的高架立交桥

也许，常年居住在此的人们感觉不强烈，而离开若干年又回来的人们，则又是另一番感受。前不久，朋友接待了一群印尼归侨。1967 年，印尼大规模排华（驱赶华侨）时，祖国伸出了援手，安排他们来到石家庄上学、参加工作，改革开放后，这些人又陆续移居香港生活。归侨感谢石家庄在最困难的时候接纳了他们，但对这座城市留下的是破旧落后的印象。然而在几十年之后，他们再次回到石家庄时，看到的是一个欣欣向荣、变化巨大的城市，惊愕、激动、赞叹，百感交集，兴奋之情溢于言表，颇有“千里来寻故地，旧貌变新颜”的感受。

在开放上，城市的对外交往度和影响力今非昔比。石家庄由一个二线的内陆城市，逐步走上国际舞台，参与经济一体化和全球贸易，对外出口和外资投入数额连年上台阶，96 家全球 500 强企业入驻石家庄。同时，对外交往日益增加，石家庄已与美国得梅因市、加拿大萨斯卡通市、意大利帕尔马市、墨西哥克雷塔罗市、日本长野市、英国考比市、韩国天安市等结为友好城市。1985 年，时任河北正定县委书记的习近平同志，率团访问了美国艾奥瓦州的得梅因市和马斯卡廷市，与当地人民进行了友好交流，结下的友谊一直延续至今，成就了一段跨越太平洋的友好佳话。党的十八大以后，两地之间的友好往来继续加深。

在这一连串的变化中，如果寻找最大的“变”，莫过于石家庄居民的人文气质和精神生活。随着城市的发展和变迁，市

2017 年 6 月 14 日，石家庄地铁试乘首日，市民与地铁工作人员合影

民从吃、穿、用、住到文化娱乐，由传统到多元，由低到高发生巨变。最重要的是，石家庄人的视野、胸怀、追求、心态、言谈举止都发生了较大的变化。传统文化与现代多元的方式融合，又组合成了城市新的文化生态和精神气质。摇滚歌手许巍多次来到石家庄，他对这座城市的印象是，每一次都感到有很大的变化。在 2017 年石家庄音乐节上，他坦言，这里的年轻人都很“潮”。它是一座既很传统又追求时尚的城市，是一座守正又很创新的城市，是一座含蓄又很开放的城市，还在不断发展进步中。

现在，许多石家庄的年轻人都自豪地称石家庄为“国际庄”。貌似调侃的话语中，带着对这座城市的心仪和喜爱，即使有不尽满意之处，也充满着期许和憧憬，希望它未来会变得更好。

五、烙刻在地图上的城市符号

存在决定意识。一座城市的悠悠岁月，打下了深深的历史印记，也孕育成特殊的标志性的城市符号。这种标志和符号，是个性鲜明的、挥之不去的、区别于其他城市的客观存在，也是外来人对这座城市的第一印象，并且能够传播开来，被人们所记住。比如说到南京，人们一定会说，那是六朝古都；说到延安，一定会说，那是革命圣地；说到嘉峪关，一定会说，那是边关重镇。那么，石家庄这座城市的代表性符号是什么呢?

1. 中国北方重要的交通枢纽

起伏沙冈一郡环，唐藩成德汉常山。
西抱恒岳千峰峭，南截滹沱百道湾。
中国咽喉通九省，神京锁钥控三关。
地当河朔称雄镇，虎踞龙盘燕赵间。[①]

清代正定知府容丕华曾赋诗一首，对此地的区位重要性做了充分的诠释。

石家庄西依太行山，东临渤海，地处冀晋咽喉、南北通衢、畿辅之地，具备交通要地、节点枢纽的天然条件。

正因为如此，石家庄的历史，与交通枢纽地位的不断强化和提升，有着密不可分的联系。每一次交通的变化，都进一步强化了中心城市的地位作用；反过来，中心城市的辐射作用又进一步推动了交通的升级。因而，其鲜明特点，一是起步早，且持续不断，从古代、近代到当代，不间断修建强化；二是随历朝行政中心的迁徙变化，先东西向后南北向开通延伸；三是公路、水路、铁路、航空全方位、立体化，不断配套完善，最终形成了以石家庄为中心、360 度放射型立体

① 中共石家庄市委宣传部编:《千秋雅诵——古人咏石家庄诗集》，河北人民出版社 2017 年版，第 245 页。

化交通网络。

早在秦统一六国后，石家庄就出现了第一条国道——秦皇古驿道，是当时国家主导的高速公路。秦始皇为加强中央集权，实行车同轨，开辟以秦首都咸阳为中心的四通八达的驿道。其中就有从咸阳出发，连接陕、晋、冀到鲁的东方大道。秦皇古驿道是与主干道相连接的重要一段。它宛如一条长龙，从获鹿县（今石家庄市鹿泉区）土门关开始，穿越崇山峻岭，取太行八陉之一的井陉贯通东西，直达山西境内，全长百公里。秦皇古驿道横跨太行山脉，山高坡陡，工程艰巨，在当时条件下，建造的困难程度可想而知。数以千计的役夫风餐露宿，夜以继日，艰辛劳作，才得以开通。作为中国正式国道建设的开篇作之一，世界历史文化遗产官员评价说，它要比罗马古道至少早 100 多年。

这条古驿道也是发生许多历史故事的地方。著名的有“沙丘之变”。秦始皇出巡中病死在沙丘平台（今河北省邢台市广宗县），他的小儿子胡亥、丞相李斯和宦官赵高秘不发丧，用车装上鲍鱼掩盖发臭的秦始皇的尸体，沿古驿道疾驰回咸阳，以实现其篡位的目的。这也是秦始皇最后一次路过自己规划修建的国道，不过是在他没有知觉的情况下。还有，韩信指挥的著名的以少胜多的背水一战、清代名将刘光才抗击八国联军的庚子之战，都发生在这里。

在经过 2000 余年风雨侵蚀之后，至今在井陉县东天门遗址的青石路面上，依然清晰可见古道内近半米深的车辙，仿佛诉说着岁月的沧桑。这条古道的开通，使石家庄的交通蓝图

井陉秦皇古驿道

上，早早确立了从西到东的线路走势，即取井陉关而通河北、山西，为日后主路干道的建设起到了指示标的作用。后来修建的石太铁路、108 国道（北京—昆明），以至于今天的石（家庄）太（原）、青（岛）银（川）高速公路，大都是沿着这个走向完成的。

到了唐代，道路的建设开始与佛教的传播相结合。为了方便人们到当时的佛教中心五台山膜拜，修建了五台山进香官道，从河北镇州（今石家庄市正定县）一直到五台山，约长 180 公里。关于这条进香官道，我们可以从敦煌莫高窟第 61 窟壁画《五台山图》中领略到它的风采。[①] 在这幅莫高窟最

① 李荣新等:《走进古城正定》，河北人民出版社 2011 年版，第 23 页。

大的壁画里，从镇州到五台山，作者描绘了方圆几百里的城池名邑、山川景色，有沿途的庙宇、桥梁、村镇，以及驼马队、数百位行进中的僧俗人物。其中，特别标明了镇州城内的建筑，包括隆兴寺、临济寺等多处庙宇。可以想象，当年的这条进香古道上人来车往、络绎不绝，是何等的繁华热闹！而这条大道起点设在镇州，也说明它当时已经是河北中部的一座重要的城池。事实上，它还是一座佛教重镇，把镇州、五台山两个佛教氛围浓厚的地方连接起来，是再自然不过的事了。唐代进香古道，为石家庄又开辟了一条冀晋之间通往西北方向的交通要道。

从元朝开始，经明清两代，北京的国家中心地位完全确立。随之，为适应政治经济的需求，纵贯南北的进京官道进一步开通和完善。真定（正定）是这条通衢大道上的重要节点城市。这样，与通山西、山东的官道相交叉，石家庄就形成了十字形的国道交通枢纽。随之而来的是，为官方服务的沿国道设立的驿站，在原有的基础上，进一步得到加强完善。

所谓驿站，就是朝廷为官员传递公文、出京巡察、邮差传递信札等，而每隔一段路程设立的、供公差人歇脚打尖的铺舍，后来也方便了进京赶考的学子、经商贩货的商人们。沿晋冀官道、冀京官道，就有许多这样的驿站铺舍。以正定进京官道为例，从正定城出发向北，依次是五里铺、十里铺、拐角铺、新城铺（四十里铺）等，向前过定州、经保定、下涿州，连绵不断，一直达到京城。如今，在井陉秦皇古驿道，还保留着中国最古老的清代邮政驿铺旧址，为研究古代邮驿史提供了重要的物证，也是中国现代邮政最早的雏形。

让很多人想象不到的是，除了陆路交通，古代和近代，石家庄区域还有一条繁忙的水路——滹沱河。

当年的滹沱河水宽浪急，与子牙河等诸多水系连接，运输繁忙，旺水季时，满载丝织品、棉花、玉米、小麦的货船可以直达京津。滹沱河边的正定是名副其实的水旱码头。历代帝王、文人墨客留下了许多咏滹沱河的诗篇，多有水大浪宽之感叹。南宋政治家、文学家文天祥兵败被俘后，在押往大都（今北京）途中，路过滹沱河，曾留下“过了长江与大河（黄河），横流数仞绝滹沱”的诗句，可见当年滹沱河的水流之大。

这条水路，也为两岸的老百姓提供了许多就业岗位，一直到新中国成立之后，附近有许多村庄的人们，还以打鱼、摆渡、运送为生。旺水季时，船只穿梭，风帆点点，每当冬季，在结冰的滹沱河上，都有三三两两闲置的船只泊在岸边，等待春天再次扬帆起航。

滹沱河南有一村庄，与河北的正定城遥遥相望，村边有转运的货场，大多数货物要送到河北的正定城，天长日久，人们将它称为“北送”，后又演变为北宋村（今位于石家庄市长安区内）。

日寇占领时期，侵略者为了抢夺华北平原的煤炭、棉花和粮食，曾经利用滹沱河水系，开始修建石家庄到天津的运河，企图开辟固定的水路运输，将大批物资运到天津港口，再运回日本。为此，他们派出勘察队，编制了工程报告书，并计划在石门桃园村（今石家庄市长安区桃园镇）建设码头及附属设施。但由于日寇战败投降，这一工程没有完成，只留下从滹沱河的取水口到石家庄的导水路。

石家庄解放后，人民政府续建完成了这个工程，只是变成了用于水利灌溉的石津总干渠。石津总干渠拦滹沱河上游水入渠下泄，至深州市入滏阳河，全长134公里，灌溉土地面积200多万亩，至今仍然造福于沿岸的人民。到了20世纪60年代，由于上游修建水库，滹沱河水路才失去了它的运输功能。人们希望有一天，滹沱河仍然波涛汹涌，船只穿梭，渔舟唱晚，像当年一样繁忙。毕竟，母亲河是最值得怀念的乡愁，况且，水运也是成本最低的运输方式。

到了近代，石家庄建设交通枢纽的步伐仍未停歇。清末民初，京汉、石太两条铁路的交汇，20世纪40年代石德铁路的通车，形成了铁路的十字枢纽。新中国成立以后，交通网络不断拓展延伸、改造升级，推动石家庄这座城市的集散、辐射功能的提升，进一步确立了其北方重要交通枢纽的地位。

改革开放后，高速公路、航空航线、高速铁路的开通，为交通枢纽插上了腾飞的翅膀，实现了全方位、快速立体交通网络。它带来的不仅是规模扩大和长度的延伸，而且是时间和空间的压缩，出行成本的降低。随着京广、石太、石济高铁和客运专线的开通，石家庄与北京、济南、太原、郑州这些周边城市，进入了一二小时交通圈。就是到更远的城市，也可以当天到达，真正实现了古人“千里江陵一日还”的梦想。

20世纪30年代，梁思成与林徽因来正定考察古建筑，乘火车从北平到正定，足足走了13个小时。而今天，石家庄人早上可以从容地喝上一杯热茶，然后乘高铁一个多小时进京办事、走亲访友，之后捎带走走转转，下午或晚上又可轻松地回到石家庄，实现了名副其实的“一日游”。

2. 华北地区的传统商埠

由于特殊的地理环境和优越的自然条件，石家庄一带，自古以来就是物产丰饶的富足之地。石家庄地域生产的丝棉织品、陶器、瓷器、铁器等手工业制品，小麦、玉米、棉花等农产品，无论从数量还是质量上都享有盛誉。这就为满足自然消费之后剩余产品的交换流通，提供了充足的货物来源和基础。而石家庄得天独厚的交通优势，又为商品集散创造了条件。两者互为掎角，相辅相成，自然使石家庄成为华北一带传统的物资集散地和重要的商埠。

千百年来，这条流通渠道，像载满船只的河流日夜奔流不息，一直为社会生活输送着源源不断的养分。从汉代开始到唐宋时期，石家庄区域是“一带一路”重要产品的输出地之一，主要货品是丝织品和瓷器。恒州的罗、绫等上乘的丝织品，以及河北四大古窑之一——井陉窑的著名白瓷，源源不断地输往长安、洛阳、东南沿海港口等地，远销中亚、阿拉伯国家和欧洲等地，直达罗马城。

北宋时期，河北西路真定府及其以北地区是宋辽边境之地。宋辽在连年征战之后，以边境贸易的方式，缓和了彼此之间的紧张关系。双方签订茶马互市盟约，设立专门榷场（边境交界处的互市市场），真定府及其周边地区成为茶马互市的重要集散地，中原的茶叶、丝绸、瓷器在这里与北方少数民族的马匹、皮毛交易，成就了最古老的河北茶马古道。为了管理这里的贸易活动，北宋朝廷为此设立了河北西路转运使司，负责征收和转运等财政事务。北宋时期著名政治家欧阳修、韩琦、沈括等都先后担任河北西路转运使，足见当时市场的繁荣和重要。后来做了定州知州的韩琦念念不忘这段经历，有感而赋："穷边无处睹春荣，咫尺常山似洛城。"

元代时期的真定府是个商业重镇。华丽的产品，便利的交通，吸引国内外富商大贾来此采购交易。这一时期，真定流通的货物更为丰富，除了传统的丝织品以外，还有享有盛誉的陶瓷、烧酒、铁器制品等。商品流通的数量不断扩大，货币流通规模可观。元太祖继位后，统一币制，在全国发行新钞 7 万多锭，其中 5000 锭直拨真定，占全部新钞的 14%。流通交易的方式也更为多样，行商坐贾十分兴盛，商铺酒肆林立，勾栏瓦舍比肩，很是热闹。元代诗人陈孚由衷赞佩真定城的繁华，称"千里桑麻绿荫城，万家灯火管弦清"。

元代开创了古代石家庄一带对外贸易的鼎盛时期。彼时真定城内的阳和楼一带是繁华的商业区，富商大贾集中于此，并且吸引了不少外国商人。一些西域商人在此开设了商行，从事东西方货物的交易。斡脱商人还发放高利贷牟取暴利，人称“羊羔息”。这种借一还二的疯狂借贷方式，使得许多贫苦百姓顿时陷入水深火热之中，激化了社会矛盾，以至于元朝政府不得不采取措施加以控制。

工商业的繁荣，也带来了税收的大量增加。有记载，真定路的商税额，仅次于当时的元大都，而真定一城的税额，又占到了整个真定路的三分之一。对于当年真定城繁华的场景，来到京城腹里之地的意大利人马可·波罗，曾做过生动的描述。他说，“哈寒府（真定）是一座贵城，城中民恃工商为主业，饶有丝，以织金锦丝罗，其额甚巨”。“城南有一大河，丝织品水运到汗八里（元大都）”。①

到了明清及近现代以来，这里始终是繁忙的商品集散码头，商品交流的纽带越来越粗壮。通过陆路、水路、铁路，河北平原的粮食、丝棉织品、布匹及其他日用品，由此西去山西、陕西、内蒙古，南下两湖、两广等地区；而陕西、山西的煤炭、铁器、矿石、杂粮等由此集散，转运到周边地区和京津及南方各省。

改革开放之后，由于交通的优势，更带来了规模效益的提升及物流成本的降低，石家庄成为更大范围内的商品集散地。石家庄的小商品市场进入全省、全国销售额排名榜前列。著名的南三条市场、新华集贸中心市场，曾一度可与义乌小商品市场媲美，每年成交量进入全国前十行列，其辐射范围直

---

① 李荣新等：《走进古城正定》，河北人民出版社 2011 年版，第 365 页。

达东北、华北和西北的“三北”地区。辛集的皮革城、桥西区的灯具城、正定的板材市场、裕华区的家居城的规模，也是河北中南部的“龙头老大”，货品充盈，生意兴隆。

多次跻身于全国十大市场行列的南三条市场

我曾与一位浙江商人交谈过，是什么吸引你们来这里做生意？他幽默地说：“人叫人，急死人，利叫人，挤死人。以铁路为例，同样的货物，从南方发到石家庄，与周边城市相比，时间要短好几天；而从这里发出去的货品，到达时间要比其他城市快好几天。不要小看这好几天，一进一出，流动资金的利息、仓储的费用都节省了不少，日积月累，就是笔大数目。再者说，货物集散到更远的地方，这里交通方式多，‘铁、公、机’四通八达，时间成本也小很多。石家庄的确是个做生意的好地方！”

这个说法，其实告诉人们一个浅显的道理：商埠的形成有它自身的规律，不是人为的主观愿望和行为，正像一些城市

在石家庄举办的华北糖酒食品交易会

靠行政手段规划市场而不成功那样，它是要符合商品流通规律的，并且能给客商带来稳定的利润，成本高，不赚钱，谁来你这里！石家庄就是这样一个对商贾们有吸引力的地方。目前已知常年在石家庄经商办企业的，有来自浙江、江苏、湖北、福建、安徽等省份的移民百万人以上，形成了新石家庄人的社区。

石家庄还以它快捷的客流、物流集散优势，成为全国性的物资交易活动的举办地，区域性知名品牌营销场所。改革开放初期，这里每年都承接全国性的糖烟酒、纺织品等商品交易大会。新兴的石家庄国际动漫博览交易会已经连续举办 10 多年，每年都吸引众多来自欧美及日本、韩国、新加坡等地海外客商，成为石家庄的城市品牌。近年还举办了通用航空博览

动漫博览会开幕仪式

会，开通了内陆港、保税区，又推动城市进一步融入国际大流通体系。

当然，面临电子商务、网络平台、现代物流等服务产业的全方位的新竞争，石家庄传统商品集散地的地位也面临严峻的挑战，要继续沿袭重要商埠的地位，还需要下大力气创新才行。

3. 扼关踞雄的军事重镇

石家庄区域地处冀晋咽喉，南北要冲，依太行而踞平原，扼滹沱而控通衢，历来是兵家必争之地。频繁的烽火，反复的厮杀，不断的争战，也不断地为其军事重镇的地位做了佐证。

在这片土地上，历史上曾经发生过无数次战争，也产生过不少惊心动魄的故事。

背水之战

最早在这里发生的是经典的背水一战。此战发生在汉高祖三年（公元前 204 年），汉军与赵军在井陉交战。在敌众我寡的情况下，刘邦手下大将韩信利用赵军轻敌之心，摆下兵家大忌的背水阵，利用置之死地而后生的战略战术，激励将士为求生路而决一死战。又调遣兵马袭击敌军后方，结果大败赵军，成为军事史上以少胜多的著名战例。韩信也因此一战成名，被后人尊为“兵仙”“战神”。

时间到了唐代，天宝年间，爆发安史之乱。常山一带是官军与叛军反复争夺之地，几乎每天都在上演攻城略地、铁马金戈的大戏。交战的双方，谁都把攻占真定城及附近地域，作为取得战争主动权的关键。

叛乱与反叛乱之争，曾在此上演过 3 次大的惨烈大战，滹沱河两岸刀光剑影，血流成河。第一次，是常山太守颜杲卿在真定城抗击叛军。为了护家卫国，颜杲卿高举义旗抗击安史之乱，在敌众我寡的情况下，独撑孤城。常山城被敌破之后，安禄山劝其归顺。颜杲卿宁死不屈，誓死不降，大骂敌酋，被残忍地割去舌头，砍去手脚，壮烈殉国。其从弟颜真卿闻讯后，满怀悲愤，为殉难的颜杲卿之子颜季明写下了千古之作《祭侄文稿》。[①] 文天祥念其忠义，赞曰："人生谁无死，公死千万年。"第二次，是唐朝大将郭子仪、李光弼讨伐叛军，杀退了叛将史思明，收复了真定城，后因唐玄宗西逃，郭子仪、李光弼撤兵西去，叛军卷土重来，百姓受了"二茬罪"。第三次，是郭子仪再次东征，大败叛军，收复洛阳，在官兵威慑之下，河北十三郡（包括常山郡）的叛军投降。之后史思明再次反叛，但已是穷途末路，以彻底失败而告终。

经过 7 年多的时间，唐王朝虽然平息了安史之乱，但已经重创了其统治的根基，一个强大的王朝开始走向衰落。战争虽然结束了，但给这里留下了深深的印记。以至于这一带许多地名都做了更改，鹿泉县（今石家庄市鹿泉区）改为获鹿县；鹿县（今石家庄市辛集市）改为束鹿县，房山县改为平山县，意思都是擒获制服乱臣贼子安禄山。人们以这种方式，缅怀战争中失去的亲人，也表达了对战争发动者的痛恨。

北宋时期，宋辽开始了长期的对峙与战争，河北成为主战场。真定府一带，更是重中之重。真定作为重要城池，宋辽双方你争我夺，战事频繁。一会儿，成为宋拒敌的屯兵处，一

① 孙万勇主编：《石家庄通史（古代卷）》，河北人民出版社 2010 年版，第 309 页。

会儿，又成为辽南下黄河、进攻中原的桥头堡。战争所到之处，田地荒芜，人们流离失所，悲惨无比。经过数十年征战，宋辽签订澶渊之盟，约定以白沟、古恒山、南拒马河一线为界，也就是今天规划的雄安新区附近，真定府成了边塞之地，承担起保宋拒辽的重任。这种局面维持了 100 多年，为社会经济的恢复发展赢得了时间。

然而好景不长，另一个北方民族——女真的崛起，又一次将这一带拖入了战争的泥潭。这一次战争，金朝开国皇帝完颜阿骨打及其后人，牢牢占据了以真定府为中心的河北中南部地区。他们知道，真定是兵家必争之地，得真定者得中原也。

正是认识到真定的重要战略地位，明王朝迁都北京后，进一步加强了这里的军事防卫。明朝先后建立了真定卫、神武右卫指挥使司，作为真定及周边地区驻军的最高指挥机构，直隶于京师。真定城这种特殊的军事地位，使之成为拱卫京师的重镇，控制着冀晋的关隘，也护卫着京师与中原、西北、华南、西南等交通要道的畅通，其重要战略中心城市的地位进一步凸显。到了清代，统治者更加重视真（正）定府，为保障京城安全，在此设立了直隶巡抚，形成拱卫京师的战略屏障。

进入 19 世纪后，在推翻帝制的辛亥革命中、在蒋冯阎军阀混战中、在北伐战争中，这里都是各方力量拼抢争占之地。袁世凯、吴禄贞、阎锡山、冯玉祥、孙中山、蒋介石等风云人物，清军、直系军、奉系军、晋系军、北伐军等新旧军队，都在此留下足迹。反对帝制、拥护辛亥革命的吴禄贞，在这里“出师未捷身先死”，遇刺身亡。所谓“你方唱罢我登场”，就是那个时期的真实写照。

20 世纪 30 年代，日本侵略军占领了石家庄，也看重石家庄重要的战略地位，千方百计加强军事控制。他们将华北日军三分之一的兵力屯集在石家庄地区。在市内建立了东西南北四大兵营和关押抗日志士的集中营。日军也曾规划石家庄与北京、天津、太原、济南等城市一起，建成华北六大都市，在这里建立伪真定道治所，妄图以军事上的强压、政治上的控制，长期保有其殖民统治地位。然而，非正义的战争最终都以失败而告终，只是给人民留下的是苦难和屈辱的记忆。

20 世纪 40 年代，进入解放战争时期。一场围绕争夺石家庄的战役打响了。这是一场正义与非正义的较量，也是关乎国共两党命运的、谁也输不起的战役。对于国民党来说，石家庄就是华北大格局中的重要棋子，是连接京津与中原地区的纽带，输，则陷入全局的被动；赢，则可振奋士气，延缓败局，赢得决战的机会。对于共产党来说，是解放军由战略防守转入战略进攻的转折点。拿下石家庄，就使得聂荣臻领导的晋察冀解放区与刘伯承、邓小平领导的晋冀鲁豫解放区连为一片，使京津保之敌彻底孤立起来，便于我军分而歼之，推动整个解放战争的进程。更重要的是，以石家庄重要的战略位置，可以为党中央机关进驻西柏坡，提供坚强有力的保障。

因此，国共双方都在这里投入了重兵，拉开决战架势。国民党军队除配备精锐的第三军外，还网罗了石家庄周围十几个县的还乡团，修筑了以外市沟、内市沟和市区相连、里外三层的防御战阵地，布满了大小 6000 多个钢筋水泥造的碉堡；修筑了 20 公里长的环市铁路，日夜有装甲车巡逻。敌人吹嘘是“铁壁铜墙、固若金汤”，“国军可坐守三年”[①]。然而，这一切都没有阻挡住胜利者的步伐。人民解放军在朱德总司令的指挥下，以晋察冀野战军三纵、四纵为主力，与冀晋兵团、冀中兵团一起，发起了摧枯拉朽的攻击，仅用了六天六夜，就彻底解放了石家庄，使这座城市重新回到了人民的怀抱。

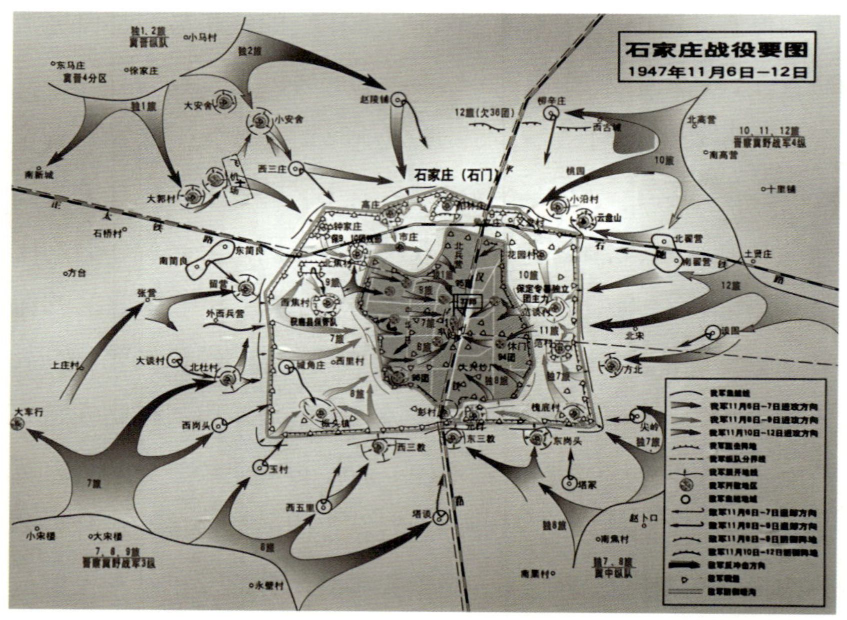

解放石家庄战役要图

① 政协石家庄市委员会编：《转折——一九四七·石家庄》，中国文史出版社 2007 年版，第 69 页。

石家庄的解放，在国内外引起强烈的反响。毛泽东为《人民日报》撰写社论指出，这是人民解放军一系列胜利的开端。今后的胜利，会一个接着一个。朱德欣然赋诗《七律·攻克石门》：

石门封锁太行山，勇士掀开指顾间。
尽灭全师收重镇，不教胡马返秦关。
攻坚战术开新面，久困人民动笑颜。
我党英雄真辈出，从兹不虑鬓毛斑。

蒋介石则哀叹，“石家庄的陷落，使得北方之民心士气尤完全动摇”。多年后，为了纪念这个解放战争时期的重大事件，八一电影制片厂专门拍摄了故事片《解放石家庄》。许多人正是通过这部电影了解石家庄的。

1948 年 5 月，在石家庄解放半年后，毛泽东和中共中央机关，从容移驻平山县西柏坡，成为中共中央在农村的最后一个指挥所。距此 90 公里的石家庄，担负起拱卫党中央的重任。

党中央之所以选择西柏坡作为驻地，除了当地良好的群众基础之外，有一个近在咫尺的、军事战略地位十分重要的城市——石家庄，也是一个重要的考量。显而易见，石家庄地理条件得天独厚，进，可以成为到京津、下中原的快捷通道；退，可以成为太行山的一道有力屏障；而且，城市有完备的服务功能，可成为对外交往的窗口。

后来的历史，完全证明党中央选择的正确性。石家庄在西柏坡之间，架起了一座桥梁。据一些老同志回忆，当时人们称西柏坡为“西边”，称石家庄为“东边”，两地人员来往频繁，开吉普车、骑马一天就能往返一趟。许多解放区、野战军的领导，到西柏坡开会、汇报工作，都要到石家庄停歇、休憩，然后再从这里返回各地。许多民主党派、无党派爱国人士，苏联及其他国际友人，如苏联领导人米高扬，促成北平和平解放的爱国将领傅作义、邓宝珊，由颜惠庆、邵力子、章士钊、江庸等民主人士率领的“上海人民和平代表团”，与党中央和毛泽东会谈，都是先乘飞机到石家庄，再中转去西柏坡。

如今在石家庄市西建街旁，还有一处不起眼的小院，就是当时石家庄市政府交际处的一部分，编号“309”，309号院由此得名。这里可是当年的卧虎藏龙之地，曾经接待了毛泽东、刘少奇、周恩来、朱德、任弼时、彭德怀、邓小平、陈毅、刘伯承、李先念、董必武、聂荣臻、徐向前等老一辈革命家，也曾为一些重要的民主人士去西柏坡提供过服务。

党中央在西柏坡时期，石家庄为中共中央的战略决策、为新中国曙光的喷薄而出，提供了全方位的保障，再次凸显了它的重要战略地位。

新中国成立之后，石家庄更成为拱卫京城的南大门。驻军多，拥军优属的任务大。这里除了驻扎过中国人民解放军第63军、第27集团军、第38集团军高炮旅之外，还有一批军事院校、医院和后勤保障单位。知名的有石家庄陆军参谋学院、石家庄陆军指挥学院、石家庄军械工程学院、石家庄第四飞行学院、白求恩军医学校、白求恩国际和平医院等，还有各总部、兵种系统的若干下属单位。

党的十八大之后，在新一轮军事改革中，石家庄又被赋予重要使命，成为解放军中部战区陆军总部的驻地。在新的征程中，石家庄还在继续扮演着军事重镇的角色，为国家安定昌盛发挥重要作用。

六、赖以生存的经济血脉

如同一个人要有造血功能、维持生命延续一样，一座城市要有支撑生存发展的产业——城市运转需要的经济血脉。说到底，城市是要有自己产业的，没有坚实的经济实力作后盾，一座城市是长不大也走不远的。而每一座持续发展的城市，都有着自己成规模、有特色的产业。

石家庄同样如此。回顾它的漫漫岁月，我们可以发现，有一条延续千年甚至更久远的经济血脉，始终在涓涓流动，源源不断地为这座城市提供生命的养分，滋养着这里的水土和人民。

我们来认识一下它的“血型”——重点产业。

1. 华北的重要粮仓与“菜篮子”

民以食为天。太行山下、滹沱河流域冲击形成的平原，

南杨庄仰韶文化遗址出土的加工粮食的成套工具石磨盘、石磨棒

土地肥沃，水源充足，十分适合农作物生长。1955 年，在石家庄境内发现了南杨庄仰韶文化遗址。经后来正式发掘，遗址内发现了粟和加工粮食用的石磨盘、石磨棒，说明滹沱河流域，早在距今 5300 多年前就已经有了粮食生产，谷物成为当地人的基本食物。[①]

2000 多年前，小麦由中亚一带种植，传入华夏之后，石家庄地区就是传统的小麦种植地之一。这里优越的地理环境，为小麦的生长提供了天然的条件。每到麦收时节，成千上万亩麦田金光闪闪，随风摇曳，蔚为壮观。这里的小麦穗大籽实，颗粒饱满，且口感上乘，一直是餐桌美食。

适者生存。这种传统的粮食生产，历朝经代，穿越时空，不断延续，在 20 世纪 60 年代达到了巅峰。石家庄成为闻名全国的小麦种植示范区。当时石家庄市郊县种植的小麦，亩产量“越黄河跨长江”，名列华北平原各产区之首。所谓“越黄河跨长江”，是指位于北方省份的小麦亩产，已经超过了当时国

① 安春华、张瑞谦等:《老庄记忆》上，花山文艺出版社 2015 年版，第 333 页。

石家庄的小麦种植示范区

家规定的黄河以南地区（亩产 800 斤）、长江地区（亩产 1000 斤）的标准，说明其种子选育、除病灭害、水土保持、生长管理，都已达到十分先进的水平。

另一个粮食作物——玉米，种植时间较晚。据说，玉米输入中国的时间，只有 400 多年的历史，但在石家庄一带，它的生产没有因此而落后。这里同样是玉米的主产区、高产区。勤劳的农民像绣图锦一样，侍弄自己的玉米地。收获季节，从高空看去，长方形的黄垄沟、梳篦出油绿的青纱帐，就像一幅横平竖直、线条优美的油画。精耕细作的结果是，这里的玉米亩产达到 1000 斤。每到秋后，农户的屋顶上、院子里的粮囤里，金灿灿的玉米随处可见，以至于前些年经常出现“卖粮难”。只是到了近年，农民生活水平提高了，玉米的食用量大大减少，反倒成了城里人口中的美食。

进入20世纪后，石家庄粮食主产区的地位进一步巩固。国家基本农田保护红线的确立，仍然扶持着小麦、玉米的生产。石家庄还要继续发挥着国家粮食主产区的作用，只不过传统的、分散单体的生产方式在渐渐瓦解，集约式的规模生产正在古老的土地上兴起。

与粮食产业密切相连的是，石家庄一带还是肉、蛋、菜、奶、果等农副产品的生产基地，是有名的“菜篮子”。

历史上，这里的农民就有饲养家畜的传统，只不过是自给自足的生产。在计划经济商品匮乏的年代，稍能温饱的家庭，都要养上一头猪、几只鸡。鸡蛋作为平时生活交换的“银行”（用鸡蛋换取油、盐等生活必需品），猪则只能到年节时屠宰，以犒劳辛苦一年的人们。进入腊月，在农家院里，架上一口铁锅，烧一大锅沸腾的水，就可以进入杀猪的环节了。这是农家人最为欢乐的时光，因为在常年不见荤腥的年代，这无疑是实现了人们一年的期盼。

改革开放前，这里作为首都的“菜篮子”，每年都提供数量庞大的猪、牛、羊、蛋等畜产品，保证了北京、天津等大城市食品市场的供给。改革开放之后，畜产品的养殖和加工走上了产业化、规模化的轨道，其生产数量和质量都有了飞跃。如今，这里生产的肉、禽蛋、鲜奶已分别占河北省总产量的近1/5、1/3和1/4，产品不仅销往京津冀地区，而且远达华南、西南和港澳地区，成为名副其实的“菜篮子”。

说到石家庄的农产品，人们应当还记得这里的果品。其

石家庄东南部产梨区梨花盛开的季节

中知名的是，享有“甘若蜜，脆若菱”美誉的辛集鸭梨、赵县雪花梨。前者以个头小、肉嫩汁甜为特点，后者以个头大、肉实味甜为特征，虽然是两个品种，但都有两千多年的种植史，都曾是皇家贡品。上乘的产品质量，主要得益于滹沱河流域良好的土壤和水利条件，以及充足的日照。雪花梨还有很好的药用价值，可以生津止渴、开胃消食，被李时珍记入《本草纲目》。

过去，为提高知名度，鸭梨、雪花梨多以“天津梨”名义出口，如今早已成为河北的优质品牌，畅销海内外十几个国家和地区，仅鸭梨年出口量就达2000多万公斤。每当梨花盛开的季节，在石家庄东南部的藁城区、栾城区、晋州、赵县一带，方圆百里的土地上，漫天花海，一片洁白，颇为壮观。人们争相欣赏这果林奇观，预祝秋日金灿灿的收获。

2. 丝绸之路产业源头之一

党的十八大以来，习近平总书记提出“一带一路”的发展思路，在“一带一路”共建国家和地区中引起热烈的反响。人们都知道，古代丝绸之路的起点在西安古都，但很少有人知道，丝绸之路的重要产业——丝纺织业基地之一，在今天的河北中南部地区，石家庄一带又是重要的产区。

考古和史料证明，这里是中国最古老的桑蚕文化的发祥地和丝织技术的发祥地之一。在石家庄市滹沱河畔的南杨庄（今长安区南村镇境内）新石器时期遗址上，就发现了世界上现存最久远的陶制蚕蛹模型，距今有5300多年的历史，说明在那个时期，石家庄一带就开始种植桑树、饲养桑蚕。与此同时，在石家庄市藁城区台西村发现的商代遗址上，发现了中国最古老的丝麻织品，距今有3400年的历史。其产品以麻布为主，兼有丝织品，并且是利用人工脱胶技术的纺织品，证明当

南杨庄新石器时期遗址出土的陶蚕蛹

时的台西人，已经懂得如何将蚕丝纺纱加捻使之避免产生皱纹，其纺织技术水平令人咋舌。

从商周时期开始，石家庄一带丝纺织业萌芽发展，经秦汉时期继承壮大，到隋唐时期，成为全国丝纺织业最发达的地区，产量和质量都居全国前列。据记载，包括石家庄一带在内的唐代河北道生产的常贡丝织品，约占全国总量的50%。不仅生产数量大，而且品种多，技术水平高，有12个特种丝织品，用作朝廷对外交往的国家礼品和御赐下属的珍品。

到了元代，丝织业更是达到了鼎盛时期。元朝统治者为了适应扩大生产的需求，从全国各地集中了大批织造手工业者，在这里建立起规模空前的官方手工业作坊，并且在真定路、南宫中山（今河北省定州市）等地，建立了几十家管理织造业的衙门，每年都要收取大量的税款。

从元末明初开始，由于棉花种植业的传播推广，棉织品穿着柔和舒适且价格低廉的优势显现。明清时期，石家庄一带成为重要的产棉区，有记载表明，真定府一年的棉花产量，达到北直隶省的三分之一。由此，一个新兴的产业——棉纺织业开始兴盛起来。它继承了丝织业的技术手法，只是更换了不同的原料——由蚕丝变为棉花；生产纱线和布匹过程缩短，成本降低，由此制成的棉织品经久耐用、穿用舒适，大受老百姓的欢迎，因而，一直兴旺发达延续至今。

石家庄一带最初的棉织品，多是以手工业作坊式的传统生产，生产效率还比较低，现代生产方式的出现，则是到了民

兴建于 1922 年的石家庄大兴纱厂

国时期。石家庄第一个民族工业企业，就是湖北人开设的大兴纱厂（后改为石家庄国营棉纺七厂）。20 世纪初，汉口大兴纺织公司总经理张英甫，看中河北中南部棉花、煤炭均可就地取材，纱布可就地销售的便利条件，拍板在石家庄建立大兴纱厂，于 1922 年 10 月正式成立。这也是石家庄现代工业的重要开端之一。[①] 由于天时地利的优势，当年大兴纱厂就取得良好的业绩，利润颇丰。于是，资方不断追加投资。到 1932 年，大兴纱厂拥有布机 500 多台，纱锭达到 3 万多枚，成为当时华北地区规模较大的现代纺织厂。然而，面对殖民者和统治者的欺压盘剥，它的命运却起起伏伏，难以保持长盛。

---

① 孙万勇主编：《石家庄通史（近现代卷）》，河北人民出版社 2011 年版，第 124 页。

石家庄纺织业又一个辉煌时代，是新中国成立以后。国家在制定第一个五年计划时，将石家庄规划建设为纺织工业基地，其纱锭数量、生产技术设备均在全国名列前茅，成为华北地区重要的纺织生产中心。棉花采购的便捷、生产成本的低廉、产品运输的迅速，再加上熟练的操作工人，这一切，都使得石家庄的纺织业迅速由大变强。20 世纪七八十年代，石家庄生产的“报春花”“含笑”牌棉纱细布、“碧桃”牌印花细纺布等产品，多次获得国家质量金奖、银奖，以其质量上乘、经久耐用畅销国内各大城市和港澳地区，远销几十个国家，一直是广州商品交易会的畅销品。在计划经济时代，许多国内外客商争相抢购，以能够拿到石家庄这些高质量的产品为荣。像古代丝绸之路一样，石家庄又谱写了国际贸易交流的新篇章。

1954 年石家庄棉纺一厂建成投产

进入市场经济时期，石家庄的纺织业也遇到了前所未有的困难，但这个具有悠久历史的传统产业，有着顽强的生命力。面临“一带一路”的历史机遇，不断升级换代，创新发展，生产规模和效益继续保持在全国先进行列。从某种意义上说，它还在找寻自己在新丝绸之路上的位置，相信会再次创造新的辉煌。

3. 医药产业的“长子”与基地

能在这里兴起一个健康产业，并不是偶然的。石家庄历史上，曾经与医和药有过长久而密切的联系。

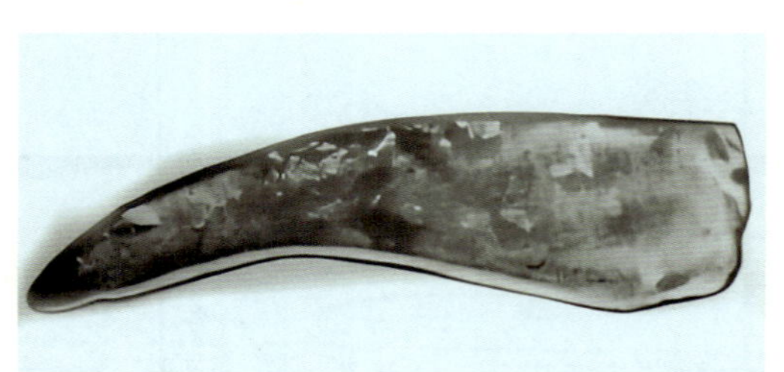

藁城台西村发现的“砭镰”，是世界上最早的手术器械

1971年，在距今3400多年的藁城台西村商代遗址中，曾经发现了一件长20厘米、宽5.4厘米的“砭镰”，这是我国发现的最古老的外科手术器具。[①] 此外，还发现了桃仁等一批药材标本。这些发现，为研究我国古代医疗、医药史提供了珍贵的佐证，也说明这一带的先民很早就有了医疗的探索和实践。

① 孙万勇主编:《璀璨时空——石家庄历史文化影像志》，中国书籍出版社2010年版，第8页。

到了金元时期，真定产生了一位伟大的中医学家——李杲。他是中国医学史上“金元四大家”之一，是中医“脾胃学说”的创始人。他认为脾胃是元气之本，元气是健康之本，突出强调脾胃在人体生命中的重要作用。因为在五行中脾胃属于中央土，因此他的学说也被称为“补土派”。李氏学说在中医史上，突破了传统的诊脉原理的局限，开创了新的病理学理论，具有划时代的意义，对后来中国的医药史，产生了十分重要而深远的影响。

李杲

也许就是这样的影响，在石家庄这片热土上，历史上还产生过很多良医名士。比如20世纪60年代，以中医药攻克脑膜炎难关的郭可明大夫。他提出“清热、解毒、养阴”三大治疗原则，并据此发明中药汤剂，击退了曾经令西医束手无策、谈虎色变的顽症，挽救了无数危难的病人。他后来获得“全国劳动模范”称号，并受到毛泽东同志的接见。

20世纪70年代，为解决长期困扰社会的多发病——沙眼作出突出贡献、为毛泽东做过保健医生的张晓楼教授，他为了找到致病的病毒，不惜以身相试，将新发现的衣原体，放在自己的眼上做实验，研制有效药物，终于取得成功。巧的是，他们都是正定人。在他们身上，同样有着古代名医李杲救死扶伤的精神和精湛的医术。

还不能不说的是，石家庄一带长久以来都是中药材的种植地和销售市场，附近的无极、安国都是传统的中药材集散地。距石家庄100公里的安国（古称祁州，今河北省安国市）药市，起源于北宋时期，已有700多年的历史，素有“草到安国方成药，药经祁州始生香”之说，被誉为“天下第一药市”。而这一带的土壤、气候，又天然适合种植和加工药材。

也正因为如此，国家在“一五”时期布局制药工业企业时，曾派出专家筛选厂址。经多地比较，认为石家庄地区玉米（抗生素主要原料）资源丰富，交通便利，生产成本低廉；气候温和，环境适宜，是制药的理想之地，最终选择了石家庄。由此开始，石家庄进入了制药产业发展的工业化时代。

建国初期，百废待兴。国家为了提高人民的卫生健康水平，首先投巨资在石家庄规划建设国内规模较大的医药基地、亚洲最大的抗生素生产企业——华北制药厂。其工程由淀粉厂、抗生素厂和药用玻璃厂3个分厂组成，总投资7588万元。经过3年的紧张建设，1958年6月3日，第一批青霉素下线；当年年底，第一株生产用青霉素菌株研制成功。

华北制药厂的建成，开创了我国大规模生产抗生素的时代，其生产的五大抗生素产量占当时全国总产量的1/7，结束了中国青霉素、链霉素依赖进口的历史，对改变中国缺医少药的局面、提高全民族的健康水平作出了重要贡献。

在此之前，青霉素、链霉素这些针对某些疾病的特效药，国内生产量很少，临床需要进口，不仅数量紧缺且价格昂贵，

1958年，亚洲最大的抗生素生产企业——华北制药厂建成

普通老百姓根本用不到，许多人因此而丧失治疗的机会。电视剧《父母爱情》中，就有这样的情节。江德福为了给安家侄子找到治病的盘尼西林（青霉素），千方百计、费尽周折才得到院长特批。结果是，一支青霉素不仅挽救了病童，而且得到了安杰的爱情。这种窘迫的情景，随着华北制药厂的建成及抗生素的生产，而一去不复返了。因而它是我国现代制药史上划时代的事件，奠定了新中国制药工业现代化的基础。后人将华北制药厂誉为共和国的“医药长子”。

从那时算起，经过60多年的历程，石家庄医药产业不断发展壮大，一直是支撑这座城市的重要经济基础。其中有不少“之最”。有一组数据表明，如今石家庄已是中国最大的医药工业基地之一，是国家生物医药产业基地，全球重要的维生素、抗生素原料和制剂生产基地，全国最大的中医药生产基地之一，医药生产加工综合能力全国第一。其中，抗生素粉、土霉素碱、维生素 C 等原料药产量，曾居全球产量首位；中药注射剂、大输液等制剂生产能力、市场占有率名列全国前茅。

不仅是数量上的优势，其产品研发、技术水平也不断刷新。特别是随着中外企业合作规模的扩大，新领域、新技术的创新，使得石家庄的制药业水平再上新台阶。如今，石家庄所研制开发的产品，已经由传统的化学工业药品、原辅料药，进入生物医药、基因工程药物领域，高技术、高附加值的新药研制层出不穷。石家庄现在每年产生的国内外授权专利 200 多件，制定或参与制定的国家和行业标准数 30 多件。

石家庄的高新技术医药企业

石家庄加速培育千亿级生物医药产业集群，拥有5家中国医药工业百强企业，生物医药产业规上企业达189家，产业基础雄厚。这是石家庄引以为傲的产业，也是这座城市经济实力的标志之一。

4.“千里眼”“顺风耳”的电子信息产业

2016年10月17日，在万众瞩目中，搭载两名宇航员的神舟十一号飞船，被长征火箭送往浩瀚的太空。当飞船成功进入预定轨道、天宫二号与神舟十一号准确对接之后，远离发射中心、位于石家庄的中国电子集团第五十四研究所[①]内一片欢腾。这是因为由五十四所研发的测控通信系统，为宇航员与地面的天地双向沟通，提供了重要的保障。

“如果把天宫二号和神舟十一号比作一对恋人，那么，实现在天空中的拥抱，就离不开通信测控系统这个红娘。”五十四所测控系统总师陈建民介绍，“这一对恋人在太空中完成拥吻，其难度相当于在高速飞行中的穿针引线，稍有差池，就有可能擦肩而过。”

这已经不是五十四所第一次为我国卫星发射提供保障了。为了实现神舟载人飞船进入太空的梦想，他们已经忘我拼搏了近20个年头。1998年，五十四所完成了天地通信测控系统的研制，并陆续安装在酒泉卫星发射中心、西安卫星测控中心、

① 2021年1月，五十四所升格为中国电科网络通信研究院。

北京飞行控制中心的各个站点，以及海上测量船上、境外的测控站上。他们在提供通信测控设备的同时，还派出精兵强将为飞船发射保驾护航。从神舟飞船第一次发射到以后的多次发射，五十四所科技人员的足迹，就踏遍发射测控基地、站点的山山水水，完成了历次发射的保障任务。

事实上，五十四所承担如此的重任由来已久。五十四所成立于 1952 年，是新中国成立的第一个电信技术研究所。经过 70 余年的发展和壮大，现已成为中国电子信息领域专业覆盖面最宽、综合性最强的骨干研究所。在 70 多年的发展过程中，五十四所相继参与完成了“载人航天”“探月工程”“北斗卫星导航系统”“上海天文台 65 米射电望远镜天线项目”等数百项国家和国防重大工程建设，取得了包括国家科学技术进步奖特等奖在内的千余项重大科研成果。圆满完成了国庆阅兵、汶川抗震救灾、索马里护航等急难险重任务，在国防和国民经济建设中发挥了重要作用。在祖国国防事业、航天航空事业史上，留下了浓重而又辉煌的一笔。

“38 万公里距离的挑战。”伴随着嫦娥五号探测器成功发射，我国开启了首次地外天体采样返回之旅。其间，中国电科五十四所作为总体单位研制的喀什 35 米深空测控系统、海外 35 米深空测控系统和 4 米 ×35 米深空组阵系统联袂出征，为我国迄今为止最为复杂的月球采样返回任务提供了强大的测控和通信保障。

“嫦娥五号执行完月球采样任务后，将从月面起飞，与在月球轨道等待的返回舱进行交会对接，这是我国首次进行月球轨道的交会对接。”中国电科首席专家、五十四所副总工程师、测控专家耿虎军表示，38 万公里距离的月球轨道交会对接，对测控系统能力提出了更大的挑战。

五十四所承研的喀什 4 米 ×35 米天线组阵系统建设，是我国首套可用于深空探测任务的天线组阵系统，它既能满足本次任务需求，也能满足后续火星探测任务的需求。“相比原 35 米天线系统，4 米 ×35 米天线组阵系统的技术创新，极大提高了接收信息的速率，提升了信息传输的带宽，使信息采集和信息传输更加逼真，清晰度更高，速度更快，为嫦娥五号任务的高速信息传输提供更有力的保障。”耿虎军说。

天线组阵系统建设现场

在石家庄，与五十四所齐名的另一家重要的电子信息研发企业——中国电科集团第十三研究所，是我国规模较大、技术力量雄厚、专业结构配套齐全的创新型、综合性半导体核心电子器件骨干研究单位，也是重要的高端核心电子器件供应基地、半导体新器件新技术创新基地。

十三所以微电子、光电子、微电子机械系统、半导体高端传感器、光机电集成微系统五大技术领域和电子封装、材料和计量检测等基础支撑领域为重点发展方向。自建所以来，先后创造了60多项国内第一，取得了3100多项科研成果，其中63项荣获国家级奖励、500多项获部（省）级奖励，550多项科研水平达到国际领先或国际先进水平。由此，十三所建立了从材料、设计、工艺、测试到封装完全自主可控的技术体系，形成了从芯片、组件到集成微系统的产品供应链，产品已广泛应用于海、陆、空、天等各类武器电子装备，是实现武器装备核心电子器件自主可控的中坚力量，同样为我国的国防工业、航天事业作出了重要的贡献。它与五十四所一起，构成了石家庄电子信息产业的母体基础。

如今，在这些大型骨干企业的带动下，加之与京津地区高科技资源的合作、高科技产业园的孵化，电子信息产业，已成为石家庄一个活力四射、蓬勃发展的产业。全市入统的电子企业已达200多家，形成了以通信电子、光电子、平板显示、汽车电子、电子专用设备、软件和信息服务业为主的六大产业，年销售产值上千亿元。石家庄的电子信息技术和产品日新月异，将为国家电子科技的高质量发展乃至中国式的现代化作出更大的贡献。

5.“上天入地”的石家庄制造

在石家庄，人们提起铁路大厂都耳熟能详。这个走过一个多世纪沧桑之路的企业，几乎是与近代石家庄工业发展相伴而生。尽管当时只是以维修铁路机车为主，但它也是石家庄近现代制造业的开端。

从那时开始，石家庄制造蹒跚起步，走过了艰苦创业、不断发展壮大之路。经过100多年的洗礼，它已经发展成为石家庄一个门类齐全、优势明显的支柱型产业。人们开玩笑地说，现在的石家庄制造是“上天入地到处跑”，其产品既有天上飞的，也有地上跑的，还有地下用的，而且产品质量均属上乘，在国内外享有盛誉。

先说天上飞的。在如今石家庄市栾城区的现代装备制造产业园内，有一个占地1000多亩、拥有十几万平方米厂房和1200米长跑道的通航机场的企业，这就是中航工业石家庄飞机工业有限责任公司（以下简称“石飞”）。2016年9月，来自全球百余家知名通用航空企业齐聚石家庄，参加石家庄通用航空展暨爱飞客飞行大会，其飞行门类涵盖了高性能飞机、特种飞机、水上飞机等通用航空的150多架飞行器。

看到如此壮观的场面，人们可能很难想到石飞是由一个市办企业起步的。1970年5月，按照国家规划安排，石家庄市红星机械厂正式成立，其产品为运五飞机。能够为国家生产飞机，这对石家庄人来说，是莫大的荣幸，也是非常自豪的事情。当然，对于当时工业底子不那么厚实的石家庄来说，也的确面临不少困难。但石家庄人不信邪。为了早日造出飞机，石家庄市发挥了“集中力量办大事”的优势，举全市之力，抽调精兵强将，配齐厂房设备，开展技术攻关，结果在很短的时间内，运五飞机生产出来并飞上了蓝天。这也再一次证明石家庄人的创新精神，当然也离不开科学技术的帮助。

从那一天开始，石飞不断发展壮大，截至 1985 年，石飞共生产运五飞机 218 架，产品远销国内外。这以后，产品也不断开发升级。如今的石飞，主导产品有运五 B 系列飞机、小鹰 500 飞机、蜻蜓系列超轻型飞机、海鸥 300 轻型水陆两栖飞机等多种机型。其中，运五 B 系列飞机是我国通用航空领域保有量最多、年作业量最大、适用领域最广、对社会贡献最大的通用飞机机种。小鹰 500 飞机，则是我国第一个严格按照中国民航适航规章设计生产、适航取证的轻型通用飞机，其综合性能已经达到国际先进水平。石飞生产的通用系列飞机，以稳定安全的质量而著称，活跃在军事、民用各个领域，在国防建设、林业生产、救灾救援、社会治安等行业

由中航工业石家庄飞机工业有限责任公司制造的海鸥 300 轻型水陆两栖飞机

大显身手。

再说地上跑的。2016 年 3 月 31 日，是一个值得纪念的日子。石家庄地铁首列车辆在石家庄中车轨道交通装备有限公司下线，它标志着这个百年历史的企业进入了新阶段，同时，也开启了石家庄制造的新时代。如果说，100 多年前，正太铁路机器总厂还是以维修机车车辆为主的话，今天的中车石家庄车辆有限公司，则早已脱胎换骨，成为国家高新技术企业和我国最具实力的铁路货车检修基地，国铁通用铁路货车检修规模、市场份额和检修质量连续多年居全路之首。

更为人称道的是，它已经迈入了车辆及配套设备的制造阶段，其产品质量达到了国际先进水平。与台资合作的全球最大的轨道空调设备专用企业，其生产的“王牌冷气”产品远销欧美等发达国家和地区。在伦敦、纽约、圣保罗等城市的轨道车辆上，人们都能看到它的身影。

还有地下用的。主要是指钻探挖掘设备和水泵。前者以石家庄煤矿机械厂为代表。这家诞生于 20 世纪 30 年代的企业，新中国成立后由东北迁移到石家庄，重新焕发了青春。经过几十年的曲折发展，已经成为我国煤炭机械行业的领军企业之一。在煤机厂的历史上，值得骄傲的是，依靠科技进步，不断创新，有 28 项产品填补了国内空白，25 项产品获得国家专利，曾经创造了很多个第一：1970 年，研制成功我国第一台 1000 米石油钻机；2003 年，研制成功我国第一台大扭矩旋挖钻机；2008 年，研制成功我国第一台数控全自动截割成型掘进机；等等，其产品远销世界 20 多个国家和地区。

由石家庄中车轨道交通装备有限公司生产的石家庄地铁第一列车辆正式下线

水泵业，则以石家庄泵业集团为代表。它是我国最具实力、规模最大专业生产各种泵的企业之一，也是国家机械行业500强之一。

除了这些飞的、跑的、用的产品，石家庄制造还有很多值得一书的产业，如电机、轴承、机床、电动工具、建筑机械等。据统计，2023年，石家庄制造业产值已超过2300亿元，成为这个城市名副其实的支柱产业之一。

石家庄的重点产业当然不止这些。循环化工、节能环保、现代农业及食品加工、金融、物流等现代服务产业，都是它现在或未来发展的重点。我们有理由相信，滋养这座城市的经济命脉将青春常在，并且愈加粗壮，连绵不断。

中篇

品品这儿的人（上）

——现代石家庄人的文化图谱

常言说，“一方水土养一方人”。不同的地域环境、不同的生活习惯、潜移默化的历史熏陶，可以培养出这座城市不同性格、不同文化气质的人。或是粗犷大气，或是婉约雅致，或是精明世故，或是潇洒不羁，或是追求情趣，或是讲究实惠，等等，不一而足。说到底，是人生在世，你如何处世待人，如何生活，再说直白一点，就是怎么一个活法。

现在，我们进入了问题的核心部分，石家庄这一方人又是如何生活呢？是一种什么样的性格，什么样的文化气质？按照逻辑关系，我们分别叙述。

一、多元的石家庄人

从广义上讲，石家庄一带的人口经过多个朝代的迁徙变化，来源是多样性的，成分是多元的，涉及长时间的历史。如果摊开了说，按照东垣—元氏—真定—正定—石家庄的顺序，需要花点时间。为了突出主线、叙述简便，我们重点剖析一下近现代石家庄人，即正太铁路开通、中心城市的治所迁移到石家庄以后，在这里居住生活的人。探讨他们都是从哪里来，又有着什么样的性格和气质，以及这些鲜明的性格和气质的文化源头。

1. 谁是原住民

有人说，石家庄是一座移民城市，此话不错，但任何一座城市不论大小，总有它的原住民。那么，石家庄市的原住民是谁，他们的本来生活又是怎样的呢？这正是本节要叙述的。

所谓原住民，其实就是比较早的生活聚集在同一个地域的人群。这个比较早不是漫无边际，是有阶段性和时间范畴的。比如，我们说上海原住民的时间范围，要从 19 世纪中叶城市开埠说起，一直到新中国成立，大致比较合适。否则，再往前，上海滩还未形成城市；再往后，新上海人大量出现，混在一起，很难说清楚。说到深圳，要以改革开放为界线，那个南海边的小渔村居住的是它的原住民。按照这个时间划分，我们来说说石家庄的原住民。

从铁路兴起、现代城市开埠到新中国成立，石家庄已有40余年的历史。原住民大致生活在现在石家庄主城区的范围内。

最早的原住民是原来石家庄、休门及栗村（后分为姚栗村、任栗村）3个村的居民。其中，栗村并不在最初的市政规划内，后来因为与石家庄和休门距离最近，且城市发展需要，也被扩了进来。这一带成为石家庄最早的发展用地，具有大体的分工。石家庄村成为两个火车站、货场、货栈以及商铺、旅馆、钱庄的场地，休门村成为银行、邮电局及初期工业的承接地，而栗村则与石家庄村一起，为石家庄第一个现代工厂——正太铁路机器总厂提供了场地。这里的人们，就是石家庄最早的城市原住民。这一阶段，是石家庄城市发展的初级阶段，也是人口不断增长的时期。19世纪末，石家庄、休门、栗村及周围工商业人口达到3万余人。到20世纪30年代，人口猛增到6.3万人。

再就是1941年，日寇占领时期，对城市规划做过修订，扩大进来20多个村庄。[①] 其中包括，获鹿县（今石家庄市鹿泉区）

---

① 孙万勇主编：《石家庄通史（近现代卷）》，河北人民出版社2011年版，第349页。

东南部的部分村，如东里村、西里村、东焦村、西焦村、北焦村、范谈村、元村、孙村、塔塚村、槐底村、尖岭村等；正定县所属的滹沱河南的部分村，如谈固村、北宋村、白佛村、柳林铺、桃园村、义堂村等。加上原有的，共计 69 个村庄。

这里的人们随着城市规划的扩大而成为市民，又因为文化相同、生活习俗相近，自然也加入了原住民的行列。这些村融入城市的时间先后不一，有的开始是作为城市的郊区，当中许多人仍然从事农业生产，后来随着时间推移，才慢慢融入市民生活。

这期间，还有一些北京、天津、保定的客商，以及周边县的生意人、打工者，陆续来到石家庄，并在此安家立业，也加入了原住民的行列。到解放时，石家庄城区大约有 19 万人，建成区面积 30 多平方公里。[①]

原住民与其他城市的人们一样，多数是逐步由农民转变为市民，由从事农业转变为城市的工人、店员、职员等职业。繁荣发展的城市，像一条载满养料的大船，为他们提供了生存的机会；像一张大网，衍生出许许多多、形形色色的职业，并且不断转变出一批批职业人才。例如，围绕铁路而产生的第一批产业工人，从事机车修理、货物运输企业或合作体；利用丰富的矿产品、农产品资源，而兴起的加工产业，如焦炭、纺纱、织布、铁制品、面粉厂等，他们当中有产业工人，也有作

---

① 石家庄市档案馆编：《石家庄解放》，中国档案出版社 2010 年版，第 251 页。

坊式的手工业者；利用城市交通的便利条件，兴起的集市、批发或零售业，从事各种物资和商品的交易，成为城市的第一批商人或小贩；为城市生产生活服务的金融业、公用事业和服务业，包括银行钱庄、供电供水、通信邮政、客栈旅馆、商店饭庄，产生了城市第一批的职员、修理工和伙计；等等。还有一些人，仍然从事农副产品的生产，只不过是为了提供给城市而谋生。

粗略梳理了这些职业，我们发现一个有规律的现象，即所有职业都与这座城市的特殊属性相联系。铁路、市场、交通、运输，是这座城市起源的基础，同时为这里的人们共同生存发展提供了源泉。原住民虽然社会背景不同，从事不同的职业，但长时间的共同生活，维系在同一个环境里，使他们有了一个趋同的新身份——石家庄人。

随着时间的推移，原住民至今已经在城市里繁衍了数代，逐渐成为这座城市的母体，是石家庄城市文化最早的打造者、传播者，也是一群有特点的人。他们是早期的城市人，但仍然保留着祖辈的文化传统、熟悉的生活习惯。这其中，既有原获鹿、正定一带农村的旧习俗，又有城市新生活的影响。

比如，石家庄原住民在农历除夕，除了吃饺子之外，一定要有传统的农家蒸碗（不同于广东的梅菜扣肉，也不同于四川的粉蒸肉）。做法是选上好的五花肉，煮熟油炸（既为出油也为着色还为便于保存）切片码好装碗，加上葱姜蒜、八角等各种调料，上锅大火蒸透，吃起来香嫩可口，肥而不腻。当然，也会提前熬制好一盆各种食材荟萃的大锅菜，为的是食用方便，且为人们拜年或娱乐节约出时间。同时，也要有精心加工的红烧鱼，后者就是舶来品。须知，滹沱河畔的石家庄人在若干年前，是不怎么吃鱼的。

2. 移民从哪里来

由于现代产业的兴起，交通、商贸的繁盛，这座城市的吸引力不断提升，因而产生了滚雪球效应，像海绵吸水一样，城市规模不断扩大，人口不断增加。但真正大规模的移民，还是在新中国成立之后。从那时起，石家庄市的人口，大体经历了 4 次大的扩容。

新中国成立初期接管城市的干部和谋生的移民。石家庄是解放军攻克的第一座大城市。中共中央十分重视接收和管理好这座城市，决定按照区（相当于今天的省）党委级的建制配备干部，组成高规格的市委市政府领导班子。

为此，调中共察哈尔省委副书记毛铎任第一任石家庄市委书记，调中共中央统战部副部长柯庆施为第一任石家庄市市长。[①] 同时，从晋察冀中央局机关和所属的察哈尔省、冀中区、冀晋区、太行区等解放区，包括石家庄附近的安平、深县、束鹿等地，调入了大批干部，在石家庄解放第二天，就进入硝烟未散的市区接管城市。

① 石家庄市档案馆编：《石家庄解放》，中国档案出版社 2010 年版，第 236 页。

以这些干部为主，陆续组建了石家庄市委、石家庄市政府各部门，以及区、街政府。同时，成立了以黄敬为首的敌伪物资管理委员会，负责接收敌伪遗留物资。委员会按行业对口，下设铁路、工业、银行、军械、交通、电讯、文化、卫生等组，接收干部达800多人，分别接收管理国民党留下的城市建设、电力、自来水、电台、报社、学校、医院等单位，第一时间恢复了社会正常秩序。

同时，为了清除国民党反动宣传的负面影响，便于市民加深对共产党的了解，冀中区党委还从安平县派来一支由教师为主组成的文化宣传队。战火刚刚平息，战场还没有打扫完毕，他们就站在废墟上宣讲党的政策，平复市民情绪，维护社会秩序稳定。当头包白毛巾的解放区干部扭着秧歌出现在城市

解放初期的石家庄市政府机关

街头时，市民们不安情绪随之荡然无存，原来共产党并不像国民党说的那样是“红胡子、蓝眼睛的怪物”，而是一群热情开朗的普通人，进而很快与他们亲近起来。

令宣传队队长孙开山和队员们没有想到的是，在完成任务之后，市长柯庆施亲自接见了他们，请他们留下再接收学校、街道，开展社会管理等工作。作为解放区进城干部的一员，他们不由自主地开始了石家庄人的生活。

像这些干部一样，许多从解放区来的人，抱着临时思想进城，而后变为长期工作，成为城市的管理者。据石家庄市政府社会局解放周年工作总结报告，当年实行供给制的石家庄市党政干部达到 5841 人，如包括家属，约为两万余人。这是石家庄解放后，第一批进入城市的成规模移民。以后，随着城市建设管理任务的不断增加，上级还不断调派大批干部进入石家庄，一直延续到 20 世纪 50 年代中期；也由于社会安定，经济发展，吸引了许多周边的人们进城谋生，陆续形成解放后这座城市最早的管理阶层和新移民。

“一五”“二五”时期进入的产业工人。国家确定石家庄为重点发展的工业城市，布局建设了一大批重点项目。为适应城市发展和大规模建设需要，从全国各地调入了一批专家、技术人员，以及熟练的产业工人。为筹建华北制药厂，当时的国家轻工业部成立了筹备处，先后从山东、上海、天津、辽宁等地的医药和轻工行业，选调一批管理干部、工程技术人员及班组长以上的生产骨干 2000 人，随迁家属 1000 多人。以后，还从各地大中专院校、转业军人、高等院校人员中补充了大批员工。

纺织业的发展同样如此。20 世纪 50 年代，与制药企业建设相呼应，国家确定石家庄为重点纺织工业城市，并规划建设棉纺印染联合基地（4 个纺织厂和 1 座印染厂）。为此，分别从天津、上海、青岛等地调入工程技术人员和纺织工人共 6900 人，连同随迁的家属 1 万余人，来到石家庄对口帮助各厂的建设。来自上海黄浦江畔的纺织企业骨干和纺织院校学生，主要充实到石家庄国棉一厂、四厂；来自海河边的天津纺织工学院的毕业生和天津纺织企业的技术工人，主要充实到国棉二厂、三厂。初期筹备各厂的领导和生产骨干，以天津人、上海人为最多。以后参加建厂的天津工人，达到数千人之多。

天津移民一直持续到 20 世纪六七十年代。1969 年前后，为适应当时战备的需要，天津纺织经编厂、天津纺织器材厂、河北印染机械厂整体搬迁到石家庄。他们中的许多人，在石家

1956 年，华北制药厂筹备处全体人员与苏联专家合影

庄成家立业，一干就是四五十年，为石家庄纺织业的发展奉献了终生。许多人的后代仍然子承父业，继续在纺织行业工作。“虽然，石家庄不如天津繁华，从天津来到石家庄，扎根在这里，一点都不后悔。”当年第一批从天津棉纺一厂来到石家庄的老工人徐伯奎说，“我们把青春交给石家庄的纺织工业，我们很骄傲。”

在重点工业建设紧锣密鼓进行的同时，石家庄还陆续建立和迁来一些国家级的研究机构，如电子工业部第五十四所、第十三研究所，地质部水文地质所，中科院农业研究所，等等。

陆续搬迁来一些大专院校。其中，有两座有百年历史的重点大学。1956 年从天津迁来的河北师范大学，它的前身是 1902 年创建于北京的顺天府学堂、1906 年创建于天津的北洋女师范学堂。1958 年由保定迁来的河北医学院（今河北医科大学），它的前身是创建于 1894 年的北洋医学堂。后来，陆续迁来的还有河北北京师范学院、河北中医学院。前者后来与河北师范大学合并，后者为今天的河北中医药大学。

这些科研、教育机构的到来，完善了城市的功能，也使一大批专家技术人员、教职员工及其家眷落户石家庄，城市融入了新的知识群体。

经过“一五”“二五”时期的发展，石家庄市的产业和社会事业有了长足的发展，城市人口规模也不断扩大，仅纺织业的工人及家属，就被称为 10 万大军。到 1962 年，市区人口由解放时的 19 万人增至 56 万人，增长了近两倍。

省会迁入时期的机关事业单位人员。1968 年，河北省省会从保定迁到石家庄，引发了省级党政军机关干部、事业单位人员的大量进入，但这个过程却不是一步完成的。由于省会多次变迁，当时省直干部来源多样化，有从保定来的，也有从天津来的，甚至还有从保定周边各县来的。这是因为，省会从天津往保定搬迁，是当时备战（中苏边境冲突）的需要，一些厅局分散安置在保定周边的县城里。如卫生厅驻涿县，粮食厅驻望都县，教育厅驻定兴县，等等。有的单位人员多，竟然需要分散在几个县办公。而新生的河北省革命委员会，要贯彻所谓“机构精简革命化”的要求，其工作机构仅设立了办事组、秘书组、政治部、生产指挥部等 5 个组。干部编制仅有 80 人，还包括军队“支左”干部 40 多人。这就使得许多省直的机关干部，望石家庄而不得入。

这种不正常的局面当然不可能持久。随着时间的推移，省直机关一点点地增编扩人，及至“文革”结束，取消革委会，恢复省委和省政府，省级领导机关运转渐入正常，约有 5 万多人的省直干部、事业单位职工及其家属才得以安顿就位。这也是石家庄自新中国成立后到改革开放前，历史上人口机械增长数量最大、持续过程最长的一次。与此同时，由于省会的到来，城市服务业进一步扩张，一些金融、教育、文化、新闻机构进入石家庄，也涌入了大批从业人员。到 1976 年，市区人口达到 84 万人，比 1967 年增加了 19 万人。

改革开放时期的新石家庄人。随着城市开放度的不断提升，石家庄迎来了又一次大的人口扩容。由于交通的便捷和商贸集散地的吸引，改革开放以后，从 20 世纪 80 年代中期开始，来石家庄经商办企业的外地人越来越多。其中尤以浙江、福建等地移民为多，还有来自湖北、安徽、河南等地区的移民，主要从事布匹、服装、鞋帽、日用小商品经营及建材、装修、茶行、货运等行业。据不完全统计，今天石家庄大约有常住的各地客商、务工人员100多万人。如果今天你到南三条、新华市场和福建茶城走一走，会听到许多操着“浙江普通话”“福建普通话”的生意人。这些人从修理眼镜、贩卖打火机、制衣、制鞋做起，一直干到商场、货栈、房地产，已经成为新的石家庄人，深深地融入了这座城市的日常生活。

此外，改革开放也为许多创业的年轻人提供了机会。以河北省大专院校为主的毕业生、周边中小城市的移民和进城务工的农民，也越来越多。近年来，随着产业不断升级，海归人员、高科技人才，也越来越关注这座城市。房地产的发展，也吸引着一大批来此置业的周边城市的人员。有数据表明，石家庄近几年，商品房的增加每年都在千万平方米左右。这么大面积，当地人除了刚性需求和改善条件外，肯定消化不了。周边城市，如邢台市、衡水市等城市，以及近郊的县区的人开始在这里投资置业，有统计说，其比例达到了30%以上，石家庄开始出现新一代的移民。同时，也表明了这座城市的吸引力在逐渐增强。

经过长时间的累积，特别是历史上几次大的扩容，石家庄城市的人口规模不断扩大，2023年末，市区拥有常住人口1123万多人，成为华北地区的一个特大城市。

3. 石家庄人的成分与特质

如果说，石家庄的原住民，是这座城市的母体文化基础，那么，随着城市发展而融入这座城市的新市民，则为城市文化的多样化增加了丰富的资源。

现在，石家庄人的成分结构图，也已完整展现在我们面前。大体由 5 部分组成。即，开埠到新中国成立前的原住民；接收管理城市的解放区干部；为支援工业建设迁入的产业工人；省级党政军机关、事业单位及国家和省级科研机构、高等院校、央企人员；外地经商务工人员，省内外中小城市移民和高等院校的毕业生。原住民和新市民一起，共同组成今天的石家庄人。如果再作一点分析的话，还可以得出一些认识：

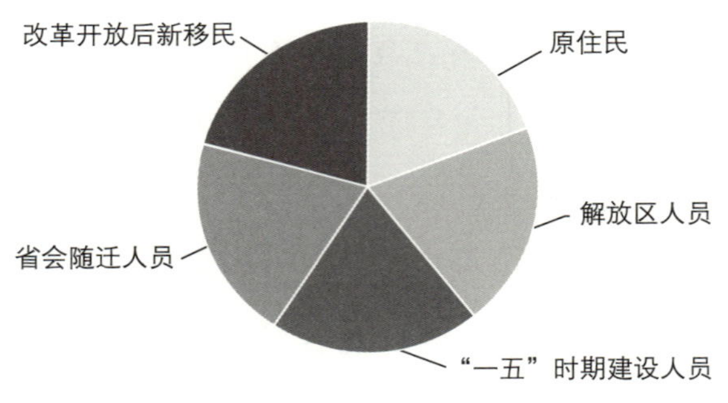

石家庄人的成分结构图

从居住时间上划分。原住民居住时间最久，已历经数代，有百十年的历史；解放区来的干部、外地产业工人和随省会迁移人员居中，也有六七十年的历史，分别也有四代、三代；外地客商及新来创业人员、购房置业的移民最短，有二三十年的时间，大约只有一两代。

从文化元素上分析。就以最初的人口或移民形态来说，原住民继承的是古老的农耕文化，同时，也杂糅着城市的新的生活方式；而解放区调入干部，则是传播了朝气蓬勃的革命精神，带来了朴素的生活习惯（当然后来不少人也起了变化）；随省会搬迁来的党政军机关、陆续迁入的高等院校，科研机构人员，则带来了浓郁的文化味道，注入了更多的知识气质，或许还有些许浪漫的情愫。外地产业工人，则大大促进了这座城市产业化进程和专业管理水平的提升，也带来了新的审美观和生活方式（如天津和上海的饮食习惯、穿衣打扮）。改革开放后进入的人员则参差不齐，有的带来了新的价值观和现代商业气息，有的带来了华东、华中等不同地域、城市与农村的多元文化。这些不同的文化元素，就像一个多彩的调色盘，绘就成这座城市的文化大观园。

从这些分析中，我们可以进一步认识石家庄的人文特质。

移民性。上述 5 部分人，构成了现代石家庄人的总体。不可否认的是，石家庄原住民人群基数相对较少，移民人口比重较大，是新移民人口数量大于原住民的城市之一。由于母体文化偏弱，也由于移民原城市文明的浸染，以及职业的相对封闭性，一些外来群体长时间保留迁出地的文化和生活习惯。

天津籍贯的石家庄人，生活上仍然保留着爱吃海鲜的饮食习惯。在物资匮乏的年代，这是一种比较奢侈的欲望，但天津人能够得到相对容易的满足。因为，石家庄的原住民那时还不怎么吃海鲜，消费竞争没有那么激烈。以至于一到周末，菜市场里挤满了抢购带鱼、虾蟹的天津人。多年后，老天津人还不无揶揄又略带骄傲地说，石家庄人吃海鲜还是我们教的呢！

还有外地迁来的高等院校，其中有不少北京人。他们也或多或少保留着迁出地的文化习惯。例如，河北师范大学的北京人，一些老师及其后代长期保留着北京口音，以至于老师教出的学生也是一口正宗的普通话。

融合性。移民性并不是说明文化是一成不变的。现代石家庄的文化品格和精神气质，是在母体基础上，来源于不同的人、来源于不同的多种文化交织碰撞，相互影响、相互融合而形成的。正所谓，“水流千里归大海”，最终形成了独特的一群人和独特的城市文化气质。

这种融合性似乎找到了一个契合点，既体现在生活方式方面，也体现在性格、语言等多方面。比如穿衣打扮，今天的石家庄人并不像过去天津、上海移民那样讲究新潮、赶时髦，也不像原住民那样不大注重衣着、不怎么会打扮，甚至被人说成“老土”，大多数人（包括外地移民的后代）都是一种比较得体、大大方方的装扮，看着、穿着都比较舒服。似乎也可以说是杂糅了外地移民的“洋”与原住民的“土”，而形成的一种地方衣着文化。再说语言，通过年代的磨合，现代石家庄人（年青一代）多数都操着一种地方性的普通话，而上一二代人的口音影响已经大大弱化了。有关这方面的情况，我们在下节详细介绍。

渐进性。石家庄人群和石家庄城市文化的形成，又是一个渐进的过程，在不同的时期、不同的背景下，不断地充实与完善。换句话说，城市文化的定型时间较晚，有很强的阶段性，甚至可能还在“进行时”。

显然，原住民时期的文化是基础，是一种带有传统农耕色彩的文化，安分守己、封闭自足、勤劳隐忍、不善言辞甚至有点木讷等，是它标志性的特点。随着不同时期移民们的不断加入，石家庄文化进入了多元阶段。革命者的精神、产业工人的风貌、津门文化、海派文化、浙商文化，纷纷登上生活舞台，本土的传统理念和外来的思想意识等，相互碰撞混合，散发到城市的各个角落，进一步丰富了这座城市的文化形态和文化内涵。可以说，是原住民和移民的共同努力，形成了今天石家庄的人文气质，创造了今天石家庄的文化品格。

不过，这种渐进的过程好像还没完成，它还有可能随着城市的发展而发展，随着城市的完善而进一步得到完善。

4. 石家庄人的本土文化

这是一种带有地方特色的文化形态，具有鲜明的地域性。它继承了历史文化的传统，不断地延绵发展，与当地人民生活环境、精神气质、风俗习惯密切相关，也与这座城市的直爽、拙朴、开放、温和的风格相吻合。

原住民的文化很有包容性。以戏曲为例。市民对曲调高亢、激昂的京剧、河北梆子比较喜爱，对唱腔缠绵舒缓的评剧也不排斥，还有对周边地域的晋剧、豫剧也能接受，一些戏剧专家评价这里的人比较爱戏、懂戏，甚至称为“戏窝子”。

20 世纪 50 年代，戏剧大家梅兰芳、奚啸伯、尚小云先生来石家庄演出，曾经出现戏迷带着铺盖排队买票的盛况。有感于此，京剧“四大须生”之一的奚啸伯[①]在受到不公平待遇以后，从北京来到石家庄京剧团落户。石家庄人民以善良的胸怀接纳了这位京剧名家，提供了当地较好的生活条件，使他能够在此展示才华，并且完成了一些新编剧目的创作演出，奚派艺术乃至京剧事业在这里发扬光大。奚啸伯活跃于当地舞台十几年，为石家庄人带来了极大的艺术享受，因而，他也一直受到人们的尊敬和怀念。

然而，老石家庄人最喜爱和最自豪的，还是一种名为丝弦的地方戏，是石家庄一带地地道道、土生土长的“乡音”。它起源于元末明初，迄今已有 500 多年的历史。丝弦戏以老石家庄方言为基础，以板胡等

奚啸伯在石家庄演出现代京剧《白毛女》剧照

① 四大须生，指四位著名京剧老生表演艺术家，有前四大须生和后四大须生的说法。分别是：余叔岩、言菊朋、高庆奎、马连良；马连良、谭富英、杨宝森、奚啸伯。前四大须生和后四大须生中马连良均名列其中。

弦乐伴奏为主，唱腔苍劲有力、粗犷豪放，高潮部分则是向上翻高、以高腔假嗓来完成，让人听来热烈火爆、别有韵味；表演崇尚特技，以“耍帽翅、耍髯”（一种演员不动声色地使官帽、髯口晃动起来的表演）等功夫见长。正因为如此，丝弦戏在石家庄的影响力很大，解放前在石家庄市最热闹的表演场地“南花园”（类似北京的天桥）独领风骚几十年，甚至形成了“无丝弦戏不开台”的惯例。

新中国成立后，丝弦戏获得新生，石家庄丝弦剧团排演了一些优秀剧目，曾到抗美援朝前线演出慰问志愿军，并多次进京汇报演出。其中，以明代巡按何文秀明察暗访、巧斗贪官、为民申冤为题材的《空印盒》最有影响力。1957 年 11 月，该剧应邀进中南海演出，成为首个进中南海演出的地方戏剧，受到周恩来、朱德等国家领导人的接见，该剧后拍成电影在全国放映。周恩来对丝弦戏情有独钟，先后 5 次观看演出，4 次接见演员，并亲笔为石家庄丝弦剧团题词。如今，丝弦戏已经被正式列为国家级非物质文化遗产，受到重点保护。若是你走到石家庄的公园、广场，在早晚群

1957 年 11 月，周恩来接见到中南海演出的石家庄丝弦剧团

众性的娱乐活动中，还可能听到这特有的弦音。

回头来看，丝弦戏之所以在这块土地上诞生并传承，是因为它的道白、唱腔、表演形式，与石家庄人质朴、正直、善良的人文气质相吻合。人与戏是产生于热土上的一对孪生近亲，热土的养分滋酿了人的气质，人又以戏剧的形式回馈了养育她的土地，结论是相得益彰、相映生辉，地方戏的生命力自然是长久的。

再就是石家庄的庙会文化。这是一种开放包容的“嘉年华”式活动，不设门槛，没有任何限制，俗话说，不怕人多，就怕不热闹。庙会是个综合体，集文化活动与商品交易为一体，欢乐与实用相结合，是城市大众民俗文化的重要形式。

新中国成立前后，很长一段时间，石家庄各种庙会活动很多。主要有：吕祖祠庙会，在寺后街东头；奶奶庙会，在休门东首；七里湾庙会，在新开街一带；观音庙会，在菜市街；关帝庙会，在栗村西大街。其中，每年四月初八七里湾庙会的活动最为热闹，是石家庄本地规模最大的商贸文化活动。20 世纪五六十年代，石家庄市几乎每年都在这里举办大型的物资交流大会，各地的生产资料、生活日用品摆满街市，连续数天，戏棚、马戏棚连着饭棚，各种民间文化表演纷纷亮相，大鼓、高跷、旱船、舞龙、捏糖人、杂要、变戏法激情出演，人们以丰富多彩的形式，尽情享受庙会带来的欢快生活。这也是小孩子最欢乐的时刻，因为他们可以看到西洋镜、拉洋片，吃到糖稀、崩米花、棉花糖等各种美味小吃。

由于政治运动的影响，从20世纪60年代中期开始，庙会文化的规模在逐步缩减，有的淡出了人们的视野。近几年，为了传承地方特色民俗文化，石家庄在春节期间又开始举办庙会活动，大受市民欢迎。

有人说，庙会文化是乡土文化，不适应城市，这恐怕有些偏颇。君不见，北京的地坛春节文化庙会，以地道民俗特色的吃、购、娱活动闻名于京城，每年都吸引上百万人次的游客；上海城隍庙景区，其实就是天天举办的庙会，它以丰盛的海派小吃、极富特色的民俗展示，吸引海内外游客趋之若鹜。一句话，适应不适应，不由谁说了算，老百姓欢迎的，才是最适应的。

石家庄本土文化的另一个特色，就是欢庆的民间鼓乐，主要是在重大节日和庆祝活动时进行表演。其中最具代表性

近年举办的燕赵民俗文化庙会

常山战鼓表演

的是常山战鼓。常山战鼓，由大小鼓、大中小钹和锣等打击乐器组成鼓阵，一般有数十面鼓，多者上百面。战鼓曲牌繁多，演奏起来，击打者动作潇洒优美，人舞鼓震，气势雄浑，很是震撼。严格意义上讲，常山战鼓也可以称为东垣大鼓，相传产生于2000多年的汉代，汉高祖刘邦御驾亲征，在常山郡城东垣平息陈豨的叛乱。为庆贺胜利，刘邦命军士在东垣城内置数十面大鼓，击鼓相庆，声震八方，延续月余。从此，滹沱河两岸石家庄一带也形成了以大鼓欢庆的习俗。除了常山战鼓外，还有藁城金钹战鼓、韩通战鼓等鼓乐表演。一直到今天，逢年过节，在石家庄市一些老的社区内，还能听到大鼓的声响。近些年，为弘扬传统文化，石家庄每年都会举办新春大型鼓王争霸赛，来自全国各地的鼓队，竞相献技，盛况空前，声名远扬。常山战鼓被列为国家级非物质文化遗产，先后参加了亚运会、奥运会、世博会等重大活动的表演，每每载誉而归。

石家庄有地方特色的民俗文化，还有一个吹奏乐——休门吹歌。这个诞生于石家庄本土的民间音乐历史悠久，以旋律优美、曲调粗犷朴实、节奏欢快热烈而著称。吹歌顾名思义，以“吹”见长。吹歌中的乐器（主要是管子、唢呐），经过演奏者的演绎，能模仿京剧、河北梆子、评剧等戏曲曲调，甚至能模拟出剧目中人物性格的行腔，以及各种飞禽走兽的叫声，令人拍手叫绝。遗憾的是，石家庄吹歌后继乏人，面临失传，人们呼吁引起重视，使这一有悠久历史的音乐形式得到传承。

类似战鼓、吹歌这样的大众民俗文化活动，石家庄一带还有很多，如赵州的扇鼓、正定高照（中幡）、赞皇的铁龙灯、平山的抬皇杠、井陉的拉花等。此外，还有藁城的宫灯、无极的剪纸等传统工艺品，都有几百年的历史。藁城宫灯是重要的节庆礼品，畅销国内外，是北京奥运会、上海世博会的指定产品，无极剪纸也由民俗自娱产品向产业化发展。它们都是石家庄市的非物质文化遗产，得到了很好的保护和传承。

5. 石家庄人的方言

汉语方言俗称地方话，被认为是地方文化的一种表现形式。人们初到一座城市，首先听到的是个性鲜明的地方话，往往能够从中品味出这个地方人的性格、爱好、习俗等，折射出一方水土的历史、地理、环境的影响。比如听东北人说话，你往往会受到朴实直爽性格的感染；听西北人说话，你会感受到那种粗犷豪气的性情；听江南吴语，你会与小桥流水、情感细腻等词语相联系；听川人蜀话，你会联想到爽快诙谐、悠然自得的生活状态。从某种意义上讲，方言就是一个地方的文化符号。

说到石家庄，有人认为是一座没有方言的城市。这话猛一听，似有道理，仔细分析，其实不然。作为代表一方文化的地方话，它并不缺少，只不过有它的特殊性罢了。

这还要从河北的方言说起。与其他省份不同，由于历史的原因，新中国的河北省是由冀中（包括石家庄、保定、衡水等地）、冀南（包括邯郸、邢台等地）、冀东（唐山、秦皇岛等地）以及原热河省（承德等地）、察哈尔省（张家口等地）的一部分组成的，环京津还有一些“飞地”。

由于历史的原因，全省并没有统一的方言。不像河南、山西、山东这些同样地处北方的省份，历史上区域虽有变化，但基本是稳定的；这些省的不同城市虽各有口音，但总体上是一个语言体系，外地人很难区分。而河北则不然，各个城市的方言是分割的、各成一体的，有的还受到邻省口音的影响（也可能是互有影响）。比如，保定、邯郸、沧州等城市的方言，距离几百里，都互不联系。邯郸的多数地方的口音，好像更接近河南北部的话；沧州的口音，好像更与山东德州话接近；而唐山、承德、张家口话也更有地方特色。承德的口音是比较标准的普通话，所辖滦平县是新中国标准普通话的采集地，俗称普通话之乡；张家口西部的口音，又有晋东北部话的语调。因此很难归为一统。石家庄话也是相对独立的方言，区域性很强。

以原住民语言为基础，不断地融合进化，是石家庄方言的显著特点。因此，它经历了漫长的演变过程。

首先是原住民说的老石家庄话。因为地域的关系，石家庄话源于山区与平原的过渡带——获鹿县（今石家庄市鹿泉区），有人认为是经过软化的获鹿官话。尽管如此，给人感觉仍然是语音偏硬、语句偏短且语速偏快，有点儿“艮”（形容言语率直无曲折）。有人描述，老石家庄话说起来底气足、咬字狠、气势大、爆发力强。

从词语系统讲，与普通话有许多不同。比如，石家庄人说“沾不沾”，沾就是行，不沾就是不行，而不说可以不可以或行不行；说“嫑”（biào），而不说不要。以时间为例，普通话的昨天、今天、明天，石家庄话分别说“夜儿个”“今儿个”“明儿个”。从语法上讲，表示程度的词常用“可”。例如，“这人可强哩！这事儿可好哩！”表示程度的补语常用“哩不行”。例如“累哩不行”“饥（饿）哩不行”“困哩不行”等。疑问代词，表示“什么”常用“嘛”，如“你干嘛去呀”“说嘛呀”“为嘛呀”等。老石家庄话的这些特点，显然与邻近太行山平原地区的生活方式相联系，也与这一带人性格实在、喜欢直截了当、较少虚套有关。

表 3 石家庄方言举例

方言	意思
沾不沾	可以不可以，或行不行
嫑（biào）	不要，别。可嫑——千万不要
客（qiē）	亲戚。高客——尊贵的客人
得劲儿	舒服
黑介	晚上
眵目糊	眼屎
草鸡	怕
结记	挂念
使里慌	累
费	调皮
背兴	倒霉
么介	没有
嘎古	比较坏，调皮，捣蛋

其次是随着几次规模较大的移民群体而融入的各地方言。如果说，新中国成立前老石家庄话占据主导地位的话，那么新中国成立后，随着外来移民的不断迁入，时间集中且从数量上占了优势，移民带来的各地方言，则对这座城市原有的语言系统带来很大冲击。

解放区进入石家庄的老干部、随省会机构搬迁来的工作人员，多是操着冀中一带的衡水、保定地区的口音（后来也加入了沧州、邯郸、邢台的口音），语音偏软，且多有儿化音。比如，他们不说上学（xué），而说上学（xiáo）；不说平安（ān），而说平安（nān）；等等。从北京、天津、上海、青岛、沈阳等外地城市来的人，自然说的是原来的家乡话。

这些外来语，经过时间的磨合，有的已经融入了地方话，有的却保留下来。如棉纺业的原籍天津人，虽然已经在石家庄生活了三四代，但老一辈的职工生活在相对封闭的社区里，人际交往、生活圈子依旧，因而仍然保留着原来的语言，以至于影响了儿孙的口音，甚至一些外地人置身其中，也不由自主地学会了天津话。走进这里，听着人们用高分贝、语速很快、声调混搭、尾音发飘的天津话聊天说事，你很容易产生到了天津海河广场或滨江道商业街的错觉。

之所以出现这种现象，除了移民数量多且集中之外，可能还有移民老家文化的优越感使然。毕竟，大城市的效仿作用很大。

比如在上海，不少人都以是上海人、说上海话为荣，而许多人虽然操着上海话，却并不是土生土长的上海人。北京也有类似的情况。严格地讲，北京的原住民远远少于外来移民。一些操着正宗北京话的人，实际上两三代以前，祖辈还在河北三河、香河或清苑、高阳一带谋生。只是北京话的感染力、诱惑力和融合性很强，且有文化上的优越感，外来人会说北京话就成了北京人。而那个年代，能成为北京人是很荣耀的。况且，京城大规模集中的移民较少，除了新中国刚成立人民政府接管北平那次，陆续进京的移民随时被北京话同化，一如改革开放后新进京移民的下一代，都已经操着北京口音了。石家庄话则没有那么大的吸引力和同化能力，随着大量移民的到来，被不断进化和融合，就是一件很正常的事了。

这样说来，石家庄的确没有方言了？非也。这种说法，忽视了一个常识，即事物都是不断发展变化的，而不是静止、一成不变的。比如上海人的口音，就是发展演变过来的。有研究证明，在开埠之初，上海通行的是苏州话。因为，那时的上海不过是一个“蕞尔小邑”，而苏州早已是江苏省数一数二的大城市，一度做过省府，其文化影响涵盖全省，那时大家都以苏州人为荣，讲讲苏州话再正常不过了。只是到了后来，上海迅速崛起，成为海派经济文化的中心，中西方文化的长时间磨合碰撞，才定型为今天相对独立的上海话。

同样地，石家庄母体语言与外来语言，在长期的碰撞中，相互磨合、相互适应，再加上几代人的融合演变，在城区最终形成了一种彼此认同的语言——现代石家庄话。年轻一代的石家庄人已经操这种口音了。只不过，与其他城市的方言相比，它带有一定的模糊性，有种一下说不清道不明的味道。

迄今为止，还没有人给它下一个准确的定义。如果试着描述一下，这是一种夹杂着原住民口音的普通话。总的来说，它已经去除了老石家庄话比较硬的语调，似乎作了进一步的“软化”，但还保留着某些语调和词语。比如，城区的石家庄人已经很少说“沾不沾”了，但还是常常用“嘛”代表“什么”，习惯说“干嘛去”，等等。本地一些播音或表演专业的年轻人，自认为普通话已经说得很好了，但在专家面前，依然轻而易举地流露出石家庄地方话的语音。不管怎么说，原住民的语音基因是很顽强的，不会轻易退出历史舞台。至于如何表述现代石家庄话的发音吐字、声调的规律和特点，则要留给语言专家去研究了。

但它是的的确确存在的。许多石家庄的朋友也有同样的感受：在异国他乡、在偶然邂逅中，人们在陌生环境中相互并不熟悉，但有两个石家庄人在场，只要说上几句话，就能大致发现并认准彼此是老乡。

这是一个真实的故事。一位石家庄的海归学子，在回国的越洋航班上，为了要一杯热茶，说话之间，就认识了一位在国外居住多年的原籍石家庄的空姐老乡。在万米高空上，两人谈起河北师范大学附属小学，说起华北制药厂、中山路、展览馆，是那样的亲切自然，长途旅行的疲劳一扫而光。他们就是凭着那个说不清、道不明，而又确实感受到的石家庄话，联结在一起的。那种特有的口音，是渗透到浓浓的城市血脉、打着深深烙印的记忆，“说嘛”也不可能忘掉。语言的魅力是何等的神奇啊！

二、石家庄人的性格与气质

多年前，易中天在他的《读城记》一书中，曾经对一些城市的性格和气质，做过大致的定性。比如他说，北京是最大气的城市，上海是最雅致的城市，广州是最商业化的城市，成都是最休闲的城市，厦门是最温馨的城市，等等。按照这种分析定性，石家庄也应有一个称谓。于是，难题来了，迄今为止，还没有人正式给这座城市定个性、戴个帽，可见争议之大。难归难，但总要有人“吃个螃蟹”、开个头，或抛砖引玉，或供人拍砖用。

我以为，可以定性为“最平实的城市”。

所谓平实，顾名思义，就是平易朴实。不是说这座城市历史上没有什么引以为傲的资本，也不是没有什么重要的贡献，恰恰相反，它有许多值得自豪的话题。只是说，石家庄人似乎没有什么张扬的个性，处处体现的是平易朴实的气质：踏实低调，不事张扬，不善言谈，做得多，说得少，有的时候只做不说，或是说不出来、说不好。我曾多次看到这样的情景，记者采访见义勇为或助人为乐的市民，被采访者往往面带羞涩，除了不断重复“这是应该的”，再没有什么话可说。这与有些城市的市民在镜头面前侃侃而谈（只要是真实的也无可厚非），形成鲜明的反差。

这座城市平实的原因，又是需要慢慢品味才能领悟到的。细想起来，这种平实性格的思想基础是平民意识。对待很多身边的事情，他们都是一种平常心，不那么现实和急功近利，不那么好高骛远，试图三两天就能奏效、出人头地。多数石家庄人没有那么势利，不那么趋炎附势。他们对权贵、富豪感觉一般，觉得和自己的生活没有更多的联系，也没有希冀通过攀附什么改变自己的命运。不以富为喜，不以贫为悲，平淡地过自己的生活，似乎是很正常的事。这种意识造成了整个城市较浓厚的平民氛围，直接带来的结果是个别从外地来的领导，找不到“当官”的感觉。他们对此颇有怨言，认为石家庄人“不会来事儿”，以至于上升到城市文化、市民素质的高度。

实际上，石家庄人并不是不尊重谁，也干了很多事，像大家庭的长嫂，一直在老人身边守家持业，伺候老人、拉扯小孩，默默无闻，付出了很多劳动，人们觉得很自然、很平常，只有当她某一天离开了，人们才发现她是那样的不容易，那样的不可或缺。以平民的意识、平常心的角度看待人和事，自然就不会“看人下菜碟儿”，不那么“会来事儿”，也不会花言巧语：事儿办了办不了，也打发得你高高兴兴的。

然而，这种平实并不是甘于人后或随遇而安，它是在平凡中做应该做的事，并不妨碍追求突破、探寻创新、书写不平凡的业绩，比如说历史上的某些辉煌，比如说现代的一些成功。以平实的意识对待生命和生活，在平凡中做出某些不平凡的事，可能就是它的最鲜明的特色。

总体上说，石家庄人这种平实品格，似乎多少又有些两重性，即在令人认可的同时，还有些许缺欠；在弘扬自己优秀品格的同时，还需要扬长避短，不断完善。

1. 实在与“太”实在

这也是一个真实的故事。某次饭后闲聊，大家七嘴八舌给一位熟悉的朋友“画像”，在总结若干优点之后，想提出点儿缺点，一时难住大家：似乎找不到什么明显的不足。在众人踌躇之际，一位老者说了一句话，这人的优点是实在，缺点是太实在。言毕，大家不禁拍手叫绝！

其实，这又何尝不是整个石家庄人的“画像”。

如果评选石家庄人最鲜明的品格，恐怕就是实在了。它叫石家庄，也可以叫“实”家庄。

这是一种比较容易让人接受的性格。性情直爽，说话实、办事实、做人实、交朋友实。总之，是“碾磙子碰磨盘”——石（实）打石（实）。实与虚是相反的。虚头巴脑、虚伪做作、虚情假意、虚与委蛇、故弄玄虚等这些词语，可能较少与大多数石家庄人相联系。一位出生在内蒙古呼和浩特，先后在北京、石家庄工作的朋友，在对比 3 个城市的感受时说，石家庄是最好接触和容易沟通的地方，它可以给人以真实的信任感。

实在不实在，已经潜移默化地成为石家庄人评判朋友的标尺。“这个人不实在”，意味着不好打交道，当然做不成朋友，更不可能深交。相反，“这个人实在”，意味着是可以信任的，可以长久做好朋友的，他们就会非常实在地对待你，甚至于体现出“太实在”的一面来。

石家庄人的这种实在，并不是冷漠、没有温度的，而是内敛的、有是非观和有感情的，只不过是表达的方式不同罢了。他们对人对事有好感，或是做些对社会有益的事，更多的是用行动，而语言则是次要的，有时还稍显滞后和笨拙。他们的质朴与实在是发自内心的，好像一切都是那么自然而然，而受到一点肯定和表扬，还有一点不好意思。这与一些大都市的市民是有点儿区别的。

比如，在公交车上让座。比较一下石家庄人和天津人，有时表现是不同的。同样是给老弱者让座。在石家庄，让座者和被让座者，都认为是平常而理所当然的。彼此之间没有更多的感情和语言交流，被让座者一般都会说声“谢谢”，让座者也会说声“不客气”或“没事”，仅此而已。如果对方再多说几句，让座的人可能会感到不好意思，觉得“多大点儿事儿啊！”但在天津有时会看到另一种情形。让座者是位女青年，被让座者是位老太太。老人一边落座，一边说，“太谢谢了！仄（这）闺女素质怎（真）高啊！一看就有家教”。末了，还要加上一句，“仄（这）年头，还是好人多啊！”女青年也会附和老人说：“没似儿（事），这都似（是）应该的！”这一老一少转瞬间完成了小品的一幕，很生动传神。

这样比较，不是说石家庄人实在而天津人不实在。其实，两地人做的事情性质一样，目的一样，只不过两者之间表达方式不同罢了。石家庄人未必缺少丰富的内心活动，但会觉得用三言两语已经作了完整表达；而天津人生性活跃，善于抒发情感，觉得不充分表达有些遗憾。同时，也体现让座人的文明，被让座人知书达理、有情有义，或者用这样的形式给予回报。这可能就是不同城市文化的差异吧。

现在又回到题目上来，优点是实在，缺点是太实在，怎么理解？

必须说明，这个“太”，是挂引号的程度词。因为任何事物都是要把握有度的。欠之，则不到位；过之，则有些变味儿。实在是个优点，所谓太实在，实际是说实在得“过”了，反而成了缺点和不足，有些负面的效应。比如，有时比较“认实”，较少变化和融通。从社会发展过程讲，经验教训是有的。对于熟悉的东西，一往情深，不轻易改变，无可厚非，但形势有了变化，时代有了新要求，也应与时俱进、适应调整。

改革开放初期，在农村推行家庭联产承包责任制，石家庄地区在全国不是早的，有人思想转不过弯来，发牢骚，说“辛辛苦苦几十年，一夜退到解放前”。原因是大家对原来的生产方式有感情，已经形成了习惯，实在不愿意轻易改变，去探索尝试新事物。同样，改革开放初期，商品经济活跃起来，石家庄坐拥毗邻京津的区位优势，抢抓机遇的意识并不是特别强，有的时候“起了大早赶了晚集”，反而是周边一些省份的城市，敏锐而动，占了先机。

石家庄人比较“认实”的性格，也体现在日常生活中。有时对流行的东西缺乏分析，盲目跟风，有从众心理。改革开放后，一度兴起喝“红茶菌”（一种自制的发酵的饮品）、打鸡血，终因副作用太大而废止。一度兴起练气功，什么大雁功、站桩功等，此起彼伏，风行一时，来一套练一套，石家庄是各种功法都比较能接受的城市之一。有资料显示，20世纪90年代，仅石家庄市区就有登记的气功学校9所之多。且不说这些功法效果如何，就是不分男女老少、体质强弱，所练气功内容和形式都千篇一律，本身就值得商榷，但石家庄人一度乐此不疲。近几年，石家庄的各种保健品也大行其道，据说，是附近销售量较大的城市之一，一些老年人家里存量颇多。究竟有多大效果，大家并没有认真检验，购买的依据仅仅是电视上有介绍、广告说有效、朋友们都在用。

石家庄民间的酒风也是一个很好的佐证。前些年石家庄人请客人喝酒，品质如何另当别论（当然要尽其所能，有好的不拿赖的），数量一定要足够。而且，为了陪好客人，自己一定要带头喝、使劲喝，如果担心客人海量自己尽不到礼数，还会请上要好朋友一起来陪。这是约定俗成的待客之道。须知，陪不好客人，是会被左邻右舍笑话的。所谓“要把客人陪好，先把自己喝倒”，的确是真实写照。以至于喝完酒，主客双方往往大醉，好几天才能缓过劲来。

随着社会进步，这些习惯已经大为改观，但乡俗难移，余音未了。前不久，上海某大学一位教授到石家庄市藁城区会朋友后，发表了一篇感慨颇深的博文《藁城归来不喝酒》，一时引爆网络。作者写道：“藁城人的劝酒浸染着一股艺术的气质与善良的霸气。有板有眼，循循善诱，没有丝毫讨价还价的余地，恍如软刀子杀人，于温藉融和之间让人酩酊大醉。”作者感叹，“总算从藁城回来了，而且是活着回来。这是一件值得庆幸的事。也许这就是藁城的魅力所在吧！”看得出，作者的心情是复杂纠结的，既有对藁城人热情好客、古道热肠的赞赏，也有对迫不得已饮酒过度的无奈，但生动地诠释了石家庄人“认实”的性格。

由之，实在与太实在，是优点与缺点相伴而生的结合体，甚至于你中有我、我中有你，如何把握，也是个难解的命题。因为，任何尺度的均衡，都是相对的、动态的，绝对的平衡是不存在的。况且，有时实在和太实在之间，也没有截然分开的界限。结论是，在持守实在原则的同时，对人对事，该实在一定要实在，但不要太实在，以免不经意中削弱或背离了实在的初衷。

当然，如果在实在与不实在中间不好判断和选择的话，那么，石家庄人一定会宁肯选择太实在，也不会选择不实在，更不会选择假实在。否则，就是做人的问题了。也许这正反映了石家庄人的性格特点。

2. 开放包容与潜在的封闭

作为一个交通枢纽和移民城市，石家庄人从来都不缺乏开放和包容的文化。较少排外意识，容易敞开胸怀，接纳包容外来人，上至各级领导，下至平民百姓，不论高低贵贱，只要你愿意，都有可能在这里留下来生活。平静地看待外地人的进入，平等地对待外来人，是这座城市的一个显著特点。

这种开放包容文化的源头，首先来自城市的性质，以及特殊的开放区位和功能。石家庄自古以来就是南北通衢、东西要冲，随着改革开放的发展，如今的石家庄已经是个交通发达的枢纽城市，成为远近闻名的商品集散地。大门敞开，人来人往，熙熙攘攘，物进货出，运来输去，是它的生活常态。有些人来了又走了，有些人走了又来了，对石家庄人来说，是很正常的事，没有什么大惊小怪的。

况且，从物理空间来讲，它本身就一直是开放的。石家庄是区域中心城市不断迁徙的新治所。不像很多古老的城市，即使是一些小城那样，都有厚厚的、加固的城墙包裹着。这座

石家庄火车头步行街

城市从一开始就没有建过城墙和壁垒，除了日寇占领时期和国民党统治时期，做了一些工事和壕沟之外。存在决定意识。市民天生也没有什么设防御外的想法，也就更加给了新移民进入的空间。

更重要的是，石家庄人具有的平民意识。他们不像国内某些大城市那样，对外地人总有些居高临下的优越感。比如，像一些书中描写的那样，早些年有的北京人看外地人，都是下边来的地方人，连人力车夫、出租车司机，也会不经意地问问乘客，你们那儿的情况怎么样啊？有的上海人看外地人，都是乡下人，一接触一开口，“阿拉上海人”如何如何，总有些给你普及大城市生活常识的感觉。当然，现在的北京人、上海人早已改变了很多，与外地人的融合已经很不错了，但历史的记忆，还是留下来了。

石家庄人看外地人，多是一种平视的角度，平等的交谈沟通，平等的合作共事，丝毫没有什么城市主人的架势，没有欺生排外的言行，这使得许多漂泊在外、四处打拼的外地人，格外感到温暖，于是加速了对这座城市的认同。

石家庄人的这种开放包容文化，出于一种诚信和与人为善的意识。比如，从外地派来了领导，大家潜意识中认为，那一定是好领导，因为是上级决定的啊！从外地来了专家，那一定是有水平的，否则，大老远的，请他们干什么？从外地来的客商，一定是有实力的，要不怎么合作啊！尽管有时也会对外来人、外来事有看法，会提出一些异议，但总体上，是温和的和建设性的，不会使人下不来台，更不会千方百计排挤走外地人。

正因为如此，石家庄历史上几次大的人口扩容，都是比较顺利的、平稳的，除了“文革”时期那个特殊的年代。

新移民来到石家庄，得其所善，一般也都会各得其所，安居兴业，有所发展，有的还发展得相当不错。许多从浙江温州来的商人，20多岁，白手起家，来到石家庄打拼，从走街串巷摆地摊儿开始创业，一直做到批发商、房地产商和综合体老板，成为腰缠万贯的富商。说起这些年的经历，他们异口同声：“还是石家庄接纳了我们。”

一位常年在石家庄经商的浙江温州人，讲了一个来石家庄的故事。改革开放后，他就开始从家乡出来闯社会，走了不少城市，但始终没有找到一个落脚之地。有一天，到火车站买票，售票员问到哪去，他随口答道“哪有票去哪”，结果，扔出来的火车票——到站石家庄。对他来讲，这真是个陌生的城市，抱着试试看的心情坐上了火车。没想到，这一来，就是30多年。他的第一印象是，这里的人朴实直爽，好打交道不欺生，开始产生了住下来的念头。后来，他不仅住了下来，而且靠摆地摊儿卖布开始，在这里一步步发展起来，后来在这里成家立业，事业兴旺，成了新的石家庄人。家庭在这里、事业在这里、朋友在这里，远在几千里之外的故乡，反倒成了春节回乡探亲祭祖的临时住所。

应当说，石家庄人开放包容的文化，营造了这座城市较为宽松的社会生存氛围，吸引了大批新移民的融入。同时，城市人群的多元化，新的生产要素的进入，又进一步推进这个城市开放的扩大，带来新的生机活力与繁荣。以餐饮业为例，石家庄舌尖上的美食，也体现着一种包容的文化。

改革开放前，石家庄人的饮食品种比较单调，当然，也受当时条件的限制。现在，可以说坐在石家庄，吃遍全天下。如果有机会走在石家庄的大街上，你会看到五花八门、来自国内外各地风味的饭店。不仅本省的保定烩菜、承德羊汤、河间火烧、辛集驴肉可以随时品尝，就连北京烤鸭、天津煎饼馃子、上海葱油面、西安羊肉泡馍、四川担担面、烟台鲅鱼馅饺子、温州海鲜、香港早茶也应有尽有，任你挑选。从这样的角度上说，是开放包容的文化带来了这座城市的繁荣，带来了市民们更多的幸福感。

但事物都有两个方面。石家庄人的开放包容的文化性格，似乎也还有一些缺憾，那就是在对外开放的同时，却多多少少忽略了自身对开放机遇的认知和把握。

外地人来这里，看到的是商机与利润，他们通过自己敏锐的目光、灵活的经营头脑、耐劳吃苦的韧劲、把机遇变为现实，把资源炼化为财富，取得极大的成功。而长期蜗居在石家庄的本地人，却没有看到并把握这个机遇，没有及时融入其中，没有积极参与开放创业，没有淘得应有的“一桶金”。结果，在一定程度上，形成了“为他人作嫁衣裳”的局面。这种现象，无论是在兴起较早的小商品市场上，还是后来繁荣起来的建材、装修、茶城、物流等行业中，都广泛地存在着，从业者和创业成功的多是外地人。

有资料显示，在称雄全国小商品市场成交量前茅的南三条、新华集贸市场上，外省经营者占到百分之六七十以上，再就是河北周边城市来的人，而石家庄本地人则很少。以南三条市场为例，这里原来是石家庄最早的城市发源地之一——栗村的居民区。但在市场发育的整个过程中，本地居民参与经商的并不多。多数人只是出租房产给外地人，赚点“旱涝保丰收”的房租而已。看到外地客商大赚其钱，本地人没有什么羡慕嫉妒恨，这是一种好心态，但对俯首可拾的商机缺少感觉，任其流逝，似乎有些太过可惜。

与此相类似的，还有一个现象，那就是人才进出比例的不对等、不均衡。在新移民大量涌入的同时，石家庄人走出去创业、“讨生活”的却偏少。比如，有的孩子完成高等教育或在国外深造后，家长千方百计要他们回家乡工作。有外地工作、本地工作可供挑选时，总是要挑在本地工作，最好能在吃

“财政饭”（由财政供养）的体制内。没有做过统计，但一定可以肯定，石家庄人在外地经商办企业的，在省外、国外工作或定居的都比其他同类城市偏少。换句话说，就是石家庄人可以对外开放，欢迎外地人进入，而自己人却开放不出去。尽管石家庄的开放程度不断提高，也有越来越多的人选择走出去，但总的讲，还有很大的提升空间。

原因何在？也许是本地人觉得“在家千日好，出门一时难”，受不了那种风吹日晒、四处奔波的辛苦；也许是认为自己闯生活风险较大，还是体制内的工作稳定些；是思想观念的陈旧，还是生活压力的不够？仔细想来，可能都是原因之一，但或许也有思想深处开放意识不够彻底，即还残留着某些封闭的人文性格？答案有待于人们去深入研究。

从历史的趋势看，石家庄还是一座有活力的城市，未来有一定的良性发展空间和竞争力。但要把希望变为现实，仍需做较大的努力。继续秉持开放包容的文化品格，消除某些不适应的封闭观念，有意识地强化竞争意识、市场意识和机遇意识，不仅引进来别人，还要融进去自己；不仅包容外人进来，还要自己走出去，实现全方位、内外一致的开放，也许是石家庄完善城市文化品格的一个课题。

3. 刚勇的正义与温良的柔慈

有人说，石家庄是一座有正义感的城市，石家庄人则是外表平静、内心却包裹着热能量的一群人。细读慢研，此言不谬。

与平实的性格相一致，接触石家庄人会感觉到一种耿直、质朴的气质。这座城市似乎受市场经济的负面冲击和影响较小，不少人血液里还保留着一种传统的纯朴侠义的基因。朋友之间的交往，比较重义气、讲信义，信奉“你敬我一尺，我敬你一丈”，“滴水之恩当涌泉相报”，这些带有农耕文化色彩的理念。有信有义，相互认可，朋友可以长久地交往下去；无信无义，则朋友无法做下去。

我的一位在中直单位工作的朋友，在石家庄住了若干年时间，交了一批朋友，离开十几年后，走过很多地方，仍然与这里的朋友联系不断。平日里一个问候，节日里一个祝福，彼此没有任何的功利需求，怀念的是当年那种真心相交、坦诚互助的友谊。他说，在一些地方是找不到这种感觉的。想来这是一件十分温暖的事情，否则十几年如一日，是很难坚持下去的。

在日常生活中，石家庄有很多性情中人。他们习惯于讲“按理说”这句话，评判事情以“在不在理儿”为标准。这个理儿，并不是国家法律，往往就是约定俗成的乡约（当然与法律精神是相一致的），是以言行正不正、品德端不端为标准的。对品行不端、蝇营狗苟的行为，有一种天然的反感，继而鞭挞斥责，有时会形成一种社会舆论的压力。比如，看到有的儿女虐待老人、看到有的人损害小区公物，看到有人在街上撒泼耍蛮，许多人会出于公义，挺身而出，仗义执言。甚至有些事情，与自己并无牵扯，也会分出个子丑寅卯。新闻媒体里，经常有这类报道。这与个别城市“事不关己，高高挂起”的市民性格，是截然不同的。当然，也有那种“各人自扫门前雪，休管他人瓦上霜”的人和事，但是，总的讲，讲求公平、追求正义，是这座城市很多人做人处世的准则。

石家庄人的这种正义感，是有历史渊源的。作为军事重镇和经受无数战争洗礼之地，这里的人们，几乎有史以来，最早接受的考验，就是如何避免热土分离、山河涂炭，如何保家卫国、生存图强。近现代，在国内革命战争、抗日战争、解放战争不同时期，所受到的洗礼，更是增添了浓烈的爱憎分明、疾恶如仇的家国情怀，是逐渐培养正义感的重要基础。

在和平年代，这种正义感更多体现在危难之时表现出的大爱精神。平时默默无闻的石家庄人，内心却蕴含着炽热的能量，在紧要关头和突发危难中，总是能够挺身而出，践行大义。在抗美援朝、邢台地震、唐山地震、赴非洲医疗援助、汶川大地震、联合国维和行动等重大事件中，总能看到石家庄人的身影，以他们特有的方式发挥着满满的正能量。

这里特别要说一说唐山大地震的情形。前几年，曾在网上看到唐山、石家庄的一些网友，为谁是河北省的所谓经济实力老大，而相互进行地域攻击，说了一些伤感情的话。殊不知，这两个城市历史上有着深厚的友谊。在石家庄的发展过程中，作为开埠早于近代石家庄的唐山，曾经给过很多帮助。第一批铁路机车及修理工人、新中国成立后纺织企业的建设者，许多都来自唐山。作为较早的工业移民，他们带来了专业技术和管理经验，曾经为这座城市作出了贡献。他们更不知道，在唐山发生特大地震灾难时，石家庄是第一批伸出援手的城市，石家庄人是最早赶到灾区的救援者之一。不仅如此，石家庄全市上下倾其所有，对灾区人民给予抢险、医疗、交通、物资等全方位、持续的救助。

1976 年 7 月 28 日唐山地震当天，石家庄迅速派出 3 批 108 人的抗震救灾医疗队，是最早到达灾区的医疗队之一；当晚，石家庄派出第一支 250 多人组成的突击运输队伍，连夜将数十吨抗震救灾物资运往灾区；地震发生 3 天内，石家庄先后派出 1276 人的抢险队伍。截至 8 月 15 日，石家庄共派出医疗队、抢险队、工作队人员 3471 人，其中，医疗队总人数 1230 人，先后接受救治唐山大地震伤员 4819 名。待震情稍稍稳定后，又组织转运唐山伤员，通过石家庄火车站运输的伤员 26036 人，通过石家庄机场运输的伤员 15805 人，总计占转运伤残者总数的 1/4。截至 8 月 24 日，石家庄支援唐山救灾物资金额达 366 万元之多。要知道，在 20 世纪 70 年代，这是一笔不小的数目，当时石家庄市全年可支配的地方财政收入也仅有 1 亿多元。

唐山的地震孤儿更不会忘记，养育他们 8 年的石家庄育红学校和像父母一样的老师。那次大地震给唐山留下来 4200 多名孤儿。8 月下旬，河北省决定在石家庄建立育红学校，专门安置唐山孤儿。在短短的 15 天内，石家庄市从全市调来 262 名干部、教职员工、保育员、医生和服务员，腾出来最好的校舍，配齐了所有的设施和用具，迎来了第一批灾区孤儿。

这是一所特殊的学校，集托儿所、幼儿园、小学、中学为一体的教育机构。孤儿最大的16岁，最小的只有6个月大。石家庄的亲人们，不仅是教职员工，包括全市各行各业的人们，像对待自己的孩子一样，不能让他们有一点委屈，吃穿用住样样从优，精心呵护他们的成长。当时，石家庄市民粮食供应，是30%的细粮、70%的粗粮，这里的孩子却是百分之百的细粮。新衣服、新被褥、新用具，随时更换。

面对这些特殊的孩子，育红学校的老师们既当教师，又当父母，倾注了全部的爱。27岁的老师刘曙光，接到通知后，她将刚8个月的女儿交给父母照顾，立即赶到学校。当看到被送到保育班的党育红也才8个月，嗷嗷待哺只能用饼干充饥时，毫不犹豫地将她搂在怀中，用自己的乳汁哺育起这个很久没有喝到母乳的小生命。而当她回到家中，自己的孩子却只能用奶粉来充饥。还有许多老师，整夜整夜地搂着那些受惊吓而

育红学校老师与地震孤儿

夜不能寐的孩子，用自己的温度来一点点地抚平他们心中的创伤。

育红学校从1976年开始，到1984年最后一批孩子被送走，完成历史使命。8年时间，共接收唐山孤儿655名。如今，这些孩子早已参加工作，成家立业，过着幸福的生活。他们是不幸的，又是幸运的。人们不应忘记，那些向孩子们献出父母般情感的老师们。其中有育红学校校长董玉国、教导主任曾淑华、班主任朱保湘、美术老师张占修……还有许多默默无闻的人，他们共同谱写了人间的大爱篇章。

可贵的是，在多元文化、物欲横流的今天，石家庄人继续保持了这种爱憎分明、追求正义的品格。突出的特点是，对损害社会的丑恶现象疾恶如仇，对生活在社会下层的人群予以同情和关爱。

这里常常会出现一些见义勇为的群体。注意，是群体而不单单是个人，这是以社会共识为基础的一大批人。他们在危难时刻、紧要关头能够毫不犹豫地挺身而出，或勇斗歹徒，或救死扶伤，而且不希图有任何回报。在火车站、公交车站等许多公共场所，经常可以看到市民出手抑恶治丑的正义之举，以至于一些流窜作案的惯犯，刚到石家庄，就束手就擒。可以说，石家庄是国内治安秩序比较好的城市之一，良好的群众基础是一个重要的因素。

在石家庄裕西公园（原动物园）沉绿湖畔，矗立着王德恒烈士的雕像，这是为纪念沉绿湖救人英雄群体而设立的。为了挽救一个不慎落入冰湖的儿童，普通的青年工人王德恒和不

1984 年 2 月 15 日，王德恒在冰湖里抢救落水儿童

相识的 30 多位市民，奋不顾身接力救援，最终，儿童得救了，王德恒却光荣牺牲。[①] 完成施救后，下水救人者默默地离开，而他们放在岸上的衣服、现金、手表，则无一丢失。在石津运河旺水期，也发生过几十位市民奔跑 8 里地，接力救出落水者的故事。英雄们的壮举、市民们的义行，深深地镌刻在这座城市的历史上，感动着一代代的后来人。

在面对突发事件时，人们能够伸出友谊之手，在日常生活中人们同样是乐于助人的。值得赞赏的是，在大大小小的社区里，活跃着一大批热心的志愿者，传递着互助文明之风，而且成员广泛散布在各个年龄段里。

① 王德恒（1956—1984 年），河北省国防工业建筑工程公司工人。1984 年 2 月 15 日，王德恒在石家庄市动物园，为抢救不慎落入冰窟的儿童英勇牺牲。中共河北省委追认王德恒同志为中国共产党党员，河北省人民政府追认他为革命烈士。

一次偶然机会，笔者去友人母亲家中做客。我注意到，在不大的房间里，一部热线电话引人注目。在短短的几十分钟里，已经八旬的靳国芳老人，忙里忙外，接了五六通电话，都是家长里短、为别人提供帮助的事儿。后来才知道，老人是这个社区的志愿者，热心公益活动已经几十年，经她手为邻里排忧解难的事不计其数，前不久，还被中央文明办评为“中国好人”并获得“全国道德模范”提名奖。交谈起来，老人说，小区里还有许多像她这样的志愿者，虽然忙点儿、累点儿，但心情愉快，精神充实，生活很有意义。

人们相信，不管时代如何变迁，正义与大爱，仍是这座城市的主题词。

4. 开拓创新与持守的不足

作为一个平实的城市，石家庄并不平庸；在平凡朴实的生活中，石家庄人不乏开拓创新的气质。

与其他地方有所不同，石家庄人的创新文化，是一种不事张扬、不善高调的风格，却往往很有实效。平时默默无闻，看似平常，在日复一日的劳作中，却蕴藏着巨大的创新能量，一旦时机成熟，就破土而出，干出一些破旧立新、影响深远的大事。特别是在某些历史转折时期，在困障阻路、无章可循的情况下，平时并不起眼的石家庄人以极大的热情，坚韧的努力，做了破坚冰、开先河、领潮流的开拓创新之举，不仅为国家作出贡献，也使自己的城市大放异彩。这是石家庄人值得骄傲和自豪的地方。

翻开当代史书，石家庄至少有 3 次具有重大历史意义的创新。

第一次是关于城市工作的经验与样本。

1947 年 11 月 12 日，以攻克石家庄为标志，人民解放军拉开了全国大城市解放的序幕。一个个胜利接踵而来，一座座大城市被我军解放。在捷报频传的同时，革命者也遇到了“幸福的烦恼”，这就是如何接收和管理到手的城市。以往，共产党和解放军熟悉的是农村，拿手戏是与农民打交道。可如今，环境变了，对象也变了。面对国民党留下的烂摊子和民生潦倒的困境，城市工作依靠谁、工商业如何对待、社会如何管理，都是全新的课题。进城的干部心里打鼓，国民党也说风凉话：“共产党可以打下大城市，但永远管不了大城市，他们怎么进去的，还要怎么出来！”严峻的挑战摆在了新生的城市管理者面前。

作为全国第一座解放的大城市，在党中央领导下，石家庄勇敢地承担起探索城市管理“试验田”的工作。然而，这块田要种出茁壮的秧苗，需要付出极大的努力。

必须如实说明，解放伊始，石家庄在接收和管理城市中也走过一些弯路。主要是，在如何对待城市资本和工商业的问题上，一些干部存在游击习气，缺乏长期建设管理城市的意识和准备，采取了农村解放区清算斗争的方法，擅自乱拉物资，门店封了，老板被扣押或四散逃走，一些工厂、商店关门歇业，甚至连人力车也不让拉了，因为有的干部认为，“谁坐谁就是剥削人”。

这些情况引起了中共高层的极大关注。刘少奇亲自抓了石家庄城市接管中的“纠偏”工作：首先明确，石家庄是人民的石家庄，我们的工作应作长期打算，方针是建设，而不是破坏。为此采取了一些重要措施：有计划地收集购买物资，统一分配使用，进行了公物还家运动；多次发出安民公示，明确保护发展民族工商业的政策，保障私人财产及合法经营，立即停止乱斗争与乱查封，鼓励尽快复工复业复课。这些措施，迅速稳定了城市秩序和市民生活，城市工作开始走上正轨。在此之后，石家庄又围绕“进城依靠什么人”“城市的中心任务”“城市经济政策”“城市人民代表大会制度”等重大问题，“摸着石头过河”，进行了一系列实验与探索，创造了一整套“石家庄自己的东西”，为刚解放的城市提供了样板和范例，为中央制定正确的城市工作方针奠定了基础。

这套“石家庄自己的东西”核心是什么？为什么能够在较短的时间取得成功，赢得人民群众的拥护和支持？我从无意中发现的一份旧档案中找到了答案：那就是一切为了老百姓。

1948年2月1日，在农历春节（2月10日）即将到来之际，石家庄市市长柯庆施在百忙之中，亲自签发关于让贫民过年能吃上饺子的通知。这个通知很短，一共只有53个字。通知说，“旧年将届，贫民中可能有一部分人没有吃的，希各区很好调查一下，由区存的粮食中拨出一部发放，务使这些贫民过年能吃上饺子”。

通知发出后，全市上下各级组织立即落实，共为贫苦市民每人发放1斤白面及零用钱，总计白面3096斤半，小米18402斤，款1111万9千元（旧币），使4956户贫苦市民家庭都吃上了饺子。[①]

这是一个开创性的公文，内容简单，却意义重大。要知道，过大年，吃饺子，是中国人传统的习俗，又是不可或缺的过节食物。不管什么原因，一家人没有吃上饺子，几乎可以和没有过年一样看待。我曾看到一篇回忆文章讲到这样的故事。作者去给一位老人拜年，看到他面带泪痕，问其原因，老人哭了起来，说："今天过年吃不起饺子，原打算熬一锅粥吃，觉得对不起小孩子们，刚才人民政府派人送来白面和猪肉，我才能和孩子们过上年，真是赶上好社会啦！"我相信，这是老人的喜极之泣、肺腑之言。

是的，中国封建社会上下几千年，建立民国也有几十年，可曾有当政者为穷苦百姓过年吃上饺子发布号令的？没有，这是开天辟地第一次。说明了什么？说明人民政府是名副其实的、真正关心百姓冷暖的政府。一次雪中送炭的行动，胜过千百次花哨的口号！这样的政府人民群众焉能不支持、不拥护？！

我以为，石家庄在解放初期创造的城市工作经验，时至今日仍然没有过时，依然散发出强烈的现实光辉。

党中央和毛泽东高度重视石家庄的城市工作经验，中央

---

① 石家庄市档案馆编：《石家庄解放》，中国档案出版社2010年版，第270页、第289页。

工委先后多次派出干部，专题调查研究相关工作。在此基础上，党中央多次以不同方式向全党转发石家庄城市工作经验，要求各地学习借鉴。

“石家庄城市工作经验必须引起全党注意。”“尔后各局各军在攻占城市及在占领以后不久时期内，管理城市的工作方针及方法，应即以中央工委二月十九日电所述攻占石家庄及初期管理石家庄的方针及方法为基本的方针及方法。”① 这是 1948 年 2 月 25 日，由毛泽东亲自起草并签发的中共中央给各中央局、分局、前委的电报。毛泽东在电报中，充分肯定了在接收和管理石家庄中创造的经验，并要求各地学习借鉴。

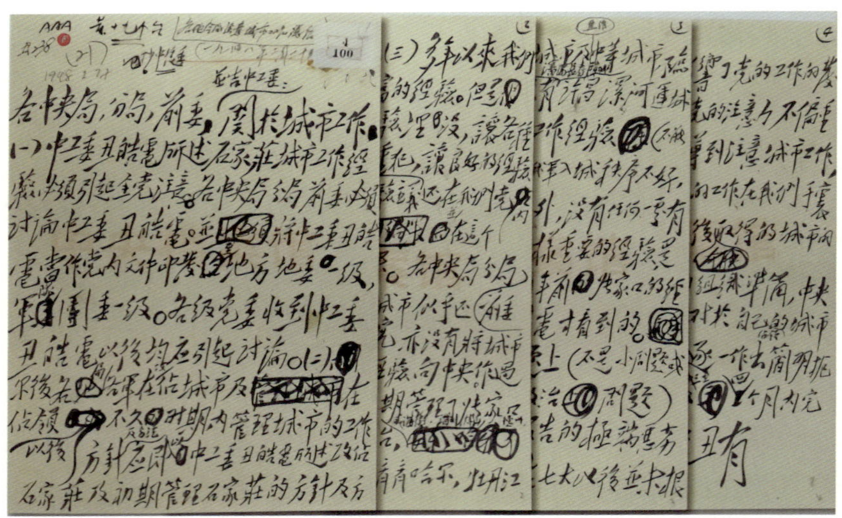

毛泽东亲自起草并签发的“石家庄城市工作经验必须引起全党注意”的电报

① 孙万勇主编：《石家庄：新中国的摇篮》，河北人民出版社 2009 年版，第 15 页。

这个经验，是解放战争期间，为推动全党工作重心转移而提供的一份十分鲜活的、可资复制的样本。石家庄的经验迅速走向全国。在南下干部的培训班上、在新解放的城市接收过程中、在各解放区上报的工作总结中，都有石家庄经验的身影。应当说，石家庄人民以开创性的工作，为新中国成立，也为自己的历史写下了精彩而又浓重的一笔。

第二次，是关于城市经济体制改革的创新。

时间到了 20 世纪 80 年代，一场关系国家命运的改革席卷神州大地。农村经济改革已经率先破题，城市经济改革的路子却还在步履蹒跚的摸索中，需要有人去闯、去试、去破冰、去开辟道路。

然而，冲破传统的思维模式、几十年僵固的体制、盘根错节的利益关系，谈何容易！看看当时国有企业的状况：企业普遍被计划捆得死死的，人们大锅饭吃着，出工不出力，干好干坏一个样，生产效率低下，质次价高的产品堆满了仓库。计划体制的弊病已经暴露无遗。而要扭转这个局面，必须进行根本性的变革。面对如此艰巨的任务，石家庄人又一次站了出来。

破冰者，来自一个集体所有制企业的一个小人物。时年 45 岁的业务员马胜利率先打破大锅饭，以年上缴 70 万元的目标承包了石家庄造纸厂。这个数字今天看来很少，但要知道，当年上级下达该厂的利润指标也仅仅是 17 万元，而且，厂领导班子还在讨价还价，不愿意接受。马胜利获准承包后，又在厂内层层实行了承包制，加强了核算管理，结果大见成效。当年，造纸厂不仅超额完成了承包任务，为工厂赢利 140 万元，而且职工收入大幅增长。马胜利（后被人称为“马承包”）总结这套办法，称为“交够国家的，留足集体的，剩下就是自己的”。说得很是简单明了，又是十分的令人向往。

一石激起千层浪。马胜利的成功，在全市引起强烈反响。承包制改革像滚雪球一样，很快在轻工系统、机械系统、电子系统、纺织系统、医药系统，在全市工业企业推开。继而，政府又陆续推广到物资、商业、饮食服务业等系统，也都取得了很好的效果。那一时期，石家庄市到处蒸腾着承包的热浪。人们见面经常会问，你（们）承包了吗？这一问，看似平常，其实蕴藏着人们压抑已久的积极性和对新生活的热切向往。

在取得承包制的成功后，石家庄并没有停下改革的探索，又陆续在扩大开放、引进先进技术（以纺织机械厂许期颐为代表，许期颐被称为“许引进”）；优势互补、推进联合（以第一塑料厂张兴让为代表，张兴让被称为“张联合”，他还创造了“满负荷工作法”）；内部挖潜、提升改造（以工农机械厂桂书礼为代表，桂书礼被称为“桂改造”）；打破旧体制、搞活流通，实行无库存工作法等多个方面，创造了一系列新的经验和做法。与此同时，政府部门也积极适应改革要求，转变职能，简政放权，反过来，又推动了企业改革的深入。

新华社记者将这一整套做法，概括为“撞击反射式”的改革，石家庄经济改革经验走向全国。马胜利被评为全国优秀企业家，获得全国五一劳动奖章，当选为党的十三大代表。翌年，国务院总理先后在中南海接见了时任石家庄市市长王葆

张兴让从时任国务院代总理李鹏手里接过“企业改革创新奖”奖杯

华、“满负荷工作法”的创始人——张兴让；中央领导及各部门纷纷来石家庄调研，各大报刊、广播电视进行了广泛的报道。石家庄城市经济体制改革的经验，在大江南北引发了经济体制改革的又一轮大潮。应当说，石家庄人为全国经济改革的深入，发挥了开路和铺架桥梁的作用。

第三次，是关于城市管理体制改革的创新。

时间到了20世纪90年代，随着改革的深入、开放的扩大，社会结构和生活形态发生了深刻的变化，行使多年的行政管理体制大大滞后，遇到了前所未有的挑战。

譬如，上万名企业下岗职工等待安置和就业，几十万外来流动人口涌入城市如何管理；城市规模急剧扩张，原有的设施捉襟见肘，“百十个碗，要满足千张嘴”；基层社区日常事务越来越多，剪不断理还乱，而市政管理权限又都在市级，区政府和街道连个厕所都批不了，出现了“看得见的管不了，管得了的看不见”的怪现象。更为严重的是，产生了就业难、服务少、环境乱、治安差等问题，群众的生活受到严重影响。应当说，这是在改革发展过程中，各地遇到的共性问题，亟待拿出破解的良方。

面对如此情况，与 50 年前刚刚接手这座城市一样，石家庄人再次发挥了创新的精神，不等不靠，积极应对，大胆探索改革的路径。从 1995 年至 1998 年，在 4 年多的时间里，持续开展了以建立“两级政府（市、区）、三级（市、区、街道）管理、四级（市、区、街道、居委会）落实”的城市管理新体制为目标的社区改革。核心内容是，“重心下移，壮大基层，增强区、街管理服务功能，全面加强社区建设”。

与此相适应，采取了一系列配套措施。市级部门先后向区、街下放 14 个方面、37 项事权和相应的经费；充实力量，为街道增加人员，赋予财税管理、综合执法等职能，街道成立了财政所、税务所和综合执法队；规范居委会工作，开全国之先，从党政机关、大中专毕业生、转业军人、企业管理人员中招选人员，第一批 400 多名专职干部到居委会任职，等等。

说易行难。开出的“药方”灵不灵？要靠实践去验证。因为，社区改革面对的是，新旧体制的碰撞，各种利益的博弈，特别是观念和职能的转变，既是难点也是痛点。况且，没有现成的模式可以遵循，更没有成熟的经验可以借鉴，只能硬着头皮一步步去探索。可贵的是，石家庄的改革者们没有犹豫

专职居委会干部在社区工作

和退缩，他们逢山开路、遇水架桥，披荆斩棘，硬是走出来一条除旧布新之路，不仅取得了改革的成功，而且赢得了全社会的理解、支持和参与。城市的管理体制在理顺，社会的“心病”在消除，老百姓脸上的笑纹在增多。

随着一系列改革成效的显现，石家庄改革经验得到国家层面的充分肯定，中央媒体做了全面报道。时任民政部副部长阎明复多次指出，石家庄市在全国率先对城市管理体制进行了重大的改革，引起了中央领导的高度重视，社会反响也很强烈，为全国的社区建设提供了十分鲜活的经验。应该说，这是改革开放新时期，石家庄在全国又一次有影响的创新之举。

石家庄就是这样一座城市，常常以平实的形象示人，却每每在历史转折的节点或需要的时候，做出一些不平凡的事儿来。这是一个敢开先河的城市，也是勇于担当的城市。

可是故事还没有完结。人们发现，在漫长的岁月里，这座城市并不是一直保持这种开拓进取的态势，一些领先的优势没有巩固和扩大，反而由于各种原因逐渐消减，大有“墙内开花墙外香”的结果。似乎有些矛盾，可又是客观现实，在某些时候，富有创造精神，勇于改革，领先一时；在某些时候，又显得保守，感觉自己还“不赖呆（石家庄方言，满足之意）”，缺少了不断取新的动力。

如果从概念上下个定义，我以为，可以称为“持守性不足”。

所谓持守，有两重含义：一是对经过创新而领先的优势，能否秉持，一以贯之；二是能否在已有成果的基础上，不断创造新的优势。而后一种，无疑是更重要的。

由于持守性不足，石家庄改革过程中涌现的一批企业家，大多没有“百尺竿头更进一步”。被称为企业改革代表人物“南步（鑫生）北马”之一的马胜利，在取得承包成功以后，没有稳扎稳打，而是选择盲目扩大规模，在全国各地承包了100个造纸厂，创立了中国马胜利造纸集团，终因鞭长莫及，管理不善，曲终人散。还有被称为“许引进”“桂改造”“张联合”等企业负责人，在瞬息万变的市场经济中也没能更进一步，再现昔日的辉煌。当然，由于历史的局限，我们不能过多地苛求这些企业家，毕竟他们已经完成了历史使命，毕竟他们是勇敢的破冰者。

由于持守性不足，改革开放初期，石家庄创造的一些名牌产品没有做大做强，有的是“昙花一现”，成了明日黄花。

改革开放初期，石家庄几乎可以生产所有的家用电器，并且都小有名气。石家庄生产的“环宇”牌电视机，是当时国内引进的世界一流的生产线，产品名扬国内外，一度远销欧洲。当市场还不够丰富的时候，石家庄人以能买到一台“环宇”牌电视机为荣。如今的“环宇”电视机早已销声匿迹，只能在照片里找到它的踪迹。还有受人欢迎的“水仙”牌洗衣机、“明星”牌摩托车、“太行”牌手表、“红莲”牌手表甚至“东风”牌汽车，也都已经退出市场。也许人们不知道，知名的“东风”载重汽车的品牌，是石家庄最早持有的。4 吨重的“东风”汽车，曾经是老石家庄人的骄傲。“东风”，这个响亮的名字，深深吸引着国有大型汽车企业的老板，以至于专门花钱买下来作为自己的标识。这一买一卖，也彻底结束了石家庄汽车制造厂的历史。

也许有人说，市场经济的法则就是优胜劣汰，企业兴衰、产品更替是再正常不过的事了。可是，如果产品有极高的价值和广阔的市场，还没有做起来，那就是另外一回事了。而石家庄身边就有这样令人惋惜的故事。

1984 年 7 月，第 23 届奥运会在美国洛杉矶开幕。中国代表团第一次参加奥运会，一飞冲天，以 15 块金牌的成绩震撼了世界。西方人纷纷找寻中国人成功的秘诀，有人把目光停留在中国代表团指定的一种饮料，这就是后来声名大噪、被西方人称为“东方魔水”的维力牌饮料。而生产厂家就是石家庄汽水厂。技术人员在简陋的厂房里，利用中华传统天然食材研发生产出了现代功能饮料，不得不说这又一次显示了石家庄人的创造精神。奥运会归来，维力饮料身价倍增，一时“洛阳纸贵”，从市里到厂家，层层都下决心把这个品牌做起来。然而，不知何故，却始终没有形成规模产量和效益，最终错过了发展的大好机遇。工厂也一度沦落为靠卖桶装水而生存。而同时期的另一种饮料健力宝，生产厂家佛山三水——一个名不见经传的镇办小酒厂，则抓住了机遇，在短短几年，就凤凰涅槃、浴火重生，一度成为风行全世界的饮料。两相对比，不由得让人唏嘘不已！

其实，因为没有持守，给石家庄人带来的最痛楚的遗憾和复杂的情感，莫过于“三鹿”这个土生土长的品牌了。一个从集体奶牛场起家，一步步打拼，成长为国内外知名的大型乳制品企业，又因为三聚氰胺的丑闻而轰然倒下的品牌，曾经给石家庄人民留下了美好的记忆，也曾经哺育过许许多多的孩子们。一位出生在石家庄、现在美国生活的80后在博文中写道：“我是喝三鹿牛奶长大的，一直到上小学。我忘不了寒风凛冽的早晨，送奶车那一声清脆的哨音，忘不了父亲身披棉衣、急速奔跑着取奶的情形，更忘不了捧着小碗、咂吮着浓浓的香甜奶汁的感觉。”这也许是很多石家庄孩子童年记忆深刻的印象了。

痛定思痛。人们在问，为什么一个如庞然大物的企业，一瞬间由天上掉到地狱？蓦然发现，这一次，缺少的不是资金（企业刚刚完成与外资的合作，并且为保住民族品牌，持有51%的股份），缺乏的不是高新技术（企业拥有世界上最先进的生产线），也不是没有广阔的市场，而是缺乏两个字：持守。

为了蝇头小利，没有持守曾经引以为豪的企业道德精神，没有持守曾经创新的质量标准，没有持守石家庄这座城市诚信实在的人文性格。没有持守，焉能不败！

也许，很好地研究一下创新与持守的关系，是件很有意义的事。敢于创新的优良品格，应当不断发扬光大。与此同时，也不得不说，持守又是多么重要。因为，创新与持守犹如车之两轮、鸟之两翼，缺一不可，是相伴相生的结合体，相互作用于彼此。创新是基础，持守则是延伸和扩展，是锦上添花。没有创新，一座城市将失去灵魂和动能；没有持守，一座城市则不可持续发展。在某种程度上说，创新是可以借外力推动的，例如有历史大形势的催化，像解放初期那样；有转折关头、涉及命运的倒逼，像经济改革大潮来临之际；而持守则需要一座城市的底蕴和定力，例如不随风向而动，不为诱惑所摇摆，不受各种干扰，等等。总之，是要有一以贯之的坚持。反过来说，持守，又何尝不需要创新精神呢？如果只满足能够创造一些东西，而不研究如何秉持，甚至不随着形势进一步创新，缺乏进取的动力，那么，这种持守也就是低标准的，并且不可能持久。没有创新与持守，品牌不可能永葆青春，就像当年的“环宇”电视机；没有创新与持守，企业不可能做大做强，一如当年的维力饮料。这可能是时下探讨创新与持守问题的意义所在。

可以预见，在飞速发展变化的未来，这座城市仍然会不时遇到创新和持守的考验，仍然需要不断作出回答。在新一轮创新成果到来时，人们可能还会再问，“汝今能持否”？

5. 崇德向善之风与知足常乐性格

作为一个平实的城市，与实在、开放、包容、正直、仁义等文化品格相一致，石家庄还是一座洋溢着崇德向善、与人为善、助人为乐、善良和睦氛围的城市。

2024 年 1 月 26 日晚，石家庄广播电视台 1000 平方米演播大厅人头攒动，气氛热烈，2023 年度“感动省城”十大人物颁奖盛典在这里举行。这项由石家庄市委宣传部、石家庄日报社、石家庄广播电视台主办的评选活动，是省会精神文明建设品牌工程项目，从 2006 年开始，每年一度，走过了第十九个年头。

之所以长盛不衰，厚实的群众基础是显而易见的因素。评选的对象，既有普通社区居民，又有公务人员；既有老的

2023 年度“感动省城”十大人物颁奖盛典

原住民，也有从外地来创业的新石家庄人；既有中省直单位的，也有外籍人士；既有个体的代表，也有模范的群体。其中比较知名的有，十几年如一日资助贫困学生的“希望将军”赵渭忠，生死关头舍己救人的司机赵旭光，常年助人为乐的社区志愿者靳国芳，等等。活动开展以来，市民参与度很高。每年都收到数万张选票。推选期间，电视台热线电话不断，线上线下，一张张选票纷至沓来，许多票是由一个家庭、一个社区、一个集体慎重讨论后才填写的。而当公布结果的时候，电视前更是挤满了观众，创下很高的收视率。

在日常生活中，石家庄人也是与人为善的。当你行走在街道上、走进社区、乘上公交车，会不由自主地感受到这种气氛。笑脸与平和的言语是普遍的，你能感到那是发自内心的友好，愿意提供力所能及的帮助，而很少有居高临下的、不怀好意的、看别人笑话的举止，更没有激烈的言行和恶意的攻击。一位来自澳大利亚的英语教师已经在石家庄任教多年，她的感受是，这里的很多人都是善意的、愿意帮助人的，是可以给人以信任感的，你很快就能融入其中，处于一种放松的状态。在公共场合很少见到不和谐的现象，这也是一座安全的城市。

这种体会，实际代表了许多外来人的感受。生活在石家庄，人们在日常生活中，经常会遇到一些令人心里悸动的东西，甚至有些许感动。当你坐进出租车或者私家车里，经常会收听到石家庄广播电台 94.6 频率（即城市交通台）的广播。这是一个能够吸引众多听众的广播节目，在省会上空 16 家广播频率收听调查中，连续名列前茅，据说，超过了其他电台的同类节目。原因何在？朋友说，这个节目，不仅提供生活信息方面的服务，而且常常传播助人为乐的善举，成为人们排忧解难的桥梁和纽带。

耳听为虚，眼见为实。一次，笔者在不经意中从这个节目的电波里听到了这样的一个“画面”。主持人先是以急促的语气播出了一条信息，告诉听众，有一位患危重病的儿童急需抢救，正从外地赶往省医院。可是司机不熟悉省城的道路，况且，正值下班的高峰，汽车堵在路上。主持人接着又发出呼吁，请附近的车友紧急为外地的车辆带路。稍过不久，广播里就传出一位女士的声音：我车已到某某路口，亮着双闪车灯等候，请外地车与我联系；片刻又传来另一位听众的声音，告知，某某路有严重堵塞，请走某某路，可以快速到达医院；接着又传来一位民警的声音，医院面前道路已疏通，请引导车带领外地车直接停靠急救室门诊楼。过了一会儿，带路的女士又告诉大家，请放心，患者已经送到医院急救。当主持人向她表示感谢时，她却平淡地说，这是应该的，谁遇到这种情况，都会这样做的。当主持人请她留下姓名和联系方式时，回答是不必了，我还要去接孩子。须知，这一连串紧急救援行动，是在很短时间内完成的，如果没有主持人急人所难而及时地发布信息，没有一大群助人为乐的市民相呼应，是难以完成的。了解情况的人说，类似的事情在节目里并不鲜见，那位外地的司机肯定也是知道这条热线才求助的。尽管大家说得都很平淡，我还是被感动了，人世间最需要的，不就是这些有温度、让人温馨的元素吗？！

崇德向善的品格，还表现在这个城市集体层面上文明大度的风范。有个很好的范例。在让人又爱又恨、难舍难分的中超足球比赛中，大多数石家庄球迷的表现堪称完美、最具正能量。

众所周知，足球比赛现场秩序是最难维持的，外有欧洲足球流氓闹事的先例，近有国内“京骂”的痼疾，是让人头疼的事儿。但在石家庄的裕彤体育场，人们看到的是另外一番情景。当地的球迷以火一般的激情、理智的态度、文明的举止，创造了浓浓的比赛气氛。每到比赛日，这里就是一片欢乐的蓝色（主队队服的颜色）海洋，球迷协会组织的穿着统一队服的观众，挥舞着各种旗子和标语，早早来到现场。整个比赛过程，很少听到刺耳的不和谐的谩骂声（不否认个别也有），从始至终，不管结果如何，整齐划一的呐喊声、加油声响彻球场，声震数里之外。每个来到现场的人都感受到强烈的震撼。在这里踢球，主队的队员拼劲十足，精神百倍，常常能发挥出意想不到的水平。客队也感受到公平竞争的氛围，欣然接受比赛的结果。石家庄球迷还很贴心地把祝福送给客队。那些见过世面的大牌教练由衷地称这里是“魔鬼主场”，石家庄球迷是最懂球和最有风度的。在这里，客队不占优势，因为主队“多”出一人，那就是球迷。更为难得的是，对外地球迷，石家庄人也能以礼相待。你很难想象，一些邻近省份的客队球迷来石或离石，会受到石家庄球迷的热情迎送。在高速路口、在高铁车站，都出现过这种情形：亲切话别，欢迎再来，仿佛是在“走亲戚”。我敢说，这种情形恐怕普天下少有。当然，也出现过一些不愉快的事件，但那是个别人所为，绝对代表不了大多数石家庄球迷。

这里创造的文明观赛的氛围不仅延续下来，而且也长久地留在人们的记忆中。毛剑卿，这位有足球天赋的球员，在漂泊了多年之后，在石家庄焕发了青春。他在博文中写道："石家庄给了我足球生涯延续的机会，我很感谢在裕彤（体育场）和我一起拼搏的队友以及看台上为我们呐喊的球迷。不管走到哪里，我仍然是你们心中的毛七（小毛身披 7 号球衣，球迷对他的昵称）！"李超，一位在石家庄一战成名的山东籍球员，在石家庄找到了婚姻的另一半，组建了幸福的家庭。在离队的时候，写长文谢别石家庄："石家庄是我的第二故乡，一个带给我幸运、欢乐和精彩的地方。感谢广大的球迷每一场风雨无阻的呐喊助威，感谢你们用闪光灯制造的灯海。今天我不得不跟这座城市暂时告别，一千个不舍，一万个不舍！谢谢这座城市给予我的一切，谢谢石家庄！"读了这些真挚话语，谁又能不动容呢？

这就是石家庄，一个平实的地方，一个能带给我们感动的城市。

通过近距离仔细观察，我们会发现，石家庄人崇德向善、与人为善的品格与知足常乐的性情是紧密相连的。这能够体现在日常生活中、在社会交往中，常常会设身处地地为他人着想，更多地想到对方的难处和不易，由此而能够产生更多的理解；对理想或不理想的结果，比较容易接受，也造就了知足常乐的性格。那位出生在内蒙古，曾在北京、石家庄工作的朋友还有一说，因为石家庄的社会人际关系比较融洽，在精神层面相对比较放松，没有那么多压力和负担，结果在一定程度上弥补了物质条件上的些许不足，形成了知足常乐的城市氛围。这种说法，不一定全面，但却有其道理。

人们常说，在快节奏的现代社会中，幸福感与人的受教育程度、收入多少不一定成正比，有时还是成反比的。患焦虑症的人，常常不是那些相对贫困的人，而是那些学历层次高、收入多的成功人士。此言不谬，石家庄可以为证。

作为一个二线城市，她多次在全国城市幸福指数评选中名列前茅，引得舆论一时纷纷扰扰。人们百思不得其解，论经济实力、个人收入、生活质量，石家庄都不是一流的，为什么能拔得头筹？而且是随机抽查得来的数据，没有半点造假的可能。细心琢磨，答案还是要从石家庄人的善理解、平常心、知足常乐的性格中去找。

有人评价，石家庄人过日子，不那么跟自己较劲，容易知足，就连离婚率也比一些地方低。这种说法没有考证，不知是否准确，但石家庄的老百姓不那么好高骛远，较少不切实际的欲望，比较习惯纵向对比，的确是真实的。遇到许多老石家庄人，他们会说，现在的日子比起过去好多了，吃得好了，住得好了，城市也变样儿了，退休金又涨了，当然也有不如意的地方，但政府不是在使劲改吗？会越来越好的。由此，感觉还不错，不错不就是幸福吗！你看，什么是幸福？怎么才算幸福？这个老生常谈又十分难缠的话题，就这样三言两语被石家庄人说清楚了。

表 4　近年石家庄在“幸福城市”评比中的排名情况

年度	主办方	评比名称	排名
2011	中国社会科学院	2011 年《中国城市竞争力蓝皮书：中国城市竞争力报告》，“幸福感指数”	第一名
2012	中央电视台 国家统计局 中国邮政集团公司	“2012 幸福城市市长论坛”，“全国十大幸福感省会城市”	第七名
2013	中央电视台财经频道	《CCTV2012—2013 经济生活大调查》，“幸福感最强的十大省会城市”	第十名
2014	清华大学	2013 年“中国幸福地图”，“最幸福城市”	第六名
2015	北京大学市场与媒介研究中心 赶集网	《2014 中基层岗位职场薪酬研究》，“职场幸福感受排名”	第一名
2016	中央电视台财经频道 中国邮政集团公司 国家统计局	CCTV《中国经济生活大调查》，“中国十大幸福城市”	第八名
2017	中央电视台财经频道 中国邮政集团公司 国家统计局	“中国幸福感最强的十大省会城市和直辖市”	第十名

其实，所谓幸福感，就是人们在特定环境中对当下生活的感受。对这个问题，从来没有统一的答案，往往取决于人的目标追求和一时情绪高低，心情好坏。君不见，有的天天吃山珍海味、住在豪华别墅的大老板，因为股市大跌，市值少了几

百万，痛苦得睡不着觉，认为自己是天下最不幸福的人。而那位在街边摆摊儿的小贩儿，今天多赚了几十块钱，回到家中二两猪头肉、一瓶“扁二”（小瓶二锅头酒）下肚，心满意足，感觉自己才是最幸福的人！由此说明，还真的不要过分看重幸福感的一次评选，谁知道，人们明天的感受又如何呢？我倒建议，不如把精力放在解决老百姓的实际困难上，办一件实事，胜似几百份问卷。当然，这不是一回事儿，但目的应该是一样的。

话又说回来，这种评选也会获取一些有益的启示。

比如，应当十分重视、格外珍惜老百姓这种宽容的胸怀、通情达理的心态。在社会转型时期，千头万绪，复杂纷繁，需要做的事情很多很多。不管谁当领导，该办的事儿真的不容易一下子做得全、做得很到位、做得多么完美，而老百姓是这样的善解人意，给予了可贵的理解，理解包容理政者的不易。“心中为念农桑苦，耳里如闻饥冻声。”面对这么善良的百姓，还有什么说的，唯有撸起袖子加油干吧！

又如，作为老百姓，也有值得反思的地方。知足常乐是一种好心态，但不能等同于小进即满，不思进取。“人往高处走，水往低处流。”生活不仅要纵向比，更应当横向比较，不断有新的追求，才会节节高。正确的态度是，对现实生活要知足常乐，对未来要不那么知足。毕竟，眼下的“乐”，即生活质量与现代化国家城市相比，还是低水平的。永远保持进取的精神，在知足中不断追求新的目标，不断提升“乐”的质量、改善“乐”的品位，这才是崇德向善文化品格的本来之义。

三、石家庄人文化品格的渊源

“问渠那得清如许？为有源头活水来。”一条河流总有它的源头，一座城市的文化气质、一方热土哺育的人文品格，也有它的渊源。对石家庄来说，这又是一个比较大的、内涵比较丰富的题目，涉及地理环境、区位影响、民族融合、红色熏陶等多种因素。从它蜿蜒曲折的历史发展过程中去探寻，我们可以得出这样的结论，石家庄的文化渊源是集多种因素之大成。

1. 畿辅之地的影响

从金元时期开始，由于国家政权的北移，确立了北京全国政治中心的地位。此后，在800多年的历史中，石家庄一带一直是皇城帝都的近地。新中国成立后，又是知名的首都南大门。这种特殊的也可以说是独一无二的区位，使这里的政治取向、经济发展、文化形态、生活习俗等，不可避免地受到京城及周边地区方方面面的影响。

这种影响及其结果，今天看来，需要用辩证思维去分析认识，其中有许多积极有利的因素，似乎也有一些受约束的地方。

有利的是，可以“近水楼台先得月”，得风气之先。古代既有上京疏通的便捷，今有“跑部进京”（所谓多争取国家政策的支持）的优势。这颇为一些偏远城市所羡慕。当然，有优势是一回事，能不能用好，是另一回事。

从新中国成立以后的发展史看，石家庄更多的是受政治方面的影响。不管在什么时期，中央的指示、精神，石家庄领会得最快，落实得最坚决，能做到与中央在政治上保持高度一致，保证不会偏离国家发展的大轨道，也直接地为首都周边的稳定创造了条件。多年来，石家庄人的政治责任感特别强烈，以能为首都服务、做首都的“护城河”，而感到自豪和荣耀。而经济方面的影响，主要是在进入改革开放时期以后，国家关于经济发展的方针、惠民的政策，会“春江水暖鸭先知”，如取消农业税，给农民粮食补贴、种子补贴，居民实行全民医保等，都能率先在这里落实，较少出现“中梗阻”或不落实。

至于在生活上，从20世纪50年代开始，一直到改革开放时期，从日常用品到穿衣打扮，受天津、北京的文化影响较大，不少人努力向京津人的做派看齐。当时有机会进京津的业务员任务很重，常常带着小本子，上面密密麻麻地记着自家或他人需要购买的物品。在物资匮乏的年代，本地年轻人想方设法能穿上北京的“懒汉鞋”（一种白塑料底、黑条绒面的布鞋）、天津的涤卡（一种化纤织布）中山装，当然，如果再能吃上北京奶糖、天津大麻花，那感觉就更好了。

也有受约束的因素。处于畿辅之地，也是历朝历代受制约力度最大的地方。京城脚下，人多、事多、任务多，所谓“天下繁难第一州”（康熙皇帝语），的确是真实写照。所谓“天高皇帝远”或“将在外君命有所不受”的情形，在这里很难出现，即便搞点变通也是很困难的。别的地方可以做的，这里不一定能做，我能做的事儿，你未必能试。这也是历来一些改革探索，为什么会先从南方较远的地方开始的原因之一。

还有就是大树下的“虹吸效应”。由于京津冀环境资源不均衡，在生产要素配置上，与北京、天津比较，河北全面处于劣势，石家庄表现尤其突出。不要说外来的资金、项目、人才，先要按北京、天津、石家庄的顺序筛选一遍，能留下来的已经很少了，就连石家庄的本土人才，如一些大的企业家，一些脸熟的电视主持人，一些小有成就的大学教授，甚至一些有前途的艺人，也都很自然地被吸引到北京、天津去了。这又进一步拉大了三地经济社会发展的差距。

可喜的是，党的十八大以后，习近平总书记和党中央高瞻远瞩，作出了京津冀协同发展的重大决策，疏解非首都功能，补齐河北发展的短板；2017 年，又作出了规划建设“千年大计，国家大事”的雄安新区这一重大战略决策，石家庄也被明确为京津冀协同发展中的重要一极，迎来了前所未有的机遇。应当说，这是石家庄乃至河北最大的利好。

总的来说，在新的时期，处于畿辅之地，还是有着独特的优势，关键是如何正确地发挥。石家庄在这方面，有可以总结反思的地方。由于长时间计划体制的束缚，有时区位优

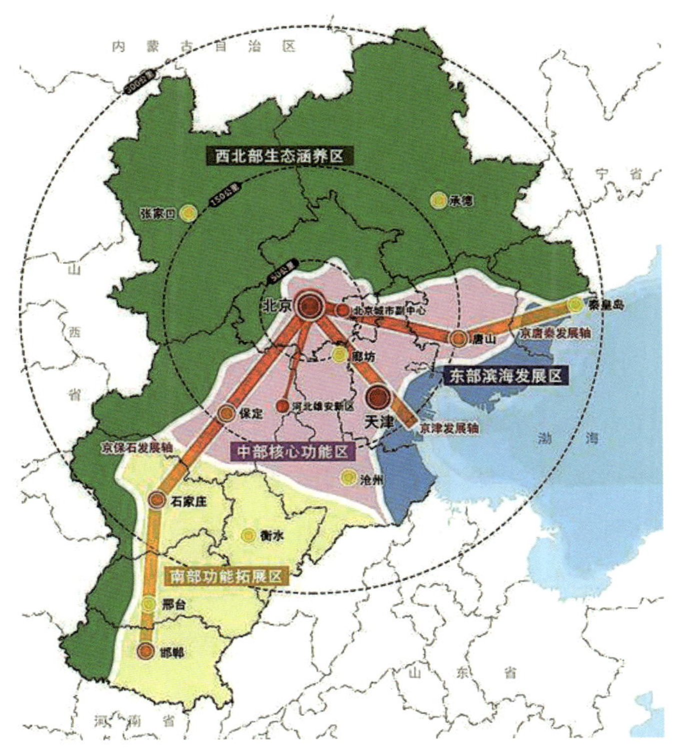

京津冀区域空间格局示意图

势没有转换为社会发展的动能，反而在想问题、做事情上形成了某种思维定式。那就是往往习惯于往“上”看，上边怎么说，下边就怎么做，而不习惯结合实际去做，更缺乏灵活变通和创新发展的思维。久而久之，进取意识、创新意识、开拓能力开始弱化，在进入市场经济时期之后，显得尤其不适应。有时有利的机遇就在眼前，却出现抓不住、用不好的尴尬局面。

在进入新时代、处于新旧转化时期，如何抓住京津冀协同发展、规划建设雄安新区千载难逢的有利机遇，发挥畿辅之地的独特优势，扬长避短，加快高质量发展，仍然是石家庄不可避免的、需要着力解决和实践的重要问题。

2. 太行山水的滋养

太行山，巍峨耸立于黄土高原与华北平原之间，纵跨京、冀、晋、豫4省市，逶迤蜿蜒400余公里。太行山脉植被繁茂，发源涵养着众多水量充沛的河流，并无私地送往华北大平原。在这众多河流里，有一条发源于山西繁峙的大河——滹沱河，它流经山西黄土丘陵，横穿太行山后，迎头遇到了第一块冲积地——河北平原。滹沱河全长500多公里，在石家庄境内流长200余公里，仅平原流域面积就达1290平方公里。

巍巍太行山

就在这一山一水的怀抱里，滋养着一个现代都市——石家庄。熟悉的人发现，太行山与石家庄是这样的亲密，晴天之日，行进在市区槐安路高架桥上，向西望去，那黛墨色的山形、起伏的峻岭仿佛伸手可及。至于滹沱河，那就更容易触摸了。只要你愿意，随时可以骑单车去戏水。

石家庄的历史，与太行山、滹沱河有着太多太多的紧密联系。从先辈们选择这里生存繁衍，到各个朝代的风云演变，几乎所有的重大事件，所有的重要时期，都能感觉到它的存在。

千百年来，围绕太行山、滹沱河发生了无数个或慷慨悲歌、壮怀激烈，或韵味悠长、令人唏嘘的故事。远到新石器时期祖先临河而居，近到新规划建设的正定新区；远到战国时期的古中山国的烽火，近到红色革命圣地——西柏坡的曙光；远到隋唐时期的丝织业的兴起，近到现代粮棉的高产，都印刻着太行、滹沱的身影。它们是无私的、慷慨的，为百姓奉献了赖以生存的土地、食粮；它们是坚强的、可以依靠的，默默护卫着千百万柔弱的生灵。它们有时也会发脾气，洪水、地震、狂风，时而教训一下那些违背规律的所作所为。不夸张地说，太行山是石家庄的父亲山，滹沱河是石家庄的母亲河。

人们常说，“一方水土养一方人”。太行山、滹沱河与石家庄是这样的密不可分，因而，它也无时无刻不影响着生活在这里的人们，潜移默化地塑造着独特的文化气质和品格。从某种意义上说，石家庄的品格，就是太行、滹沱的品格；石家庄

滹沱河两岸

的文化，就是太行、滹沱文化，人们常常以“太行风骨滹沱情”作为自己城市的形象代表。我记得，早年间，石家庄曾有《太行文学》和《滹沱河畔》两本文学期刊。文学作品里，也常常出现太行山下、滹沱河畔的字样。

著名诗人田间在他的自述里，专门写了一节《在高山旁》，与他在新中国成立前夜创作的一首诗歌同名。[①] 作者构思这首诗，是在石家庄解放后不久，由雁北出发来石家庄的路上。诗人在自述里，描写了对石家庄、正定的印象，记叙了与董必武、胡乔木、艾青等人的相会，以及几十位战友

① 田间：《田间自述》，《长城文论丛刊》2017 年第 3 期，第 116 页。

的重逢，也写了原籍石家庄的爱人家世和革命经历，笔调朴实无华，自然而有感情。这里，他把石家庄隐喻为一座高山，用散文诗的语言写道：“石家庄这地方，华北的一个枢纽，多少年来，风风雨雨，终于越来越面貌大改，桥东大街，两旁的杨柳，特别茂盛，每次来此，它那绿色柳条，总是好像向我挥着手臂致意，而我呢？每次离别或相逢时，也总是依依不舍！”写到最后，诗人意境升华，干脆直截了当，“石家庄，这太行山！”这里诗人展现了人们不常说的石家庄柔媚而坚韧的一面，显然，这里的太行山，已经是一座城市的精神和形象。

“近山者正，近水者善。”太行山雄伟高耸的态势，滹沱河流域一马平川的环境，加之先天条件优越，大自然赋予丰足的物产，养成这里的人们坚强而朴实善良的性格。既浸染着大山坚韧正直的气质，在恶劣条件面前不退缩、倔强耿直、勇于为命运拼搏（因为大多数情况下是没有退路的）；又像大河容纳百川、奔流四方任方圆一样，拥有比较宽阔的胸怀，孕育开放包容的情愫，平实善良、富于爱心的性格。我们不能不说，太行山、滹沱河的滋养，给了石家庄文化品格以厚重的内涵和历史的深度。

3. 红色基因的熏陶

太行山下、冀中平原的石家庄一带，是中国近代革命的主要舞台之一。在艰苦卓绝的环境下，这块土地的历史与反对帝国主义侵略的斗争紧密相连，与争取民族独立、人民解放的斗争紧密相连。这块土地上的人民很早就被红色革命精神所熏陶，留下了一个个鲜红的历史印记，形成了地方色彩明显的红色文化。

自 20 世纪 20 年代初开始，这里就是最早建立中共党组织、开展革命斗争的地方。1922 年，中国共产党刚刚诞生的第二年，在石家庄正太铁路机车工厂成立了当地的第一个党小组，组织了工人自己的工会，开展自强自立的工人运动。[①] 同

① 中共石家庄市委党史研究室著：《中国共产党石家庄历史·第一卷（1921—1949）》，中共党史出版社 2016 年版，第 47 页。

年，这里发生了震惊中外的正太铁路大罢工，来年，正太铁路工人又参加了京汉铁路大罢工，展示了石家庄工人阶级的强大力量。反剥削、反压迫，争取劳工权利，面对反动派的屠刀，一次次斗争、失败、再斗争，石家庄的工人阶级以前仆后继的英雄气概，吹响了向帝国主义、官僚资产阶级斗争的号角。这里的人民率先受到了反帝反封建的生动教育。

这里是敌后抗日游击战争的主战场，又是日寇重兵屯集的地方。“扫荡”、反“扫荡”，绞杀、反绞杀，人们每天都在经历着血与火的煎熬。日寇在这里犯下了骇人听闻的“梅花惨案”①、井陉矿区“万人坑”等一系列罪行，杀害了大批无辜群众。八年里，日军在石家庄集中营里，先后关押我国同胞5万多人，其中约2万人被摧残致死，其残暴兽行令人发指！但石家庄人民没有屈服，他们以鲜血和生命进行抗争。全民皆兵，浴血奋战，创造了“陷敌于人民战争汪洋大海”的战争奇观，使日寇闻风丧胆。地雷战、地道战、青纱帐里的游击战的故事，脍炙人口、耳熟能详。至今，仍然留下来许多遗迹。走进正定县高平村，人们还会看到，那曲折蜿蜒的地道，仿佛还能听见杀敌的呐喊声。这里是电影《地道战》的主要故事来源地，电影中高家庄的原型，就是高平村；主人公高传宝的原型，就是抗战时期高平村的民兵队长。十四年抗战，种种艰难困苦，使人们受到爱国主义、革命英雄主义和民族精神的教

① 1937年10月12日至15日，侵华日军在河北藁城梅花镇进行了灭绝人性的大屠杀，杀害无辜群众1547人，制造了骇人听闻的“梅花惨案”。

育；更增强了爱憎分明的正义感，坚定了不怕牺牲、前赴后继的意志。

解放战争期间，这里同样是诠释革命英雄主义的地方。朱德、聂荣臻等一大批老革命家，亲自指挥攻城拔寨，攻坚克难，石家庄人民踊跃参军参战、奋勇支前杀敌，不怕牺牲，英勇顽强，谱写了可歌可泣的正义之歌。据记载，仅在解放石家庄战役中，石家庄及其周边县参战民兵、民工近 10 万人，出动担架万余副，大车 4000 多辆，食品 24 万斤。今天，我们看到这些数字，仍依稀感受到当年石家庄人民的力量，他们身上就闪耀着正义的光辉。

最为生动的红色教育，是革命烈士的英勇壮举。在漫长的革命斗争中，这里涌现了一大批为民族解放舍生忘死的革命英雄。没有他们及一大批先烈的奋斗牺牲，我们至今可能仍在黑暗中苦斗。

石家庄早期的共产党员和工运领袖高克谦，面对敌人的屠刀，视死如归，牺牲时，年仅 19 岁。抗战时期，井陉县六壮士，为掩护部队和群众转移，将凶残的日寇引上了挂云山孤峰，在杀敌数倍之后，弹尽粮绝，毅然跳崖殉国。领队的区武装部长吕秀兰，年仅 22 岁，青春之花尚未绽放，就血染山崖，长眠于太行山的怀抱里。与他们后一年发生的狼牙山五壮士的事迹一起载

石家庄早期的共产党员和工运领袖高克谦

入史册。还有“爆炸大王”李混子、为掩护八路军和老百姓而舍生取义的王二小等一批民兵和儿童团小英雄。

人们还不能忘记，在石家庄即将解放的前夜，地下党员吴子珍等 5 人，被敌人逮捕，坚贞不屈遭到杀害，倒在了黎明前的黑暗。在解放石家庄的战役中，有 5000 多位烈士长眠在这片热土上。他们都没能看到为之奋斗的新中国，但坚定的信念、英雄的气概、不朽的精神却长留人间。

正是这一幕幕气壮山河的英勇斗争，感染着一代代的石家庄人。难能可贵的是，告别战争年代，进入和平时期，红色基因的传承没有断裂，红色的精神依然在激励人们前行。今天，我们可以在这座城市充满正能量的社会氛围中、在对丑恶社会现象的鞭挞斥责中、在见义勇为的壮举中、在助人为乐的行为中，找到它的印记和身影。毕竟它已经深深地融化在几代人的血液里，成为城市文化品格的重要基因。

4. 农耕文化的浸染

翻开历史可以发现，石家庄区域大都处于农耕社会，石家庄的经济，在大多数时间是以农业生产为主，大多数人一直以务农为生。生产者是农民，生产对象是土地，生产方式主要是分散的、封闭的、自给自足的小农经济，人们习惯于“日出而作，日落而息”的生活方式。

经济基础决定社会形态。《隋书 · 地理志》有这样的记载，恒山郡等地，民风“其俗颇同，人性多敦厚，务在农桑，好尚儒学，而伤于迟重”[①]，不善言辞，不善游商。应当说，以这样的评价形容历史上石家庄人的性情，是十分准确不过的了。

石家庄区域的农业生产，早在新石器时代就已经出现。从那以后，在漫漫岁月里，这里先后引进耕作了小麦、稻米、玉米，农耕水平也不断进步着。当然，从商代起这里也是种桑养蚕丝织之地，从明代开始，种植棉花，但生产基础和对象同样是土地。

依赖优越的生产条件，加之农民勤奋耐劳的精神，这一带成了物产比较丰饶、生活比较富庶的地方。在没有天灾战乱的正常年份里，人们基本可以温饱。遇到荒年的时候，不少周边的贫苦人来此讨饭求生。因而，也就成了其他地方比较向往、历史上移民较多的地方，至今也是人口密度较大的地方之一。说到这些事儿，当地人颇有些自豪。

存在决定意识。在长时间农耕文化的社会环境里，生活在这片土地上的人们，形成了与此相适应的性格和观念。其中，有许多被人称道的优良品质，比如，敦厚善良、吃苦耐劳、坚韧朴实的性格；顺天应时、恪守本分、踏实务业的传统，以及团结互助、扶危济困的精神；等等。

也有一些值得反思的观念。比如，“热土难离”的守土观念。这里的人们不像一些贫穷偏远的地区，没有值得留恋的土地，较少守土意识，经常走南闯北去谋生活，而是愿意

① 孙万勇主编:《石家庄通史（古代卷）》，河北人民出版社 2010 年版，第 295 页。

守在家门口，沉浸在“老婆孩子热炕头”的生活里，就是再苦再难也不愿意出去闯荡。甚至一些参加革命多少年的干部，也过不了这个“坎儿”。石家庄解放后，组织上曾经派大批干部到尚未解放的南方工作，人称“南下干部”。一些人，包括资格很老的干部，也没有经受住“离家”的考验，或没有前往或中途退出，结果没有“将革命进行到底”，很可惜地离开了充满希望的队伍。若干年后说起此事，人们仍然感慨不已。这也可以解释，为什么改革开放后石家庄会出现对外比较开放，而当地人面对开放的机遇却融不进去、抓不住致富的机遇；可以包容外地人进来谋生计，而自己却不愿意走出去打拼的现象。

再如，容易知足、小富即满，偏于保守的性格，小有进步，就认为生活还过得去，感觉“不赖呆”，缺乏大的奋斗目标。这种影响一直延续到现代。改革开放之后，石家庄出现了大批的民营经济体，形成了中小企业群，但做得有规模、有质量、有实力的大企业却凤毛麟角。一些企业往往开局良好，一旦小有名气就知足，没有求得更大的发展。

如此看来，农耕文化的两重性很是明显，也提醒人们注意，在新的历史时期，需要扬长避短，才能做到与时俱进。

5. 民族融合的遗风

细细地品味石家庄人文化气质的形成，会发现历史上民族融合的影响也是一个重要的源头。

石家庄一带是中华民族不断融合的主要区域之一。在不同的历史时期，作为经济中心、军事咽喉、交通要冲，这里是各部落、各民族争抢占领的必争之地，一幕幕民族战争、民族撕裂、民族融合的大剧不断上演，也不断地为这里的人文精神注入了新元素。

公元前770年，来自北方的白狄族人，首先在这一带建立了鲜虞国，定都新市（今石家庄市正定县新城铺）。[①] 这是第一个由少数民族在此建立的政权，统治范围大致在今石家庄境内沿滹沱河流域的西北和东部一带。随后，鲜虞人还建立了肥国（今藁城西部）和鼓国（今晋州一带），并与鲜虞国一起，组成了城邦联盟，与周围的邻国对峙。在经过一百多年的时间之后，鲜虞人寡不敌众，被晋国所灭。

然而，鲜虞人的政权并没有销声匿迹。公元前506年，鲜虞人在中人城（今河北省唐县）再次建国。因中人城有山，故曰“中山国”。其统领疆土范围开始大致在今石家庄、保定一带，强盛时期，曾达今保定南部、邢台北部及衡水西部。中山人继承了少数民族的强悍血统，性格恣意豪放，能征善战，在战国七雄夹缝中生存，跻身于诸侯之列，成为“千乘之国”。在前后两百余年的历史中，中山国三起三落，创造了被灭国又复国的传奇。遗憾的是，由于多种原因，史料对中山国的记载不多，但不管怎样，石家庄人应当记住，这里曾经是中山国的

① 正定县委员会、正定县人民政府编：《正定古今》，河北人民出版社1987年版，第3页。

热土，你们有可能是豪放的中山人的后裔。

时间到了宋代，宋王朝先后与北方契丹人、女真人分别建立的辽、金国，展开了旷日持久的大战。石家庄区域曾经是北宋与辽边境之地，金王朝也曾占为己有，作为进攻南宋的桥头堡。在硝烟四起的平原上，留下了宋朝名将杨继业抗辽的悲壮故事。由于战火频仍，祖居的汉人，弃土南迁，留下了荒芜的土地，辽金少数民族大量内迁。今天看来，这只是中华民族内部的一场纷争，是中原农耕文化与北方游牧文化的大碰撞。彪悍的胡风与儒雅的汉习，在石家庄这片特殊的地域、特殊的环境下，开展了一场大较量。谈不上谁优谁劣、谁胜谁败，谁

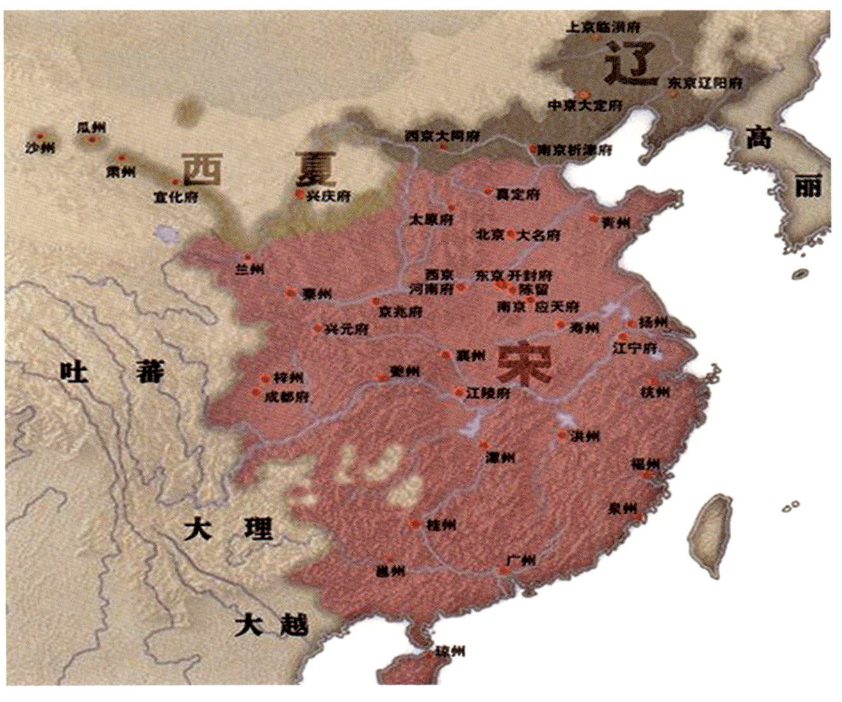

宋辽西夏疆域图

是正义或非正义的一方，单是战争给这一带造成的生灵涂炭、流离失所、伤亡惨烈的悲剧，就应当谴责战争发动者。唯一可以说的是，战争用野蛮的形式和手段，带来了中华多民族大家庭的融合、汉族与少数民族文化融合的客观结果。

这以后，石家庄区域的民族争战仍然没有停止。公元1000年后，蒙古铁骑横扫亚欧大陆，在中国统一大地上建立了元朝，成为第一个由少数民族统一中国并当政的政权；公元1600年后，满族八旗兵挥军入关，将李自成赶出了北京城，在明王朝的废墟上建立起大清王朝。在这两个朝代，石家庄区域也遭受了战争残酷的涂炭，汉民族的农耕文化与少数民族游牧民风再次碰撞。庆幸的是，元、清这两个少数民族政权，特别是开国时期的帝王们并没有“夜郎自大”，而都不同程度地吸收了中原文明、汉民族的优秀文化，包括使用汉字、学习汉族礼制、传承科举、任用汉族官员等，最终使自己也融入了中华大家庭和传统文化。

从另一个角度看，蒙满文化也有自己的贡献。特别是它的勇敢战斗、不屈不挠的精神，它的不安现状、开拓进取意识和刚烈品格，突进中原，使汉民族的血液里添加了勇猛的基因，甚至于给汉人的生活习俗带来改变，畜牧业的壮大，食牛羊，着皮革，就是生动的写照。由此，中华传统文化得到丰富，并赋予了它新的动能。

除了民族之间的融合，石家庄区域历史上还经历了几次大的移民过程。最为耳熟能详的是，为了填补连年战争造成的中原人口空缺，明代洪武年间，由山西洪洞县迁来的大批移民。至今，石家庄一带的农村还流传着“问我祖上来何处，山西洪洞大槐树”的民谣，许多村庄保留着与山西原居住地联系的家谱。这是汉民族内部之间的一次大移民，同样促进了不同地域文化的交流与融合。

往事越千年，换了人间。历史早已逝去，文化基因依然以各种形式渗透在这片土地中。今天，从石家庄人身上，还可以看到这些不同民族融合的文化影响。人们常说，“燕赵多慷慨悲歌之士”，那是可以从坚忍的精神、豪放的性格、侠义的热忱，以及不屈不挠、生生不息的传承中，甚至从当地人待人接物、喝酒吃茶的做派中找到影子。为什么历史上石家庄一带由于战乱，社会曾经几次濒临崩溃，田地荒芜，但“野火烧不尽，春风吹又生”。它一次次地重新挺立起来，迈步前行，是因为自强不息、顽强奋斗优秀的精神所支撑。这是经过历史筛选、跨越时空而留下的文化精华，具有鲜活的力量，值得这里的人珍惜和持守。

中篇

品品这儿的人（下）

——群星璀璨的历史精英

优秀文化的滋养必然产生杰出的历史人物。

石家庄连绵不断的人文精神，哺育出一代代杰出的历史精英。仅在权威史料记载的石家庄区域名人，就有数百位之多。他们在不同时期、不同领域里，以自己的才华和奋斗，为地域、为民族、为国家立功建业，彪炳史册。

站在历史的高度来品味，他们是石家庄这片热土上人文精神的典型，也生动准确地诠释了其丰富内涵。在他们身上，我们可以看到英勇善战、开疆拓土、义肝侠胆、忠心报国的家国情怀，例如赵佗、赵云、何基沣；看到敢于担当、励志革新、为民请命的燕赵风骨，例如魏征、李德裕、赵南星；看到勤劳智慧、不畏艰难、勇于攀登的太行魂魄，例如怀丙、李冶、白朴、张晓楼、贾大山；还看到信仰坚定、报效国家、不怕牺牲、前赴后继的革命精神，例如栗再温、戎冠秀、安娥、公木、曹火星等。

这是一座让人肃然起敬的高山，是有石家庄人特色的精神宝库。

一、一代雄才南越王赵佗

位居石家庄历史上的第一位名人，当属南越王赵佗。

赵佗是真定人，出生年月不详，去世于公元前 137 年。史书上有的说他活了 101 岁，有的说他活了 103 岁，以此来推算，大约出生于公元前 240 年至公元前 238 年。在医疗卫生条件和生活条件落后的古代，人们平均寿命很短，赵佗能这么长寿，可以称得上是一个传奇了。更为传奇的是，他在漫长的波澜壮阔的一生中，经百曲而不忘初心，历多难而心系华夏，在维护中华民族和国家统一史上厥功至伟。

石家庄赵佗公园的赵佗塑像

毛泽东曾经风趣地称赵佗为“南下干部第一人”，并给予他高度评价。1949 年 9 月 29 日，新中国成立前夕，毛泽东对准备前往广东主持工作的曾生说：“你们广东开化很早。秦始皇时代就是秦朝管辖的地方。河北人赵佗在广东做官，他对地方治理得不错。秦朝末年，天下大乱，他乘机扩占了粤西、海南岛等地方，自立为王。汉高祖平定天下后，派人去见他。他表示臣服，接受汉朝的管理，维护国家统一。”①

这里，毛泽东高度概括了赵佗的历史功绩。即他是我国历史上最早在岭南（今广东、广西、海南、福建一带）开疆拓土的军事家，是最早在民族地区推行民族亲和政策的政治家，也是最早把中原文明传播到岭南，并用以开发建设的社会活动家。更重要的是，他在复杂多变的环境下，始终保有强烈的家国情怀，不忘祖基，两度归汉，维护了国家统一。可以说，他的一生，都与民族团结、国家统一密切联系。

赵佗年少从军，很早就担任秦国军队的将领。据《史记》记载，公元前218年，秦始皇派大将“赵佗、屠睢将楼船之士南攻百越”②。那时赵佗不过20岁左右，就当了50万大军的副统帅。“百越”是哪儿呢？就是今广东、香港、澳门、广西大部及福建南部的岭南地区，当时散居着众多越族部落，被称为“百越之地”。秦始皇灭六国、统一中原之后，开始谋划建立多民族统一国家的大业，首先将进军的目标选在这里。

---

① 孙万勇主编：《石家庄通史（古代卷）》，河北人民出版社2010年版，第214页。

② 孙万勇主编：《石家庄历史名人（古代卷）》，河北人民出版社2008年版，第2页。

战争起初进行得非常艰难。由于主帅屠睢强攻冒进，残酷征杀，激起越人的反抗。他们凭借山高林密，顽强抵挡，秦军遭受重创，历经 3 年征战也未能“越岭”。最后，连屠睢自己也被杀死了。

之后，赵佗吸取了屠睢残杀越人的教训，推行“和辑百越”“汉越一家”的民族亲和政策，逐步得到越人的信任和拥戴。终于在公元前 214 年成功平定了百越之地，在岭南民族地区建立了中原王朝政权，这也是岭南地区有文献以来最早确立的政权，设置南海、桂林、象郡三郡。南海郡的郡治在番禺（今广州），主体范围在今广东、海南和广西东南部；桂林郡的郡治在布山县（今广西桂平市西南一带），管辖着东起玉林、西至河池，南到邕宁、北至兴安的广大地区；象郡治所在今广西崇左，辖今广西西部、越南中北部。

百越安定后，委派大将任嚣出任南海郡尉，主持岭南地区的军政事务，赵佗被任命为南海郡的龙川令（今广东省龙川县）。

岭南平定短短 4 年后，公元前 210 年，梦想千秋万代的秦始皇在东巡途中死于沙丘宫（今河北省邢台市广宗县）。之后，天下大乱，群雄并起，战火又开始在中原大地上燃烧。面对这种纷乱的局面，年老病重的任嚣把赵佗请来，一起商量国家局势和岭南的应对。任嚣说：“秦朝违背道义，天下百姓受苦，听说项羽、刘邦、陈胜、吴广等各郡都拉起军队，像凶猛的老虎一样争夺天下，中原地区已成乱局，不知什么时候能够平定下来。”他认为，南海郡最好的办法是独善其身，利用军队隔绝各处关隘道路，闭关自守，等待诸侯纷争的结果。他自己体弱病重，就授权于赵佗，令其主持南海郡的军政要务。

任嚣病逝后，赵佗为防止中原的战火波及岭南，命令各处关隘断绝道路，聚集军队加强守卫，委任亲信出任郡县官吏。然后，出兵攻占了桂林、象郡，一举统一了岭南地区，以番禺为都城，建立了南越国，自立为南越武王。

应当说，在当时那种动荡的形势下，赵佗统一岭南，对于维护当地的政治经济稳定、消除民族和地区分裂的隐患，具有重要作用，与分裂国家、谋取私利的图谋是有本质区别的。以后赵佗两度奉汉称臣，回归统一，就是很好的注脚。

汉朝稳定政权后，公元前 196 年，刘邦派大夫陆贾带诏书南下番禺，奉劝赵佗归顺汉朝，封赵佗为南越王。赵佗以国家统一为重，接受了汉高祖的封号，建立了中国历史上第一个民

纪念赵佗的越王井

族区域自治的诸侯政权。

然而好景不长，刘邦死后，吕后专权，推行歧视少数民族的政策，禁止中原地区与南越地区经济往来，限制其发展。赵佗多次上书，恳求以国家利益为重，吕后不从，还放纵小人捣毁了赵佗在真定的先人墓。激愤之下，赵佗自立称帝，还派兵攻打长沙郡的边镇。

吕后死后，汉文帝执政，一方面派人重修赵佗先人墓并厚待同族至亲，另一方面效仿汉高祖的做法，派陆贾携诏书再下番禺，诏封赵佗。在国家大义面前，何去何从？赵佗再次表现出政治家的胸怀和气度，激情写下《上文帝书》，在倾诉自己拳拳爱国之情和思乡之念后，毅然罢兵，除去帝制，再次受封南越王，汉朝疆土由此完成统一。这一壮举的深远历史影响，穿越时代，绵延流长。要知道，如果没有赵佗的大义，中国的历史进程有可能改写，中国的版图有可能重新绘就。

除维护国家统一之外，赵佗还在传播中原文明，推动岭南由落后的原始社会形态向文明时代转变中，发挥了中流砥柱作用。当时中原的生产力已经相当发达，而岭南地区仍然处于刀耕火种的时代。交通闭塞，山高路险，生产力水平低下，居无定所，疾病丛生，过着类似早期土著人的原始生活。赵佗励精图治，孜孜不懈，引导岭南百越部落脱胎换骨，迅速走向文明时代。

——赵佗重视利用中原先进的文化和伦理道德教化越人。教育倡导赡养老弱、废除群婚，还积极推广汉字和汉语，引越人习汉字，学礼仪，从而使世代被称为蛮夷的百越人“渐见礼化”，推动了岭南地区文明社会的进步。

——赵佗推广了中原先进的耕作技术、打井灌溉技术和冶金、纺织技术。他把冶铁的方法、耕牛犁田、使用铁制农具的技术教授给越民，废弃了以往刀耕火种、人拉木犁的落后生产方式；还出动官兵助民凿井，修渠灌田，改善水利条件，极大地促进了岭南农业的发展。

——赵佗还把玉器制作、造船技术传播到岭南。造船业得到长足发展，南越造的大船，可以容纳 3000 多人，航程达万里。在广州市出土的物品中，发现了产于非洲的香料，结合在非洲东岸发现的西汉早期的中国陶瓷，考古工作者判断，当时南越国的大船可能到过非洲东岸，这对于海上丝绸之路的开拓年代和最远距离的考证，具有重大意义。

经过赵佗的开发，岭南地区的经济、文化得到飞跃性的发展。1983 年，在广州市发掘的第二代南越王墓中，反映当时南粤地区生产水平的出土文物，价值之高，器物之精美，令人惊讶。大量文物证明，赵佗治理南越，不仅把中原文明推广开来，而且得到了创新性发展。

作为 2000 多年前杰出的政治家、军事家，赵佗为国家统一作出的巨大的历史性贡献，被历代王朝所尊崇。现在他的家乡赵陵铺（今石家庄市新华区内）专门建有赵佗公园，园内的赵佗先人墓，就是当年汉文帝为赵佗父母修筑的墓冢。直到明清时期，这里仍然封土高大，庙祠庄严。其村名为“赵陵铺”，足见对其尊崇地位之高，因为封建朝代“陵寝”只能用于皇帝、皇后的墓葬，一般诸侯王的墓葬是不能称为陵的。

后人多有怀念这位先辈的诗篇。元代诗人傅若金曾以参佐身份出使安南（今越南），应对自如，圆满完成朝廷使命。事毕，专程来此拜谒赵佗先人墓，联想到当年南粤王开疆拓土的峥嵘岁月，有感而发：

殊方久识汉庭尊，异代能忘圣主恩。
南越若逢人借问，尉佗先冢至今存。[①]

二、名贯千秋的常胜将军赵云

石家庄历来就是兵家必争之地。频繁严酷的战争，使这片土地成为军事家的摇篮，造就了许多优秀的军事人才。

战国时期，有统率五国联军大败齐军、辅佐燕昭王振兴燕国的乐毅；有大破匈奴、创造以步兵阵歼灭骑兵团经典战例的李牧。宋代，有在统一战争中立下汗马功劳的开国功臣曹彬。在这一系列璀璨的将星中，最为人耳熟能详的，莫过于三国时期名贯千秋的常胜将军赵云。

赵云，字子龙，出生于公元157年，东汉常山郡真定人。

① 中共石家庄市委宣传部编：《千秋雅诵——古人咏石家庄诗集》，河北人民出版社2017年版，第263页。

他是老百姓所熟知并喜爱的古代武将，历朝历代都有众多的“铁粉”，也是一位传奇人物，“长坂坡救幼主”“护刘备东吴招亲”等故事，曾经广泛而长久地流传于官方和民间中。不仅历代君王对他尊崇有加，而且在他的家乡、征战的地方、去世安葬之地，还有全国许多城市和乡村，都有祭拜他的庙宇和祠堂。统治者和老百姓共同崇拜一个偶像，这在中国历史上似乎并不多见。

子龙的传奇，不仅是为蜀汉朝廷立下了大功，还在于人格和形象的完美，有忠勇齐备之神韵。

三国时期蜀国最为著名的“五虎上将”：关羽、张飞、赵云、马超、黄忠，都立下过赫赫战功，但也都有致命的缺点。其中，关羽高傲自负，刚愎自用，最后失荆州、走麦城，直接打乱了蜀国的战略部署；张飞失之于暴虐无恩，不体恤士卒，最后死于自己麾下将领之手；马超身担背弃父亲、不讲仁义的骂名，始终不得信任；黄忠年龄偏大，出身和地位不能与其他四虎将相比。

正定县子龙广场赵云塑像

只有赵云的形象是文武双全，智勇仁义，近乎完美无缺的。人们说“胜败乃兵家常事”，可赵云是一位常胜将军；人们又说“人无完人”，可赵云没有发现有什么明显的缺点。这一点，除史料的记载外，人们还要感谢罗贯中的《三国演义》作的描述和渲染。当然，对他的业绩人们是确信无疑的。

赵云自幼读书习武，少年时期就已知书达理，精通拳脚兵器，尤其善使长枪，深得乡里赏识。东汉末年，天下大乱，为了维护地方安宁，赵云担当了重任，组织人马、训练部队、保境安民，在历练和实践中，军事才能逐渐显露。后来，他抱着“从仁政所在”的愿望，率领义军加入公孙瓒的军队。在公孙瓒的军队里，赵云结识了刘备，二人意气相投，关系日趋密切，赵云把刘备视为托身的仁义之主，刘备把赵云看成倚重的心腹爱将。

赵云的第一个特点是讲忠诚，重信义。与刘备相识不久，赵云因兄长亡故回家处理后事，在刘备与他送别时，赵云说“终不背德也”，这句话可谓言而有信、一诺千金。在他此后的戎马生涯中，始终追随刘备父子，东征西伐，出生入死，为蜀汉政权的建立和延续作出了巨大贡献。刘备对赵云也非常了解和信任。长坂坡大战时，刘备实力还很弱小，被曹操军队追得丢妻弃子、落荒而逃。慌乱之中，众将四散分离，张飞和糜芳都疑赵云投曹军而去，唯刘备坚信子龙此去，必有缘故，必不弃我。果然，事后证明刘备的说法是对的。赵云血战长坂坡，怀抱阿斗，护着甘夫人，突围而来。张飞和糜芳，一个是刘备的结义兄弟，一个是妻兄，都是至亲，但刘备对他们的话却不予采信，正来源于他对赵云人格、品性、道德的高度了解和认可。

赵云的第二个特点是英勇善战，足智多谋。在长坂坡大战中，赵云为救阿斗，在百万曹军中七进七出，所到之处，势不可当，连曹操都赞道："真虎将也！"纵观赵云一生，历经大小数百战，无往不胜，屡建功勋，直到72岁时仍然冲锋陷阵，可谓一身是胆的"常胜将军"。

赵云的勇战，不是鲁莽无知，而是有勇有谋，非常善战。"空城计"在《三国演义》里是诸葛亮的精彩一笔，但历史上却没有这码事儿。真正有的是赵云使用"空营计"的事。公元229年，曹操率大军与刘备在汉中交战，赵云带领数十名骑兵去接应黄忠，却与曹操大队人马猝然而遇，只得且战且退，向营垒后撤。撤回来后，却发现营内守军没有回来，兵力空虚。当时营中守将张翼指挥士兵立即关闭营门拒守。赵云进入营垒后，急令大开营门，偃旗息鼓，大摆"空营计"。曹军追近后怀疑营内有埋伏，引兵退去。赵云命令敲响战鼓，带领弓箭手随后射击，曹军惊慌失措，自相践踏，掉入汉水中淹死很多人。事后，刘备称赞说："子龙一身都是胆也。"

赵云的第三个特点是敢于谏言。赵云不仅在军事指挥和个人武力上出类拔萃，而且很有政治头脑，大局观比较强，以忠于刘备和蜀国的事业为出发点，面对不妥之事敢于谏言。刘备刚占领益州时，想把成都的房屋和郊外的田地分给诸将。赵云说，现在天下未定，不可以贪图安逸，什么时候天下定了，再归耕本土才适宜。现在益州的百姓，刚刚经受了战争的伤害，应该把房屋田地都分给他们，让他们安居乐业，然后才可以支持国家和军队。刘备认为他说得很对，听取了建议。221年时，刘备为替关羽报仇，准备兴兵伐吴，赵云根据当时的政治和军事形势，认为不能这样做，屡次劝谏，可惜刘备一意孤行，结果大败而归，自己还死在了白帝城。

赵云的第四个特点是严于律己。赵云任桂阳太守时，原太守赵范有一个寡嫂樊氏，年轻貌美，有人说要嫁给赵云，但赵云头脑清醒，不为美色所动，坚持拒绝了。公元228年，诸葛亮首次北伐，误用马谡为先锋镇守街亭，结果街亭失守，导致满盘皆输。赵云带兵撤退时展示了高超的指挥艺术，败而不乱，退而不散，兵将和军械物资都没有受到很大损失。诸葛亮就将这些物资赐给赵云，赵云认为遭遇军事不利，不应该得到这些东西，命人将物资悉数纳入府库。赵云这种注重个人修养，一心为公，不居功自傲，不贪图享乐的品德，一直受到人们尊敬。

赵云病故于公元229年，享年73岁。当赵云的两个儿子报丧时，诸葛亮跌足而哭："子龙身故，国家损了一栋梁，我失去一只臂膀！"刘禅听说后，放声大哭："朕昔年幼，若不是子龙，早死于乱军之中！"

赵云去世后，葬于成都锦屏山之东，现在大邑县境内。后人有诗曰："常山有虎将，智勇匹关张。汉水功勋在，当阳姓字彰。两番扶幼主，一念答先皇。青史书忠烈，应流百世芳。"这是对赵云一生业绩高度而准确的概括。

三、帝王“人镜”——杰出的政治家魏征

在石家庄以东40余公里的晋州市的滹沱河畔，有一座风景秀丽的公园，它是为了纪念1400年前唐代著名政治家、思想家和史学家魏征而建立的。

魏征生于公元580年，巨鹿下曲阳人（今石家庄晋州），曾做过隋末义军李密的书记官，后入关归唐，几经辗转，得到唐太宗李世民的信任，成为李世民在政治上的重要辅臣，是初唐时期一代明相。唐太宗李世民对魏征信任有加，予以重用，曾说过著名的“以铜为镜，可以正衣冠；以古为镜，可以知兴替；以人为镜，可以明得失”的名言。其中“以人为镜”中的这个“人”，就是魏征。

魏征塑像

魏征之所以得到“人镜”的赞赏，是因为他是中国封建历史上一位难得

的谏臣。对君主不阿谀，不苟从，经常犯颜直谏。想当谏臣，在古代是要担政治风险甚至生命风险的，因为有些皇帝脸皮比较薄，脾气比较坏，不开心时是要杀人的。魏征非常幸运，因为他遇到了知人善任、勇于纳谏的典范——唐太宗李世民。李世民与魏征等一批谏臣、能臣良性互动，开创了中国政权史上广为称道的盛世——“贞观之治”，唐朝成为当时世界上最强盛的帝国。

有意思的是，一开始魏征并不是辅佐李世民，而是太子李建成。他看到，在继承皇位上李建成越来越受到李世民的威胁，几次建议把李世民除掉，但李建成优柔寡断，没有采取魏征的建议，终于引来杀身之祸。李世民发动“玄武门之变”得到皇位后，找魏征当面质问说：“你为什么要离间我们同胞兄弟？”魏征没有推诿和寻找借口，他从容地答道：“太子如果听我的话，也不会落到如今下场。”李世民不但没有恼怒，反而非常欣赏他的直率和才能，从此一步步重用起来。

魏征忠于职事，富有担当精神。当时河北各州县是李建成的势力，昔日的部下担心李世民秋后算账，受到株连，都惶恐不安。如果不能安抚好，可能会激起兵变。唐太宗李世民就派魏征和法曹参军李桐客为正副宣抚使前往宣慰。他们走到邯郸磁县时，碰到两名李建成的部下正要被押解送往长安。魏征对李桐客说，朝廷已经下令赦免太子一系的人，如果再押送进京，岂不是让天下人怀疑朝廷说了不算，这件事处理不好，可能造成大的影响。见李桐客犹豫不决，魏征又说，看到对国家有利的事就不能不做，宁可自己担风险也不能误了国家大事！于是做主释放了这两个人。这件事打消了其他河北官吏的疑虑，宣慰很成功，没动一刀一枪就安定了河北。魏征没有因为自己原来是李建成阵营的人就避嫌、明哲保身，没有因为事情复杂就不作为、推诿扯皮，唐太宗李世民知道后十分满意，越来越信任和重用他，很快任命他为侍中，成为正式的宰相。

据记载，贞观时期，魏征先后进谏二百余事，数十万言。有一次，唐太宗问魏征："人主何为而明，何为而暗？"魏征回答说："兼听则明，偏信则暗。"唐太宗深以为然。

贞观六年，群臣请求唐太宗去泰山封禅，借以彰显国家的富强和君王的功德，只有魏征表示反对。唐太宗觉得奇怪，就问魏征："你不主张封禅，是认为我功劳不高、德行不尊吗？"魏征回答说："陛下虽然有功德，但自从隋末天下大乱以来，户口并未恢复，仓库尚为空虚，而车驾东巡，千骑万乘，耗费巨大，沿途百姓受不了。即便免除赋役，也远远不能补偿百姓的破费。如此图虚名而实受害的事，陛下为什么要做呢？"不久，中原地区暴发了洪水，封禅之事也就不了了之。

封建王朝的大臣敢谏，有很大风险，是要有一点牺牲精神的。魏征与唐太宗争论起政事来，有时言辞激烈，不照顾皇帝的颜面，让他下不来台，多次惹得圣上心情不快。一次，唐太宗下朝回宫，怒气冲冲地说，总有一天我要杀掉这个乡巴佬，长孙皇后急忙问要杀谁？唐太宗说，魏征经常当众侮辱我。长孙皇后立即换上朝服，向皇上道贺说：“我听说主明臣直，魏征忠直，正是因为你是明君。”唐太宗听后，才消了气，魏征也因为有一位贤明皇后免了灾。

尽管唐太宗对魏征的尖锐批评有时也难以接受，但他知道魏征是一心为国。他曾经说过，贞观之前，跟随我平定天下，在艰险中周旋，房玄龄的功劳没人比得上；贞观之后，尽心辅佐于我，忠言直谏，安定国家，造福百姓，成就我今天的功业，被天下所称赞的人，唯有魏征了，古代的名臣，也不过如此罢了。这是一代名君对一代贤相的高度评价。

魏征去世后，唐太宗登上长安城的苑西楼，望着远去的灵车失声痛哭。他对大臣们说：“以铜为镜子，可以端正衣冠；用历史作镜子，可以知道国家兴旺的道理；以人为镜子，可以明白自己的得失。我常持这三面镜子，以防止自己犯错误。现在魏征去世了，我就失去了一面镜子。”

魏征作为封建朝代的思想家、政治家，在长期的治国理政经历中，留下了许多至理名言，发人深省。尤为人称道的是，“民为邦本，本固邦宁”的民本思想，揭示了以民为重的执政理念；“水能载舟亦能覆舟”的认识，则启迪当政者时刻不能忘记老百姓，脱离了老百姓，会颠覆江山社稷；而“创业难，守成更难”的告诫，就是奉劝人们居安思危，永不懈怠，要勤勉努力，才能长治久安。

这些名言体现的真理光辉和深刻的历史镜鉴作用，至今仍然振聋发聩，催人警醒。

四、晚唐“会昌中兴”的功臣李德裕

在石家庄市西南方向的赞皇县，有一个群山环抱、风景秀丽的村庄——许亭。这是个人杰地灵、声名远播的地方。

然而，它的闻名，不是因为风光秀美，而是这里历史上曾经走出了众多治国理政的干才。在唐代中晚期的150多年里，这里创纪录地产生过李峤、李绛、李吉甫、李德裕、李珏、李固言等6位许亭籍的宰相。也就是说，在唐代治理朝政的最高级官员中，很多时候都有许亭人的影子。这在中国历史上是空前绝后的，因而被称为“唐相故里”，老百姓俗称“宰相村”。

六宰相都是国家重臣，但功绩最显赫的要数李德裕。作为杰出的政治家，他在几度起伏中不坠报国之志，最终辅佐武宗皇帝革除积弊，勠力振兴，使一个衰败的晚唐，出现了“会昌中兴”的繁荣局面。[①] 李商隐赞其为“万古之贤相”。

李德裕（787—850年），字文饶，赵郡（治今赵县）赞皇人，晚唐著名政治家，历经穆宗、敬宗、文宗、武宗四朝，对晚唐政治产生了重要影响。

---

① 唐武宗（814—846年）时，任用李德裕为相，对弊政进行了改革。户口比安史之乱时增加了一倍多，扩大了政府税源，巩固了中央集权，这段唐朝中后期较为平稳的一段时间，史称“会昌中兴”。

李德裕

李德裕出生于赵郡名门，其祖父李栖筠、父亲李吉甫均为唐朝重臣，李栖筠官至御史大夫，去世后被追授吏部尚书；李吉甫两度拜相，主持朝政。李德裕自幼受其家庭影响，苦心力学，饱读经史，通过门荫入仕秘书省校书郎。唐宪宗末年，李德裕接受河东节度使张弘靖召请，出任太原府掌书记，后又随张弘靖入朝，任监察御史。唐穆宗继位后，李德裕以文采出众而受到重用，拜翰林学士，兼中书舍人，负责起草朝廷诏令，时称“大手笔”。

得其益也受其累。李德裕优越的家庭出身给他带来的，不都是幸运，也使他早早地陷入了政治争斗的旋涡。李德裕的父亲李吉甫在宪宗朝担任宰相期间，先后奏请宪宗将妄陈时政的制科举子牛僧孺、李宗闵等人贬逐出京，将反对用兵于藩镇的宰相李逢吉罢相。因此，牛僧孺、李宗闵、李逢吉等人结为朋党，伺机报复。

李吉甫病逝后，他们将积怨转移到李德裕身上，可谓“父债子还”。穆宗长庆二年（公元822年），李逢吉拜相，便将李德裕从翰林学士贬为御史中丞。接着，牛僧孺在李逢吉的援引下入朝为相，李德裕再次遭到排挤，被贬浙西观察使。此后，以牛僧孺为首的牛党遂与以李德裕为首的李党相互结怨，双方在政治上明争暗斗40余年，史称“牛李党争”。

可贵的是，李德裕无论何时，都荣辱不惊，尽心竭力，有所作为。出任浙西观察使后，他看到当地经济拮据，军饷缺乏，军心不稳，老百姓生活困苦，随即力行节俭，克己奉公，多方筹借经费以赡军士，并上奏朝廷抵制不合理摊派，逐渐扭转了财政枯竭的状况，稳定了军心，百姓生活有所改善。同时，他针对当时浙西民众多信奉巫神鬼怪而民风浇薄的状况，下令拆毁1000余所所谓的神庙，并将坑害百姓的妖僧逮捕法办，浙西民风逐渐淳朴，教化大行，百姓安居乐业。

大和四年（公元830年），李德裕转任剑南西川节度使（治今四川省成都市）。他加强防务整饬军政，又下令拆毁私建的数千所寺庙，还地于农，使蜀地民风大变，农业生产条件得到改善，经济发展，百姓安居乐业。

嗣后，李德裕又将重心放到边疆的安全巩固上来。在李德裕的感召下，吐蕃派驻于维州（今四川省汶川县西北）的守将悉怛谋主动降唐，使沦陷42年之久的维州城回归唐朝。但宰相牛僧孺对李德裕心怀仇恨，竟置国家利益于不顾，以唐朝刚与吐蕃结盟而不宜毁约为借口，令李德裕将悉怛谋和维州城交还吐蕃，结果悉怛谋及所部将士皆被杀害。一年后，有人向文宗讲述了悉怛谋被杀的事实，文宗得知真相后悔不已，随即将牛僧孺罢相，召李德裕回朝担任兵部侍郎。大和七年（公元833年），李德裕拜相，进封赞皇县伯。

李德裕拜相后，本想重振朝纲，无奈文宗昏庸，宠信奸佞，李德裕无法施展政治抱负。经过短暂的“一月游”，李德裕又被贬为镇海军节度使。之后，又历任袁州（治今江西宜

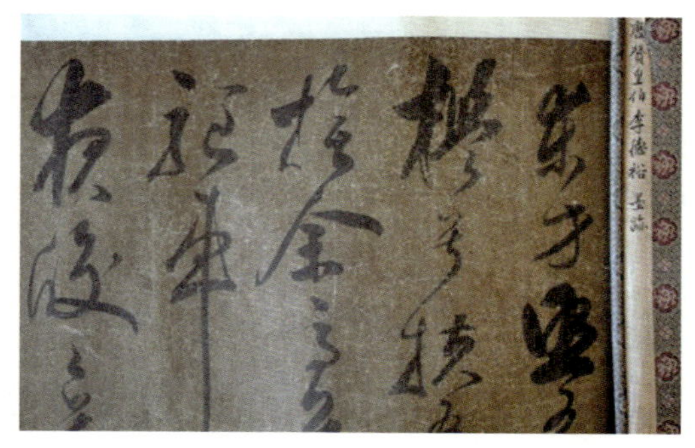
李德裕墨迹

春）长史等地方官职。算上浙西和川西，这已经是他第三次被贬出朝，直到开成五年（公元840年），唐武宗继位，53岁的李德裕回朝复相，仕途发生了根本转变，其政治才华真正得到了发挥。

恩威并重，平定回鹘之乱。李德裕复相后不久，回鹘扰边，回鹘原称回纥，唐玄宗时兴起于漠北，安史之乱中曾出兵帮助唐朝平定叛乱。开成五年（公元840年），一支由回鹘宰相嗢没斯率领的部队南下至天德军（今内蒙古乌拉特前旗北），有意归附唐朝。但天德军将领为求战功，竟想出兵消灭这支回鹘部众，且朝中大臣也有同样的主张。李德裕力排众议，认为回鹘穷困来奔，诚意归顺，应以粮草接济安抚。武宗听从了李德裕的主张，给回鹘送去3万斛粮食，并令天德军不得轻举妄动。会昌二年（公元842年），嗢没斯率部向唐朝投诚，武宗册封左金吾大将军、怀化郡王，一度紧张的塞北局势遂得以缓和。不久，另一支回鹘部众在乌介可汗的率领下南下至天德、振武（今内蒙古和林格尔西北），大肆劫掠，塞北局势紧张。李德裕立即作出了反击决策，以河东节度使刘沔为招抚回鹘使，调集九路军队反击，大败回鹘于杀胡山，歼灭3万多人，取得了决定性胜利，有力地维护了边区的安全，壮大了唐朝声威。

适时削藩，巩固中央集权。会昌三年四月，昭义军节度使（治今山西长治）刘从谏死，其侄刘稹效仿河朔三镇之例自立为留后，擅自接管昭义镇。朝中大臣多以对回鹘用兵尚未结束，国力不支为由，主张默认刘稹自立。但李德裕却认为昭义镇临近京师，若任其割据，将对朝廷构成严重威胁；刘稹之所以胆敢反叛，主要是想依靠河朔三镇支持。武宗完全采纳李德裕的主张，委托他全权主持征讨刘稹。李德裕派专使前往河朔，与成德节度使、魏博节度使谈判，促使他们答应出兵协助朝廷平定刘稹叛乱。刘稹在众叛亲离的困窘中，被其部将所杀。这次平叛的胜利，有力地维护了国家统一。

抑制佛教泛滥，增强国家实力。唐代后期，佛教极度膨胀，各地寺院控制着大量的土地和劳动力，影响了国家的赋役来源。李德裕力主遏制佛教势力，会昌五年（公元 845 年），武宗颁诏灭佛，遣御史分道毁佛，在全国共拆毁寺院、招提、兰若 4 万余所，勒令还俗僧尼达 26 万余人，释放寺院奴婢 15 万人，没收寺院土地 10 万余顷，佛教势力遭到打击。对于这次灭佛运动的评价，历史上众说纷纭，褒贬不一，但唐朝实力的增强，则是不争的事实。至会昌末年，全国税户数比宪宗时期增加了两倍多，财政收入达到了安史之乱后的最高数额，强化了中央集权的力量。

李德裕重视政治改革。他有感于党争的危害，痛恨朝政难行，力图改革科举考试中存在的流弊，禁止进士与主考官互认“门生”“座主”，在一定程度上杜绝了官员利用科举结党营私的恶习，使当时的政治风气、社会风气为之一变，对晚唐中兴发挥了重要作用。

五、勇为世界先的数学大师李冶

在石家庄一带多如星辰般的杰出人士中，有一颗很独特耀眼之星，他就是石家庄历史上一位世界级的数学大师——李冶。

李冶为世人留下的最重要的遗产，就是他所创立的天元术。它不仅是中国古代半符号代数的独创性发展，而且领先于世界，比欧洲代数同类方法的产生至少早了 300 年，在世界数学史上具有里程碑意义。

李冶的祖籍是真定栾城县（现石家庄市栾城区），1192 年出生于大兴（今北京市大兴区），当时他父亲任大兴县推官，相当于现在的法院院长。因为受到为非作歹的上司打压排挤，为了免遭意外，把全家人送回了老家栾城。李冶正值童年，就到邻县元氏求学读书。他父亲辞官后，全家隐居到河南。

凡成功者必有过人之处。李冶博学多才，按当时“学而优则仕”的传统，他完全可以出人头地，做一个大官。但他不喜官场政治，一心钻研学问，虽生活曲折艰难却痴心不改，且选择了在封建时代“不受待见”的理科，作为毕生主攻的方向，体现了他与众不同的志向和追求。

1230 年，他 38 岁时考中进士，任钧州（今河南省禹州市）知事。时间不长，1232 年蒙古铁骑攻破钧州，李冶不愿投降蒙古军，换上平民服装，渡过黄河向北逃亡，流落到今山西省忻州一带。这是李冶短暂的为官生涯，其后元朝一统天下，李冶认为“世道相违，则君子隐而不仕”，一门心思研究学说。

清末铅印本《测圆海镜》

经过一段颠沛流离之后，李冶在山西崞山定居下来，开始悉心进行学术研究。虽然贫穷困苦、生活艰辛，但他没有一日停下学习研究、著书立说的脚步。他的学生赞誉他“虽饥寒不能自存”，却“未尝一日废其业”“手不停披，口不绝诵，如是者几五十年”。他居住的房间简陋不堪，但他却“处之裕如也”。正是在这样艰苦的条件下，李冶对天元术进行了全面探索和总结，于 1248 年完成了数学史上的不朽名著——《测圆海镜》十二卷。

所谓天元术，就是一种用数学符号列方程的方法。在李冶之前，方程解算还比较粗糙，记号混乱，演算烦琐。李冶经过研究，总结出一套简明实用的天元术程序，给出化分式方程为整式方程的方法；他还发明了负号和一套先进的小数记法，采用了从零到九的完整数码，在古算书中较早使用零；他可以列出高次方程（最高为 6 次），并给出准确无误的根，可见他已经掌握了高次方程的解法，达到彼时世界顶端水平。①

李冶写成《测圆海镜》以后，到太原住了一段时间，藩府官员曾请他出仕，被他谢绝了。后来，他又流落到平定，平定侯聂珪也很尊重他，把他接到帅府来住，他却始终眷恋着少年求学之地的元氏。1251年，李冶结束了在山西的避难生活，回到元氏定居。他在封龙山下买了一点田产，用来维持生活，并开始授徒讲学，很快就门徒众多，名传千里。为扩大教学规模，师生共同努力，在北宋李昉读书堂的故基上建起了著名的封龙书院。我国历史上的知名书院大都是文科，唯独封龙书院

复建的封龙书院

① 杜香文等编：《石家庄之根——封龙山》，河北科学技术出版社2012年版，第61页。

以文理并重，并以理科见长。

在李冶所处的封建社会中，数学不受重视，被认为是“贱技”，李冶能以数学立院，并且培养了大批的人才，是非常难能可贵的，对我国古代数学的研究和传播贡献甚大。在民间传说中，李冶有一位诗友，对他不应元世祖忽必烈的邀请入仕，却偏爱数学有不同看法，送给他一首讥笑诗：“玩物丧志戏贱技，高官厚禄美名留。荣华富贵青云路，何作庶民数字牛。”李冶收读他的诗后，十分淡漠，遂提笔答诗：“高官厚禄吾不爱，数字游戏兴趣稠。人间科技通四海，不耻贱技甘做牛。”表达了自己的心意和一生追求。

在封龙书院办学期间，李冶又撰写了一部推广天元术的普及本教材——《益古演段》。这本书与《测圆海镜》相映生辉，成为李冶一生研究成果的代表作品。

除数学方面的创举之外，李冶还在文学、史学、天文学、医学等方面有很深的造诣，并有不少的成就。他曾与同时代的文学家元好问齐名，擅长诗歌和文学评论。后人评论他的诗歌有浪漫乐观的情怀，文采与意境相融合。在医学方面，李冶提出了系统而实用的养生观，认为人要遵循自然规律，处理好动静、劳逸的辩证关系，保持精神愉悦和体育锻炼。令人钦佩的是，李冶早在700多年前，就已经提出了正确的养生观，为现代人的养生奠定了理论基础。

也许正是实践了这些养生理念，晚年的李冶身体康健，耳聪目明，以88岁的高龄辞世。

六、唯美的元曲大家白朴

元朝时期的真定（今石家庄市正定县），是一个经济繁荣的城市，几与南宋杭州并驾齐驱。同时，它还是一个文化发达的都市。这个时期，在我国古代文学史上，产生了与楚辞、汉赋、唐诗、宋词相提并论的元杂剧，并且在真定得到空前繁荣。[①] 真定成为元代戏剧中心、元曲的重要发祥地之一。

当时的真定群星荟萃，活跃着白朴、李文蔚、尚仲贤、戴善甫、史樟等一批戏剧家，产生了许多脍炙人口、流传后世的优秀戏剧。白朴就是其中的杰出代表，被后人誉为与关汉卿、马致远、郑光祖齐名的“元曲四大家”之一。

历经宋金元时期的战乱，这块土地能够很快休养生息并生机勃勃，主要得益于镇守真定的汉人史天泽。史天泽当时是真定、大名、河间、济南、东平五路的万户，这个人政治清明、尚贤倡善、扶持文化，当时很多文人都移居真定，形成了浓厚的文化和艺术氛围。事实上，史天泽本人就是一位元曲爱好者。

如果从籍贯和出生地来说，白朴并不是真定人，他祖籍

---

① 元杂剧又称北杂剧，是元代用北曲演唱的传统戏曲形式，与汉赋、唐诗、宋词并称为中国古典文学艺术的高峰。形成于宋末，繁盛于元大德年间（13 世纪后半期—14 世纪）。

白朴

山西河曲，出生在当时金朝的都城开封。那为什么还要把白朴列入真定人呢？因为他的思想在真定得以形成，学识和才华在真定得到培养，文学成就在真定完成。可以说，是真定塑造了白朴，白朴对真定也有极大的依恋和归属感。晚年他寓居金陵（今南京），去世后，后人仍不远千里将他的遗骨归葬于真定，安眠在这块养育他的热土中。

白朴有一个不幸的童年。他 6 岁时，蒙古军队包围了金朝的开封城，竖起大炮向城内轰击。城内粮食日益匮乏，导致大批的人饿死，甚至出现人吃人的惨况。城破后，蒙古军队大肆杀戮，屠杀汉人百余万。这就是著名的“壬辰之难”。正是在这场灾难中，白朴永远地失去了他敬爱的母亲。他在《天籁集》中写道：“自是不茹荤血，人问其故，曰：‘俟见吾亲，则如初’。”幼小的白朴受到战争的摧残，心灵上留下了长久的伤痕。后来他和姐姐被父亲的好友元好问收留，带到山东聊城、济南等地避难，颠沛流离，其间感染瘟疫，几乎死去。直到他 12 岁时，元好问才将他送到真定父亲身边，其父写诗谢曰：“顾我真成丧家犬，赖君曾护落窠儿。”

白朴在真定接受了良好的教育，“封龙三老”文学家元好问、数学家李冶、政治家张德辉这样的大儒都对他悉心教导，史天泽也对他青睐有加。在真定，白朴结识了尚仲贤、李文蔚、史樟等一批著名的杂剧作家，和杂剧演员来往密切，还与“杂剧班头”关汉卿等一道参与组织了戏曲作家创作团体——玉京书会。在如此浓厚的文学氛围中，白朴的才华得以充分展现，这个时期，是他元曲创作的高峰期。

在元曲作家中，白朴的作品数量不是最多的，但却是元曲发展史上的一个里程碑。他与关汉卿在曲坛上各成一派，关汉卿是本色派，体现了悲歌慷慨、本色当行的时代风貌；白朴是文采派，风格清雅秀丽，带有浓厚的感伤情调和浪漫主义色彩。用现在的话说，白朴是爱情题材大师，既擅长写悲剧，也擅长写喜剧，且艺术价值都很高。他的代表作《墙头马上》《梧桐雨》，其题材一喜一悲，分别被列为元杂剧四大爱情剧①之一和四大悲剧②之一。

著名的悲剧《梧桐雨》，以唐代安史之乱为背景，写的是大家熟悉的唐明皇与杨贵妃的故事，剧名得自白居易《长恨歌》中的诗句“秋雨梧桐叶落时”。剧本将爱情之欢乐、死别之痛苦、思念之惆怅、晚景之凄清，写得缠绵悱恻、令人哀伤，充满人生的沧桑感和幻灭感。比如，第四折中写道：“杏花雨红湿阑干，梨花雨玉容寂寞。荷花雨翠盖翩翩，豆花雨绿叶萧条。都不似你惊魂破梦，助恨添愁，彻夜连宵。”“斟量来这一宵，雨和人紧厮熬。伴铜壶点点敲，雨更多泪不少。雨湿

---

① 元杂剧四大爱情剧：王实甫《西厢记》、关汉卿《拜月亭》、白朴《墙头马上》、郑光祖《倩女离魂》。

② 元杂剧四大悲剧：关汉卿《窦娥冤》、马致远《汉宫秋》、白朴《梧桐雨》、纪君祥《赵氏孤儿》。

寒梢，泪染龙袍。不肯相饶。共隔着一树梧桐直滴到晓。”将唐明皇的泪和秋天的雨相互映照，仿佛思念的泪化成了秋天的绵绵阴雨，凄冷的雨淋湿了帝王哀痛的心，将回忆、伤痛、悔恨、无奈、孤寂的心境表现得淋漓尽致。王国维在《人间词话》中高度评价：“白仁甫（白朴字）《秋夜梧桐》剧，沉雄悲壮，为元曲冠冕。”

与哀伤的《梧桐雨》不同，《墙头马上》是一部富有喜剧色彩的爱情剧。剧情主要为洛阳李总管的千金在花园的墙头，看到骑在白马上的裴尚书的公子，两人一见钟情，当夜私订终身，在裴家花园暗住七年，生育一儿一女。裴尚书发现后强迫拆散两人。后公子高中状元，寻找妻子，经过一番曲折，夫妇终于重新团圆。该剧颂扬了追求爱情、反抗封建压迫的精神，大胆肯定了两情相悦、私订终身的婚姻方式，特别是通过塑造李千金这一热情泼辣、敢爱敢恨的女主角形象，对爱情自由、男女欢娱都做了坦率的赞美。李千金以辛辣嘲讽的语气，抨击裴尚书等封建卫道士的嘴脸，幽默诙谐，淋漓畅快，常常令人忍俊不禁。这在当时社会环境下，是难能可贵的，客观上起到了对封建礼教的揭露和批判，具有突破性的意义，因而社会影响很大，一直传演到现代。

新中国成立后，许多地方戏剧团体排演过这个剧目。由俞振飞、言慧珠两位大师表演的昆曲《墙头马上》被拍成电影，也曾风靡全国。一代元曲大师的经典作品，在经过 700 多年的岁月之后，仍然散发出特有的魅力。

七、立志革新的明末宰相赵南星

高邑县位于石家庄正南方，距市区有50多公里。这里历史悠久，早在西汉初就设立了房子县，即现在的高邑县。魏晋时期，这里还曾作为赵国（郡）的治所。

明朝末年，高邑县出了一位闻名遐迩的人物——著名政治家、文学家赵南星。相传赵南星出生时，南天边上划过一道白光，照得半个天空亮如白昼，一颗大火球直落到赵家的院子里。第二天一早，家人发现一块光滑圆溜的青石，正好落在赵家南园的井台上。天降吉兆，孩子得名赵南星。

赵南星自幼有“神童”之称，年少时不但聪颖异常，而且学习十分刻苦，年仅21岁就中举，4年后中进士，进入仕途，官至吏部尚书。

在明末风雨飘摇、弊端丛生、政治险恶的官场环境里，要想有一番作为，是不大容易的。让人钦佩的是，

赵南星

赵南星始终励精图治，励志革新。他居庙堂之高时，为政清廉，刚正不阿，以身犯险，革除政弊；处江湖之远时，著书立说，教学授徒，被公认为“东林党”的领袖，并培养了大批的人才。[①]

赵南星为官的第一站，被任命为汝宁（今河南省汝南县）推官。推官相当于现在法院的主官，负责刑狱工作。在这个职位上，《明史》对赵南星的评价是“治行廉平”。也就是说，行为廉洁，治理太平。他不仅办事公平公正，而且十分体恤民情，以人文伦理之情治理社会，有着强烈的担当精神和为民情怀。

让犯人回家过年的故事就是其中一例。一年临近春节，赵南星上街办事，见老百姓都高高兴兴地筹办年货，他心里也很快乐。突然看到有一家门前，倚着一位年近七旬的老妇人，脸上带着刚哭过的泪痕，目光呆呆地望着外边。他便上前问道：“老人家，您为何愁容不展？”妇人老泪纵横，哭诉心中的伤痛。原来，老妇人与儿子相依为命，本指望养儿防老，谁知道儿子不学好，与人争斗，打伤人被押在牢里。年关将近，万家团圆，老妇人孤苦伶仃，心中难过。

赵南星十分同情老人的遭遇，他知道过年是亲人团聚的日子，犯人和亲属会倍加痛苦。如果能够让他们团聚，亲属会劝说犯人改邪归正，犯人也会更加珍惜亲情，感念国家的宽容，痛改前非，重新做人。赵南星决定：除少数重刑犯和累犯

---

① 东林党是明朝末年以江南士大夫为主的官僚政治集团，以顾宪成、高攀龙等人为领袖，主张广开言路，反对宦官干政，反对矿税。东林党人士遭到魏忠贤及其依附势力的打击，许多人被杀害。

外，其余罪犯一律回家过年，规定时限，逾期不归者罪加一等。坐牢还能回家过年，犯人们哪见过这样的事？个个感动得痛哭流涕，良心上受到触动。期限到了之后，没有一个犯人逃亡不归的，有的还提前返回。这件事在社会上震动很大，犯人亲属和百姓们感念赵南星的恩德，个个安分守法，汝宁府的社会秩序日益安定。

万历九年，赵南星调任户部，入朝为官。虽说仕途上更进一步，却一脚踏进政治斗争旋涡的中心，开始了三起三落、险象环生的宦途生涯。

让今人不可思议的是，明朝的很多皇帝都“在位不在岗”，而且不务正业。有的爱斗蟋蟀、有的爱炼仙丹、有的爱

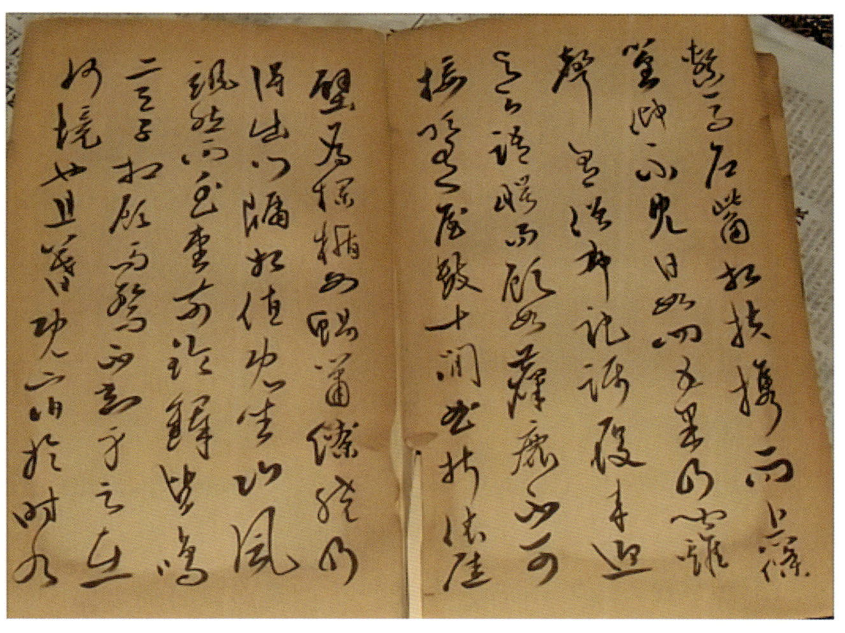

赵南星手迹

当木匠……林林总总，堪称“不作为、乱作为”的楷模。赵南星主要经历的两位皇帝，更是这方面的典型代表。明神宗朱翊钧，在位48年，有30多年不出宫门、不理朝政、不郊、不庙、不朝、不见、不批、不讲，有的内阁的廷臣甚至不知皇帝长相如何。明熹宗朱由校，热衷于木手艺，不理朝政，把国家大事一股脑儿抛给大太监魏忠贤。长期的纲纪废弛，导致大明王朝由此逐渐走向衰亡。

在这样黑暗腐朽的政治环境下，赵南星作为深受孔孟之道浸润的知识分子，不甘心随波逐流，“慨然以整齐天下为任”，力图挽回明朝日渐颓败的国势。他利用掌管监察和组织人事的权力，革故鼎新，振作气象，但终因获罪于权贵，屡被刁难，三度受害，也注定了他悲剧式的结局。

万历十七年（公元1589年），他任吏部文选司员外郎时，向神宗皇帝上了一道《剖露良心疏》，陈述官吏队伍中的四大害：结党营私，大臣不择手段抓官捞权的“干进之害”；诬陷排挤忠良，奸邪小人猖狂得志的“倾危之害”；任用州县官吏不当，造成民生日苦的“州县之害”；乡官横行无忌，无人敢问的“乡官之害”。他的分析切中时弊，提出改良的政治主张，很快传遍朝野。但是，他的上疏触犯了当朝权贵，受到攻击，只好以病辞官。

万历二十一年（公元1593年），由于吏部尚书陆光祖的大力举荐，赵南星被重新起用，出任吏部考功司郎中。当年，参与主持了“京察”。所谓“京察”，就是对京官的全面考核评估，作为升迁贬谪的依据。赵南星等人不徇私情，不畏权贵，对胡作非为、劣迹斑斑的官员统统罢免，引起朝野动荡。但是，赵南星等人的做法，触犯了内阁首辅王锡爵等朝中权贵，他们以“专权植党”为名弹劾吏部官员。遇上神宗这个昏庸皇帝，他不问青红皂白，竟将赵南星削职为民。这次京察，赵南星付出了惨重的代价，被罢官赋闲达 28 年之久。

赵南星回归故里后，没有气馁和沉沦，他与正直大臣、学者互通声气，议论朝政，评价人物，讲学授徒，声望日隆，成为当时政治派别东林党的主要领袖之一。

万历四十八年（1620 年），明神宗去世。赵南星又被起用，这时他已 71 岁高龄。按说人到暮年，又几经风雨，应该明哲保身，做个平安官了，但赵南星不改初衷，进一步整肃吏治，惩治腐败，积极推行改良政治的措施。天启三年（1623 年），赵南星任吏部尚书。明代不设宰相，六部尚书是国家行政的最高长官，其中吏部最为重要。正当赵南星准备一展政治抱负时，以魏忠贤为首的阉党势力迅速增长起来，魏忠贤权倾天下，甚至被称为九千岁。东林党与阉党的斗争日渐白热化。

起初，魏忠贤也很欣赏赵南星的才干和胆识，几次想拉拢他，但赵南星“道不同不相为谋”，毫不为所动。魏忠贤就常常趁熹宗皇帝在专心制作木器时奏事，诋毁东林党官员，皇帝总是厌烦地说：“朕知道了，你去照章办理就是了。”魏忠贤据此滥行赐赏，大施刑罚，排挤东林党人，逐渐掌握了内阁和六部，造成空前的宦官专政。赵南星见事不可为，无力回天，只好辞官回乡。但阉党并不罢手，给东林党主要人物罗织罪名，逮入监狱，折磨致死。赵南星虽然保住了性命，但丧母失子，自己被流放到了山西代县，家人也被流放到甘肃、云南等边远地区。

天启七年（公元 1627 年），年老体弱的赵南星病死在戍所，终年 78 岁。17 年后，李自成攻破北京，明朝最后一位皇帝崇祯在煤山自缢身亡，明朝就此灭亡。

《惜花》

旧朵凋零新蕾绽，枝头数点已堪嗟。
狂风一夜都吹尽，可奈苍天不惜花。[①]

赵南星，这位有抱负、有才华、有作为的政治家，在晚明政治舞台上的生涯如此短促、多难，令人扼腕，不能不说是

高邑县赵南星家祠

① 单纪兰等校注：《赵南星诗词曲校注》，天津教育出版社 2009 年版，第 576 页。

一种悲剧。这种悲剧不仅是他个人的，更是明朝的、国家的，也留下了千古教训：一个国家如果不主动革除弊病，奋力前行，就必然走向衰落，甚至灭亡。

八、传奇才女安娥

1905年9月的一天，在范谭村（位于今石家庄市长安区）的一户张姓富裕人家里，一个女娃呱呱坠地。已经人到中年的父亲，为她取名式沅。

沅，为水名。沅水在湖南省西部，源出贵州省云雾山，上游称清水江，经湖南入洞庭湖。人们猜想，老爷子取这样一个名字，可能寓意女孩像清水江那样，清澈、平缓地度过她的一生。让他没有想到的是，这位后来改名叫安娥的女子，恰恰是反其道而行之，在她日后的一生里，生活跌宕起伏，才华出众且成果颇丰，历经坎坷又富于传奇。

安娥（1905—1976年）

安娥的确是一个传奇的才女，她的人生标签有若干个：富家的千金小姐、神秘的女特工、爱情生活曲折的自由青年、才华横溢的女作家，等等。这位土生土长的石家庄才女，有更多的故事吸引着人们去了解。

安娥，出生在一个地主家庭，父亲曾任直隶省立甲种工业学校校长，后因病辞去校长职务开办织毯企业。这样一个名门望族家的小姐，却接受了革命思想，带头闹学潮，带头参加罢课运动。1925 年，在就读北平美术学校时，刚刚 20 岁的她加入了中国共产党。

安娥的行为引起家人的恐慌和反对，母亲守在学校传达室把她“捉回家”，不让她出门。安娥心向光明，毅然离家出走，只身投入革命的洪流中。疼爱她的父亲与她政治理念不相同，他虽不满当时的政府，但认为应努力去改良，不应去推翻它，曾在遗嘱中说明：他没有这个女儿。事实上，安娥早已背叛了她原生的阶级。

安娥参加革命后，1926 年被党组织派往大连从事宣传和女工运动，年底被派到莫斯科中山大学学习。其间，接受培训，成为共产国际的情报员。1929 年学成回国后，到上海中共中央特科工作。在陈赓同志领导下，她为国民党组织部调查科驻上海“中央特派员”杨登瀛当秘书。利用这个特殊的位置，安娥将获得的重要情报直接送交陈赓，再由陈赓报周恩来，这使得许多中共领导人化险为夷。安娥参与营救的，就有当时中共高级领导任弼时、关向应等人。

之后，为积极争取左翼作家联盟的成员，党组织安排安娥负责联系著名剧作家田汉[①]（国歌《义勇军进行曲》的作者）。这是与田汉多彩感情生活的开始。其间，安娥积极参与各项文艺活动，个人的文学才华逐渐展现出来，创作了一大批脍炙人口的作品。其中最著名的，莫过于入选“中国电影百年百部名片”的《渔光曲》。

电影《渔光曲》海报

影片讲述了渔家子弟和船王继承人两代人之间悲欢离合的故事，反映出旧中国各阶层人民的飘零动荡。片中由安娥作词的主题曲，用中国古典诗词的韵味和民间歌谣的形式，诉说了渔民艰辛悲惨的生活，歌词清新脱俗，朗朗上口，感人至深。再加上作曲家任光的谱曲、音乐家聂耳参与的演奏，歌曲情景交融，优美动听，让人如痴如醉，为整部影片增光添色，久唱不衰。1934 年，该片在上海上映时创下连映 84 天的纪录。

《渔光曲》的成功创作，与安娥早年在大连生活工作的经

① 田汉（1898—1968 年），湖南省长沙县人，剧作家、词作家，国歌《义勇军进行曲》词作者。

历分不开。她熟悉渔民的生活，感受并同情他们艰辛的境遇，情到深处，自有华章，整支词曲感情充沛，文笔朴素、流畅。①

在写到渔民捕鱼场景时，她仿佛身临其境，画面栩栩如生：

云儿飘在海空
鱼儿藏在水中
早晨太阳里晒渔网
迎面吹过来大海风
潮水升，浪花涌
渔船儿飘飘各西东
轻撒网，紧拉绳

在描述渔民劳动繁重、生活困苦时，她感同身受，情感流淌：

烟雾里辛苦等鱼踪
鱼儿难捕船租重
捕鱼人儿世世穷
爷爷留下的破渔网
小心再靠它过一冬
东方现出微明

① 王律、盛英等：《安娥与田汉》，大众文艺出版社 2008 年版。

星儿藏入天空
早晨渔船儿返回程

在体现渔民今后生活煎熬时，她将他们望不到希望而苦楚无奈的心情，表现得生动传神：

迎面吹过来送潮风
天已明，力已尽
眼望着渔村路万重
腰已酸，手也肿
捕得了鱼儿腹内空
鱼儿捕得不满筐
又是东方太阳红
爷爷留下的破渔网
小心还靠它过一冬

《渔光曲》的成功，再次佐证生活是文学创作的源泉。而安娥的另一首人们所熟知的作品《卖报歌》，也与底层劳动人民的辛酸生活有关。

大约在1933年，聂耳在上海结识了一位卖报的小姑娘，了解到她家庭贫困，父亲有病，靠自己卖报纸挣几个钱贴补家用，风吹日晒，十分辛苦。聂耳同情小姑娘的遭遇，很想把报童的凄苦生活写成歌，就委托安娥撰写歌词。安娥仔细观察报童的生活，细心揣摩推敲多遍才写好。之后又把歌词念给小姑娘听。小姑娘说：如果能把卖报的价钱写在里面，我就可以边唱边卖了。安娥听了小姑娘的建议，添上了“七个铜板就买两份报”的句子，最终形成了《卖报歌》的歌词。

歌词共分 3 段。第一段反映叫卖情景，第二段描写生活困苦的窘况，第三段落笔到报童对新生活的向往。每段都以“啦啦啦！啦啦啦！我是卖报的小行家”为起首，三段内容紧凑，一气呵成。歌曲以朴实的语言，明快上口的笔调，生动地描述了旧社会报童的苦难生活及对美好生活的渴望。特殊的《卖报歌》一炮走红，传遍整个中国。

在写作歌词之外，安娥还翻译改编过话剧《马特迦》，写过小说《莫斯科》、战地采访记《五月榴花照眼明》、诗剧《高粱红了》、诗集《燕赵儿女》等大量作品，在当时都产生了很大的影响。

安娥与母亲、儿子在石家庄的合影

与繁盛的文学成果相比，安娥的个人情感生活却命运多舛。她与田汉近半个世纪的爱情经历，其间缠绵曲折，悲喜交加，最终以喜剧结尾。

当时，组织上安排安娥做田汉的联系人，两人从相识到相知，在频繁的接触和共事中产生了情愫。但田汉与一直支持他事业的南洋华侨林维中有婚约，而且林维中早已被田母默认为儿媳。1930 年，林维中从南洋归国，田汉为守婚约，与林维中完婚。面对这种情况，安娥强压自己内心的矛盾和痛苦，拖着几个月的身孕为自己的爱人寻找婚房。她对林维中说："我不要家，不要丈夫，你和他结婚吧！"展现了她独立的人格尊严和顾全别人、牺牲自己的品质。

1931 年 8 月，安娥和田汉的孩子出生了，出于工作、经济和安全等方面的原因，她决定把孩子送回老家抚养。虽然离家出走已经 6 年，家人对她爱怨交加，但真遇到难事愁事，最可以依靠的还是自己的亲人。当安娥跪在母亲面前，把幼小的婴儿放在她怀里的时候，老母亲搂着她失声痛哭。

1933 年孩子两岁后，安娥回到上海继续参加革命工作。不知出于什么心理，她告诉田汉说孩子已经死了。这其中，或者是埋怨，或者是惩罚，或者是决意切割彼此的感情纽带，抑或是为了让自己的爱人不再牵挂。一直到 1937 年 11 月，安娥在离沪去南京的船上，与田汉不期而遇，她感到格外高兴，不忍心再瞒着田汉了，就告诉他孩子还活着，而且健康成长。田汉非常激动和高兴，二人重续前缘，历经曲折又走到了一起。

新中国成立后，安娥先后在北京人民艺术剧院、中央实验歌剧院从事创作。1956 年秋，她突发脑出血中风失语，不得不中断了创作生涯。田汉不离不弃，给了她特殊的温暖，始终与她相濡以沫，关爱有加，为她找最好的医生，给她读书、读报，领她参加文艺界的活动。

"文革"期间，丈夫田汉被迫害致死，安娥悲愤至极，病情加重，不幸于 1976 年 8 月与世长辞。

她是怀着对故乡的眷恋走的。尽管少小离家，但始终没有忘记养育她的热土。石家庄解放后，她与田汉曾回范谭村走访故居和乡邻，看望乳母。她留下了未完成的反映故乡生活的长篇小说《石家庄》，书中记载了 20 世纪初石家庄社会和家族生活的场景，以及一个个鲜活生动的人物，寄托了对家乡的浓浓情感，犹如她在诗歌《燕赵儿女》中倾诉的那样："我爱我的家乡，我爱我的村庄，我的小树，我的草房，我的黄沙土，我的红高粱……那些忠厚的面庞，那些粗布的衣裳。"

遵从她叶落归根的遗愿，后人将她与田汉的墓地，安置在石家庄河北英烈陵园；为了纪念她和田汉，家乡的小学分别成立了"安娥中队"和"国歌中队"。

一代才女，在走过漫漫长路之后，又魂归故里，受到人们的敬仰。

九、坚如磐石的革命者栗再温

栗再温是平山县杜家庄南沟村人，这个小村位于太行山深处、天桂山脚下，正在"白毛女"的故乡一带。

在革命战争年代，南沟这个普通的小村庄却声名远扬，是远近闻名的"共产党窝子"，特别是栗家，走出了栗再温这位平山县第一位共产党员。在他的带动下，这个大家庭先后有 40 多人参加革命工作，出了 3 位为国牺牲革命烈士。党史研究专家对栗再温的评价是，他有大山一样的品格，理想大于天，意志坚如钢，无论何时何地，都是一位坚如磐石的革命者。

栗再温出生于 1908 年，是家中的幼子。栗再温的父亲栗有才很开明，虽然是文盲，但非常重视教育，积极地设私塾家馆，办学堂。栗再温先后在本村小学、平山县第二高小、北京市私立大同中学、中法大学（即孔德学院）读书。在那个贫穷荒乱的年代，大山深处的一介贫民能够到京城去求学，应该说是非常不容易的。他非常珍视学习机会，除了把课本学好，还广泛阅读了《新青年》《每周评论》《晨报》等进步书刊，从中了解到许多革命道理，思想上受到了颠覆性的影响，逐渐成长为一名有独立思想、在学校师生中有影响的人物。他在《自述》中写道："在青年学生的思想中，'革命呢？还是安心读书呢？'是不能不考虑的问题。"这样，从 16 岁开始，他开始奠定了革命的人生观和价值追求。

新中国成立初期的栗再温

沧海横流，方显英雄本色。在校期间，他积极参加由李大钊发起的示威游行活动。目睹革命先辈染血前行的悲壮一幕，更加坚定了他要斗争、要革命的决心。1927 年 5 月 26 日，在蒋介石发动“四一二”反革命政变，大批共产党人和革命群众被杀害，许多人退避三舍的时候，他没有退却，没有被吓倒，毅然加入中国共产党，走上了革命道路。

横眉冷对严霜，只赖信念坚定。那个时代入党，远没有现今的荣耀，而意味着随时准备奉献和牺牲。幼年时期的中国共产党，处处风刀霜剑、腥风血雨，党组织遭受破坏、共产党人被捕牺牲频频发生。在这一时期，栗再温先后担任过中法大学党支部书记（兼管北平市委青年工作）、中共河北省委秘书长、中共山西特委书记。按照党指示，他辗转北平、天津、太原、大同等地，在极其险恶的环境下，恢复和发展党的组织，开展宣传、示威等党的工作。

1931 年，由于叛徒出卖，河北省委、北平市委负责人几乎全部被捕，只剩下栗再温一人，但他将个人的安危置之度外，仍然坚守岗位。1932 年 2 月，北方局派栗再温任山西特委书记，赴太原恢复几乎被破坏殆尽的党组织。他像《潜伏》中的余则成一样，与另一位女共产党员组成“假夫妻”。为了防止敌人的搜查和叛徒的出卖，他们时常变换角色和居所，拉过洋车，扛过大包，受过冻、挨过饿。在这种情况下，仍然坚持穿针引线，多方串联，一步步恢复建立起党的组织。其间，他也曾被叛徒出卖被捕。在阎锡山的大牢里，面对严酷环境，他坚贞不屈，后被保释出狱。

20 世纪 30 年代，是栗再温革命人生的一段辉煌岁月。回到了家乡的栗再温，不改理想初衷，再举革命大旗。他紧紧依靠地方党组织，动员万千父老乡亲，在古老而又贫穷的土地上，掀起了一场席卷平山县乃至整个冀西的革命风暴。

革命要有核心，组织起来是关键。宣传发动和发展党组织是第一个重点。1934 年农历腊月初八，栗再温等人领导了一次规模很大的宣传活动。一夜之间，东起获鹿县边界，经过平山县城，西至山西省边界，沿着大道两旁的 100 多个村镇，都散发了传单，张贴了标语——“拥护中国共产党”“欢迎冀南游击队到平山”“没收地主土地分配给穷苦农民”等，“闹共产”一词成了老百姓的议论话题，地主老财一方面愤恨地把传单撕个粉碎，另一方面心里也害怕，不敢再趁年节向穷人逼债。

在广泛的宣传发动下，平山县党组织有了很大发展，党员数量日益增多。到 1935 年春天，全县已建立了 70 多个党支部，党员达到了 700 多人。加上穷人会等外围组织，整个西部山区都“红”了。

第二个重点是组建党的武装。栗再温尝过没有枪杆子的惨痛滋味，他要把枪杆子掌握在农民粗壮的手里。1935 年 5 月，平山成立了红军游击队，取意水泊梁山一百单八将的典故，命名为“红军北上先遣一〇八支队”。这也是当时北方地区少有的几支红军队伍之一。队伍初创时期很弱小，只有 40 多个人、20 多支长短枪和一些手榴弹，但一步步顽强地发展起来，成为日后冀西根据地的星星之火，很快就燎原到太行西部山区。

游击队建立以后，开展了“分粮吃大户”“打土豪借款”“砸盐店”等斗争，吓坏了平日欺压百姓、民愤极大的地主，震动了河北、山西两省，引来了敌人的惶恐和反扑。

革命的道路从不平坦。不久这支队伍险些遭遇“灭顶之灾”。这一次的敌人来自革命阵营内部。

1935年12月，时任直西特委书记的张惠森赴天津向河北省委汇报工作。走后不几天就给栗再温写来一封信：“我在石家庄弄来了一批武器，腊月初九夜里要运回南古月，请你们带领全体游击队员，全副武装前来村北二道桥迎接。”栗再温做事一贯谨慎，他想：张惠森明知道保安队在严密搜捕，为什么还要游击队全员大张旗鼓地去接武器？而且，寄信的时间和邮戳也说明张惠森没有到天津。因此，栗再温判断张惠森已叛变，企图把游击队出卖给敌人，一网打尽。

他一方面安排通知村里的党员隐蔽，另一方面挑选几名精干游击队员前往接头，交代他们先隐蔽观察，情况不对立即撤退。这天晚上，张惠森果然带着国民党的大批人马扑了过来。接头的人早有准备，迅速顺着沙沟跑到山上。国民党的保安队包围了南古月村，到处鸡飞狗跳，也没能抓住一名游击队员。由于栗再温工作经验丰富，警惕性高，及时识破了叛徒的伎俩，使游击队免受了一场大破坏，很多同志都幸存下来，最后成长为“平山团”的中坚力量。

1937年7月7日，卢沟桥事变爆发，栗再温与战友们投入了反侵略者的斗争。9月下旬，平山县迎来了赫赫有名的八路军一二〇师三五九旅，副旅长王震来到平山开展扩军工作。时任冀西特委组织部长的栗再温立刻全身心地扑到扩军工作上，组成十多个扩军小组，分赴各村镇宣传动员。工作组走到哪里，就把抗日的歌声唱到哪里，把抗日的标语贴到哪里，把扩军动员会开在哪里，把思想工作做到哪里。一时间，全县掀起了踊跃报名参军的热潮。

在这次扩军中，栗再温率先垂范，把两个侄子栗政民、栗政通送到“平山团”。栗政民戎马一生，后因伤致残；栗政通解放战争时期英勇牺牲在陕西，年仅 26 岁。[①]

1940 年 4 月，栗再温作为晋察冀边区四分区代表，前往革命圣地延安，出席了中共七大。他在这里学习、工作、生活了 5 年多，担任过中共中央党校组教科科长，负责学员们的

1944 年，栗再温和家人在延安

① 程雪莉：《寻找平山团》，作家出版社、花山文艺出版社 2015 年版，第 52 页。

教学工作。解放战争期间，他先后任晋察冀边区贸易公司总经理、石家庄铁路管理局政委、华北人民政府劳动总局局长等职。

新中国成立后，他先后担任中华全国总工会组织部部长、书记处书记，山东省副省长，后曾任山东省委常委、书记处候补书记、书记，山东省人民委员会常务副省长等职。在不同的工作岗位上，栗再温仍然保持了战争年代的那种意志坚定、奋不顾身的作风。1963 年 8 月，华北、华东地区发生特大洪水，为确保天津、沧州及京沪铁路的安全，必须在黄河洪峰到来之前，在山东德州地区破堤行洪。栗再温遵照中央指示，组织行洪区 158 个村庄、8 万多人安全撤出，按时完成破堤任务。其间，他连续奋战七昼夜，有效控制了堤口塌方，免德州地区数十万群众被淹，老百姓至今念念不忘。

“文革”期间，栗再温虽遭迫害，但依然理想信念坚定，为国家的命运担忧，面对邪恶势力，进行了坚决的斗争，最终被迫害致死。1979 年，山东省委为其平反昭雪，追认为革命烈士。

斯人已去，留下的是伟岸如山的身影。

十、“佩剑将军”何基沣

20 世纪 80 年代，电影《佩剑将军》热映全国，身在敌营、胸怀正义、关键时刻率部阵前起义的将军，给人们留下

何基沣（1898—1980 年）

深刻印象。也许人们还不知道，这两位将军的原型之一，就是出生于藁城县（今石家庄市藁城区）的爱国名将何基沣。

何基沣是近代军事史上的一个重要人物，一生经历颇为传奇。他亲历抗日战争中的喜峰口战役，身先士卒，“大刀向鬼子们的头上砍去”，杀得日寇胆战心惊；在卢沟桥事变中，他打响了抗日战争第一枪；他是超级卧底，身为国民党高级将领，佩戴蒋介石特赠的“中正剑”，却秘密加入中国共产党，在淮海战役中率部起义，使得国民党运河防线土崩瓦解。

何基沣出生于 1898 年，先后毕业于保定陆军军官学校和北平陆军大学。参加过东征、北伐、反蒋中原大战等战役。

九一八事变后，日本帝国主义开始向华北侵略。宋哲元的 29 军负责喜峰口一带的防务，何基沣时任 37 师 110 旅旅长。面对强敌压境，他慷慨激昂：“国家多难，民族多难。吾辈是受人民养育之军人，当以死报国，笑傲沙场，何惧马革裹尸？战死者光荣，偷生者耻辱。”何基沣针对日军怕近战、夜战的弱点，制定了出其不意、攻其不备的战术。1933年3月11日深夜，率官兵手持大刀，趁日军熟睡之际，突入其营地猛砍猛杀，与入侵日军展开浴血奋战，并将日军的火炮、辎重和粮秣烧尽。

这是自九一八事变以来中国军队抗击日军的首次胜利，极大地鼓舞了中国军民的抗战信心。作曲家麦新以“大刀队”英勇事迹为题材，创作了《大刀进行曲》：“大刀向鬼子们的头上砍去！全国武装的弟兄们！抗战的一天来到了，抗战的一天来到了！前面有东北的义勇军，后面有全国的老百姓，咱们军民团结勇敢前进，看准那敌人，把他消灭，把他消灭！冲啊！”歌曲表现了中华民族不屈不挠、敢于血战到底的宝贵精神，一时广为传唱。

由于蒋介石顽固地推行“攘外必先安内”政策，导致日军逐步蚕食关内，越过长城防线，进逼平津地区。何基沣的110旅驻守在最前沿——卢沟桥和长辛店，与驻丰台的日军抵抗对峙。

1937年7月7日，驻丰台的日军借口一名“演习”士兵失踪，无理要求进入宛平县搜查，遭到我驻军的断然拒绝。晚10点，枪炮声震天响起，日军向我卢沟桥阵地发起攻击。何基沣下达命令：“坚决回击”，打响了全面抗战第一枪。

在卢沟桥事变中，何基沣亲临前沿阵地指挥，与所部官兵一同作战。8日下午，日军集中十几门大炮开路，攻占了平汉线铁路桥及附近龙王庙。何基沣率突击队与敌人展开白刃战，终于打退了敌人，夺回了铁路桥及龙王庙等地。在战斗中，击毙了日军指挥官松游少将，这是抗战之初击毙的第一个日寇的将军。

经过数次拉锯战，日方提出和谈，要求中方撤出宛平县城、撤换指挥官并向日方赔礼道歉。何基沣拔出手枪往桌子上一拍，怒斥道："中国人不是好欺侮的，明明是日方集结军队向宛平首先开火，应向我方赔礼道歉，并保证以后不再侵略，否则就消灭你们。"吓得日方代表再不敢开口。

当时的中国积贫积弱，加之政治腐朽，有志之士空有一腔热血、一身抱负，面对猖獗的敌酋却回天乏力。1937 年 8 月初，国民党军在津浦线全线败退，华北前线腹背受敌。不得已，何基沣率部边打边撤，于 11 月上旬退守大名府，与大举围攻的日军展开血战。他深入一线，率领将士们与敌人奋战三天两夜，终因弹尽援绝而失守。何基沣悲愤至极，仰天长叹："敌人不可怕，可怕的是不抵抗政策。"

在撤到南乐县城后，他痛感报国无门，拔枪自杀，以谢天下。后来，经及时抢救才脱险。让人难以理解的是，这样的失败，战略决策者不承担责任，却把抛头颅洒热血的一线将士推为"替罪羊"，国民党政府在随后的处理命令中写道："大名失守，招致进攻邢台作战计划失败，后果严重，极须严究，兹令一七九师师长何基沣停职查办。"

失去兵权的何基沣痛定思痛，利用养伤之机认真思考救国之路。他从书报上了解到共产党、八路军和解放区的情况，产生了到"红区"实地看看的念头。1938 年 2 月，在天津南开中学老同学周恩来的安排下，秘密抵达延安。先后与毛泽东、刘少奇、朱德等人长谈，对边区的情况进行了考察。何基沣大彻大悟，深有感触地说："我从军20年，仗越打越糊涂，路越走越窄。今天，总算看到了一条新路。"他还说："我是一个国民党旧军人，一生都在寻求做一个有益于国家民族的人……现在看来，没有共产党，中国前途无望。"何基沣转变了思想观念，开始向救国救民的共产党靠拢。离开延安前夕，他递交了入党申请书。

1939年1月，何基沣被豫鄂边特委吸收为特别党员，并被党中央派遣回国民党军队开展工作。

他在任国民党第77军副军长的时候，与新四军四师、五师建立了联系。1938年到1939年，他曾利用职务之便，4次暗中支援新四军枪支和军需物资，总计枪支700余条，大洋2万元，棉衣若干件，在新四军向鄂、豫、皖等地的发展和建立大别山根据地的过程中起了重要作用。为此，何基沣险些惹来杀身之祸，被审查一年零三个月，蒋介石对他亲自问讯，最后无奈地说："对你这个抗日名将无法！"直到1940年5月，张自忠将军在荆门抗日战场上壮烈殉国后，蒋介石才让他重返77军。

1945年8月，抗日战争胜利结束后，蒋介石积极发动内战。何基沣终因不被信任，被明升暗降，升任为第三绥靖区副司令官，剥夺了第77军军长的兵权。他在北平见到叶剑英，提出："我的兵权被拿掉了，当个副司令官无所事事，希望能回到解放区，最好能到延安工作。"叶剑英和党中央考虑后，觉得尽管何基沣没有了兵权，但他仍还是中将，是绥靖区的副司令官，在西北军中有很大的影响力，如果能组织和领导大部队起义，对革命会更为有利，就指示他回到原部队继续潜伏，等待时机率部起义。

“不鸣则已，一鸣惊人。”重要的时机来临了。1948 年 11 月，解放战争进行到了淮海战役第一阶段。人民解放军正在对国民党军黄百韬兵团进行合围。当时，东、南、北三面的包围已完成，只有西面还有大量国民党军队把守，维持着与徐州的联系。能否迅速攻破敌人的防线，就成了能否实现对黄兵团合围、阻击徐州援敌的关键。

在决一死战的重要时刻，11 月 8 日，何基沣和另一位中共地下党员张克侠将军，率国民党军第 59 军全部、第 77 军大部，共 2.3 万余名官兵起义。这一举动，引发了强烈震动，国民党军精心布置的徐州防线瞬间瓦解，东北部运河敞开了一个 80 公里的口子，解放军华东野战军 3 个纵队乘机迅速南下，直插陇海，切断了黄百韬兵团撤向徐州的后路，为战役的胜利赢得了重要的战机。到 11 月 22 日，黄百韬兵团被围歼在徐州以东的邳县碾庄地区，解放军共歼灭敌军 17.8 万人。

对何基沣和张克侠率部起义，毛泽东给予了高度评价。他在给淮海战役总前委的电报中指出：“北线何、张起义是第一个大胜利。”[①]

---

① 孙万勇主编：《石家庄历史名人（现代卷）》，河北人民出版社 2008 年版，第 99 页。

淮海战役中的何基沣和张克侠

1949年2月，何基沣被任命为中国人民解放军第三野战军第34军军长，不久，率军抢渡长江天险，会同兄弟部队一起解放了南京。

新中国成立后，何基沣从部队转业到地方工作，先后担任华北行政委员会委员兼水利局局长、水利部副部长、农业部副部长等职，为祖国的建设事业贡献了全部精力。1955年9月，何基沣被授予一级解放勋章。

1980年1月20日，何基沣因病在北京逝世。遵照遗嘱，他的骨灰一半撒在卢沟桥畔，一半撒在淮海战场上。

十一、子弟兵的母亲戎冠秀

一座城市专门为一位母亲塑像、向她致敬，并不多见。然而，在石家庄繁华的中华大街与裕华路交叉口，却有一位面容慈祥的母亲雕塑，衬托在褐红色的红旗背景下，格外引人注目。

雕塑上表现的母亲——戎冠秀，虽然是一位普通的农村妇女，却有着不平凡的事迹。这位母亲在战火纷飞的年代，以博大的胸怀、火一样的热情，舍生忘死，踊跃支前，救护了不计其数的子弟兵；和平年代，仍然数十年如一日，关心部队建设，被人们誉为“子弟兵的母亲”，殊荣甚多。作为华北区人民代表，她出席了全国第一次政治协商会议，参加了开国大典；一生中受到毛主席12次接见，周总理亲切地称她为戎大姐，聂荣臻元帅与她结下长久友谊；在她去世后，解放军总政治部发来唁电，代表全军指战员寄托哀思。

吃过黄连苦的人，才知道翻身的甜。戎冠秀1896年出生于平山县胡塔沟村，是苦水里泡大的。她家里很穷，自幼给人家当童养媳，受了很多苦和委屈。后来她一家要饭落户到下盘松村，给地主做长工、当佃户，一年到头忙得团团转，家里却穷得叮当响。共产党来了，戎冠秀才苦尽甘来，看到了生活的希望。

戎冠秀（1896—1989 年）

1937 年，日本帝国主义发动了全面侵华战争。戎冠秀参加了村里的妇女抗日救国会，她认定共产党的部队是穷苦百姓的队伍，是帮助穷人打日本、打天下的，就积极支援八路军，走家串户发动群众，为八路军筹粮筹草。1938 年，戎冠秀光荣地加入中国共产党，担任了下盘松村妇救会会长。从此，她全身心地投入拥军支前活动中。

她对工作尽心负责、一丝不苟，赢得了部队的信任，周围十几个山村做军鞋、军衣的任务都由她来安排。她整天在各村忙个不停，要求把最好的军鞋送到部队。为此，她还把军鞋最好的高街村的标准编成顺口溜："高街鞋，不平常，双双缉鞋口，对对斤二两。前五趟，后四趟，腰里密密纳三趟。底大帮子小，穿上可以打胜仗。"教妇女们记住，并按这个标准去做。戎冠秀收鞋时特别认真，一只只过目，看纳的线紧密不紧密，每个鞋都用秤称，看够不够一斤二两。她对个别不认真的人说："这鞋是做给咱子弟兵穿的，鞋做得不结实，怎么跟鬼子打仗？"由于她负责任、卡得严，军鞋、军衣的质量在区里是头一份。

抗日烽火中，平山县是日寇“蚕食”和“扫荡”的重点地区。下盘松是个转运站。戎冠秀担任了交通转运站站长，负责护理、转运伤员。为了给伤员增加营养，她把家里人舍不得吃的核桃、大枣、柿子拿出来，分给伤员们吃。有时伤员多，抬担架的男人不够用，她就自己带头领着妇女们去抬，山路崎岖陡峭，抬担架对女人来说是一桩苦活累活，她却总是抢在前面。

她把自己的家当成兵站，给一批批伤员喂饭喂水，接屎接尿。有一年冬天，5 团的战士封建民被鬼子捅了 6 刺刀，生命垂危，奄奄一息，救护人员几乎要放弃了。戎冠秀让人把他抬到自家炕头上，一口一口地喂水、喂饭，经过两天两夜的精心护理，终于把他从死亡线上救了回来。在向后方医院转运时，她看见封建民脚还光着，怕路上冻着，想用棉花包脚，可家里又没有多余的棉花，就把女儿叫过来，把她正穿在身上的棉袄撕开，从里面掏出棉花把双脚包好。此情此景，把封建民感动得大哭：“亲娘啊，你比亲娘还要亲！”

戎冠秀的感人事迹，受到子弟兵的极大尊敬，这可以从“牵马坠镫”的故事中感受到。抗日战争期间，戎冠秀像亲娘一样，不知救护了多少伤员，不知做了多少件军衣、军鞋，不知付出了多少辛劳，她拥军支前的事迹被子弟兵看在眼中，记在心上。1944 年，晋察冀边区在阜平县召开群英大会，戎冠秀被授予“北岳区拥军模范——子弟兵的母亲”光荣称号。群英会闭幕后，晋察冀军区司令员聂荣臻奖给她一匹大红骡子和两匹白布，军区副政委刘澜涛和政治部主任朱良才亲自搀扶她骑上骡子，并派一个班的战士护送她返回平山。人民军队的高级

戎冠秀精心照顾八路军伤病员

干部为老百姓“牵马坠镫”，从未有过，这样的大礼表达了对子弟兵母亲的敬意，体现了军民的鱼水深情，一时传为佳话。

戎冠秀不仅积极拥军支前，还带头送子参军。她说：“我给 3 个儿子都报上名，让上级去验。验上哪个，哪个去，都验上，都去。要是不嫌老伴李有的岁数大，叫他给咱军队喂马去！”三儿子李兰金应征入伍后，牺牲在朝鲜战场上。她开导全家说：“兰金是为朝鲜人民和中国人民的幸福而死的，死得光荣！”以后，戎冠秀又相继把 3 个孙子和 1 个孙女送进部队。一直到晚年，她都牵挂着部队，多次到部队慰问，给部队讲传统、作报告，为战士们洗衣服、缝袜子。她把一生都献给了自己信赖热爱的军队。

戎冠秀去世后，党和国家为她举行了隆重的葬礼，骨灰

晋察冀边区群英大会，戎冠秀被授予“子弟兵的母亲”光荣称号

安放在华北军区烈士陵园，墓前塑立了铜像。2005 年，石家庄市又在市区繁华街道，专门设立了戎冠秀大型雕塑，以志纪念。这位母亲在国家危难之时所表现出的伟大母爱精神，将永远被人们缅怀。

十二、唱出人民心声的音乐家曹火星

没有共产党就没有新中国

没有共产党就没有新中国

共产党辛劳为民族

共产党他一心救中国
他指给了人民解放的道路
他领导中国走向光明
他坚持了抗战八年多
他改善了人民生活
他建设了敌后根据地
他实行了民主好处多
没有共产党就没有新中国
没有共产党就没有新中国

这铿锵有力的歌曲，自诞生起，就引起了强烈的反响和共鸣。作者讲出了一个人所共知的真理，唱出了千千万万个老百姓的心里话，因而，这首歌也具有强大的生命力，代代相传，经久不息。

曹火星（1924—1999 年）

这首歌曲的词作者就是曹火星，一位来自革命老区石家庄市平山县的共产党员。人如其名。曹火星的一生，像一把熊熊燃烧的火炬，为璀璨的革命艺术星空增添了光彩。

曹火星原名曹峙，1924 年出生于平山县岗南村。年幼的时候，曹火星就喜欢音乐，但身处那个年代，而且身为太行山区的一个普通农家孩子，根本没有条件去实现自己的理想。不仅如此，即便是高小毕业后想报考正定中学，政府也不允许，因为平山县有共产党地下组织，怕招来的学生是共产党。

1938 年，刚刚 14 岁的曹火星开始参加党的工作。先是到离家十几里远的洪子店镇，为县农会主办的油印《烽火报》刻蜡版。后来参加了县青救会组织的文艺宣传队。这个文艺宣传队就是后来颇有声名的铁血剧社的前身，曹火星也开始了用文艺宣传报效国家的征程。

在抗战烽火中，铁血剧社跑遍了滹沱河畔的很多村落，深入到太行山深处的沟沟坎坎，宣传党的抗日主张，动员青年当兵打鬼子，为部队筹粮筹款。由于表演的内容都是老百姓的身边人、身边事，所以深受群众欢迎，有时台子还没搭成，道具还没备好，老百姓就坐了一大片。曹火星很有表演天分，在剧里男扮女装演坤角，表演形象逼真，深受群众喜爱。1938 年底，他取毛泽东“星星之火，可以燎原”之语，将自己的名字改为曹火星。

1940 年，曹火星得到了学习深造的机会。当时，由陕北公学、鲁迅艺术学院、延安工人学校、安吴堡战时青年训练班四校合并组成的华北联合大学，从陕北来到了晋察冀边区，组织决定铁血剧社全体人员到华北联大文艺学院学习。在文艺学院，曹火星被分到了音乐系，开始正式学习音乐知识。他十分珍惜这难得的学习机遇，对作曲、和声、乐理、指挥和唱歌等课程都非常用功，经常向老师和从事音乐工作的老同志请教，他的音乐专业知识水平得到了很大提高。

经过一段时间系统的学习，他完成了自己的处女作《上战场》，受到了老师的表扬，在群众中传唱后，曹火星的创作自信和激情高涨。他又写出了《选村长》《养娃娃》等作品，歌曲将河北的地方特色和当时的形势任务结合起来，十分贴近老百姓的所思所想所盼，很快在河北中西部流行起来。

1943 年，根据工作形势的变化，铁血剧社改名为群众剧社，曹火星因思想进步、工作突出，被吸纳加入中国共产党。

这年秋季，群众剧社来到平西解放区，开展当地的群众运动和游击区政治宣传。平西解放区位于北平西面，是华北的最前线之一，包括宛平（今北京市丰台区）、房山、涞水 3 个县大部，昌平、延庆、良乡（今北京市房山区）、涿鹿、涿县、蔚县、宣化、怀来等县一部。曹火星和其他两名同志组成小分队，分配到房山县霞云岭堂上村。他们一边发动群众减租减息，一边开展文艺活动宣传党的主张。

曹火星（右）在宣化县与战友一起演出

当时，国民党推出了《中国之命运》一书，书中着力渲染“一个主义”“一个党”，把三民主义说成是“国民革命不变之最高原则”“民族复兴唯一正确之路线”，强调中国国民党是“领导革命建设国家的总机关”“永为中国唯一的革命政党”，并以此为依据，把矛头指向中国共产党，提出“攘外必先安内”。这本书的实质是蒋介石分裂抗日民族统一战线、为发动新的反共摩擦做舆论准备。共产党立即开展了反对国民党独裁的宣传，指出共产党与其领导的八路军、新四军是抗日的中流砥柱，“没有共产党就没有中国”。

这时的曹火星，已经是一位成熟的革命者和艺术家，激情与理智促使他要创作一首脍炙人口的歌曲来抒发情感。在堂上村的一间旧屋、一盘土炕上，煤油灯下，他回顾抗战经历和根据地的发展变化，有感于历史的大趋势，满怀激情倾诉真情实感，一夜未眠，一气呵成，挥笔创作了歌词《没有共产党就没有中国》，并随即完成谱曲。

这首歌满怀激情，坚定有力，歌词朗朗上口，曲调简洁明快，立意深远又扎根于民间，唱出了人民的心声。特别是歌曲借用了当地流行的“霸王鞭”表演形式，通俗易懂，老百姓好听好记好唱，很快在平西地区流传，逐渐扩散到整个晋察冀解放区和全国各抗日根据地，并且随着时间的推移，连绵不断。在传唱中，群众根据时间的推移自动更改了歌词。词中有一句“坚持抗战六年多”，是创作时的时间，到1944年唱时改成了“七年多”，1945年就改成了“八年多”。

一首歌，好比千军万马，产生了巨大的力量。解放战争开始后，这首歌又随着部队走进东北、渡过长江、挺进大西南，从部队到地方，从乡村到城市，风行全国。听到这首歌曲，部队指战员的士气高昂，人民群众信念坚定，解放战争也取得最终胜利。一直到今天，在改革开放的新时代，人们还在演唱这首歌，激越的歌声还在祖国大地回响。

鲜为人知的是，毛泽东是这首歌的“一字之师”。1950 年毛泽东听到女儿李讷唱这首歌，一方面觉得很好，另一方面他又提出，“没有共产党就没有中国”不够准确和科学，在没有共产党之前，中国已经传承了几千年了，应该加一个“新”字，改成“没有共产党就没有新中国”①。应当说，毛泽东的

位于平山县岗南镇的曹火星纪念馆

① 孙万勇主编：《石家庄通史（近现代卷）》，河北人民出版社 2011 年版，第 533 页。

意见是非常正确的，也体现了我们党的谦虚谨慎和实事求是的精神。

不朽的音乐作品永远不会被历史忘记。1994 年，一座大理石纪念碑在《没有共产党就没有新中国》的歌曲诞生之地矗立起来，上面镌刻着这首歌的歌词和曹火星的生平；2001 年，在庆祝中国共产党成立 80 周年前夕，《没有共产党就没有新中国》词曲创作地成为永久性爱国主义教育基地；2006 年 6 月，曹火星纪念馆在歌词作者的故乡正式落成，成为开展爱国主义教育的重要基地。

十三、以身祛病的光明使者张晓楼

在我国医务界，有一位国际著名的眼科专家——北京同仁医院的张晓楼教授。他把毕生的精力献给了自己喜爱的眼科医疗事业，在长达 50 多年的医疗生涯中，他解除了无数患者的苦痛，又给许多人带来了宝贵的光明，是名副其实的光明使者。

张晓楼医术高明，曾担任毛泽东的眼科保健医生，为胡志明等外国领导人治过眼病；他刻苦钻研，与汤飞凡教授一起，冒着失明的危险，用自身做实验研究，率先攻克沙眼病毒这个世界性的难题，在国际上产生重大影响；他开创性地推动了我国眼科医疗建设，培养了大批医疗人才。

张晓楼，1914 年出生于正定县周家庄村。他自幼聪颖，学习也非常认真刻苦，成绩始终位居前列。他目睹父老乡亲被疾病折磨，立志从医，先后在清华大学、同济大学、燕京大学等知名大学学习。1940 年，他在协和医学院获医学博士学位。毕业后，张晓楼在协和医院眼科工作了一段时间。后来日本人接管了医院，他不甘受奴役，只好回家乡正定开了一家诊所，一方面维持生活，另一方面替家乡的父老乡亲解除眼疾之苦。抗战胜利后，他被爱惜人才的同仁医院欧阳旭明院长请回北京，任眼科主任，后任副院长。1959 年，他创办了北京市眼科研究所并担任所长。

那个年代，是我国现代眼科事业快速发展的时期，张晓楼功不可没，最主要的两项贡献：一个是提升了我国眼科技术水平，培养了大批眼科人才；另一个是对沙眼的研究、治疗和预防取得巨大成就，走在世界前列。

20 世纪 50 年代起，张晓楼因医术精湛，担任了毛泽东的眼科保健医生，同时也为周恩来、刘少奇等领导人看眼病。他一有合适的时机，就向领导人提出加强眼科事业发展的建议。一次，他向周恩来提出医院的器材需要提升的建议，得到了总理的支持。此后，同仁医院得到上级的资金支持，购置了荧光造影仪、冷冻治疗器、显微镜手术器械等一批先进设备，医疗技术水平有了很大提高。

他不断提高同仁医院眼科的专业化水平，在眼科内部设立了眼病理组、青光眼组、眼底病组、角膜组、屈光组等，组织科室医生研究业务，使同仁医院眼科诊疗水平走在全国前列。另外，他还担任协和医学院的教授，长期为学生和部队、地方的眼科培训班上课。他的授课生动活泼、条理清晰，非常受医生和学生欢迎，为我国培养了几代眼科医生，可谓桃李满天下。

1959 年，他在北京市市长彭真的支持下，成立了中国第一家眼科研究所——北京市眼科研究所，建立了微生物室、生理室、病理室、药理室、生化室、防盲室等研究室，专门进行眼科医学基础性研究，为临床医疗实践奠定了坚实的基础。

为老百姓解除眼疾痛苦，是张晓楼的夙愿。20 世纪很长时间，沙眼一直是困扰中国老百姓的顽症。张晓楼是在农村长大的，农村是眼病的多发区，亲眼看到盲人和沙眼患者眼睛红肿，泪流不止，由于缺医少药，只是用手背、用衣角去擦。张晓楼就下定决心解除乡亲们的眼疾之苦。

针对沙眼在我国具有发病率高、分布面广的特点，为提高各级政府部门的重视，加强对该病防治，张晓楼多次向全国人大、国务院和有关部委呼吁，终于促成在 1956 年国家颁布的《全国农业发展纲要》中，将沙眼防治列为一项重要内容。张晓楼率先垂范，组织起医疗队，深入到河北、山西、河南、内蒙古等地，走村串户，宣传沙眼病的预防办法，为患者治疗眼病，同时对当地的医生进行传帮带。他的行动对全国防治沙眼病起到重大推动作用，为千千万万百姓解除了患病的痛苦，他也从中更加深切地感到医学的价值，以及作为一名医生的价值所在。

张晓楼深入农村为患者治疗眼病

从 1954 年春天起，他和北京微生物研究所汤飞凡教授合作，着手攻克沙眼病这项世界医学难题。经过一年多的实验，他们成功地从鸡胚胎中提取出了少量的沙眼病毒。但是，根据世界卫生组织要求，一项研究成果只有经过人体实验成功后，才能获得认可。

当时我国规定，不允许用人体来做实验。张晓楼和汤飞凡两位教授向卫生部提出，在自己身上做实验，卫生部不同意。消息传出后，许多青年医生提出申请，要求在自己身上做实验。两位老教授推掉了青年人的一份份申请，毅然在自己的眼睛上接种了沙眼病毒，很快得了急性沙眼，眼睛又红又肿。领导和家人、同志们都非常担心，他俩却非常兴奋和喜悦！两位科学家忍受着红肿、充血、流泪的痛苦，从自己眼中重复取材检验，终于取得分离沙眼衣原体的成功。

1961 年召开的国际沙眼病原体会议，具有里程碑式意义。张晓楼、汤飞凡的重大发现被命名为“沙眼衣原体”，这是世界上首次找到并分离繁殖沙眼病原体的方法，被称为“中国方法”“北京方法”。为了表彰他们的卓越功绩，1981 年，国际沙眼防治组织授予他们国际金质奖章。

沙眼衣原体的发现只是初步的工作，研制治疗沙眼的特效药才是目标。遗憾的是，这时汤教授已经因遭到不公正待遇而去世。张晓楼没有停止脚步，夜以继日地全身心地投入研制工作。尽管“文革”期间被诬陷而靠边站，但他仍然志向不改，刻苦攻关。经过 3 年日日夜夜、不可计数的反复试验，终于在 1972 年研制出治疗沙眼的“利福平眼药水”，在临床上取得巨大的成功，这项发明比国外早了两年。在此基础上，张晓楼又全身心地投入到国家大规模的沙眼治疗上，他亲自推动医疗队伍深入基层防病治病，农村、草原、建筑工地和厂矿，都留下了他的足迹。在他的持续努力之下，我国沙眼发病率大大降低，这个给人们带来长久痛苦的病魔彻底被征服。

科学是永无止境的，张晓楼从没有停下探索的脚步。1984 年，已逾古稀之年的老教授，依然在为医疗专业技术的提高而努力。他看到众多的失明者急需眼角膜，就奔走呼吁，倡导成立死后志愿捐献角膜的眼库。在他的推动下，1990 年同仁医院眼库成立，他带头签署了捐献眼角膜的证书。

几个月后，为我国眼科事业奋斗了一生的张晓楼，因病辞世。人们遵从他生前遗愿，将眼角膜献出，移植到两位普通工人眼内，使他们重见了光明。他是同仁眼库中也是我国第一位角膜捐献者。这位受尊敬的老人，以这样的方式，最后一次为光明事业做出了贡献。

医者仁心，张晓楼的大爱精神感人至深，他的名字将永远与光明同在。

十四、德艺双馨的作家贾大山

一位作家写出文笔脱俗、被人称道的作品不容易，而同时又在人品上令人钦佩，则更不容易。贾大山就是这样一位作品、人品俱佳的知名作家。

作为当年的文学好友，习近平总书记这样评价道："作为一名作家，大山有着洞察社会人生的深邃目光和独特视角。他率真善良、恩怨分明、才华横溢、析理透彻"，"一个虽然著名但并不算高产的作家，在身后能引起不同阶层人士如此强烈的反响，在文坛、在社会上能够得到如此丰厚的纪念文字，可见贾大山的人格和小说艺术是具有何等的魅力。"①

贾大山是土生土长的正定人，1942 年出生于古城西南街。高中毕业后，由于家庭出身等原因，他没能迈进大学的校门。自己不愿意在家"嚼吃"父母，就进了乡间的石灰窑去做工。

① 习近平：《知之深，爱之切》，河北人民出版社 2015 年版，第 225 页、第 227 页。

1964 年，他作为下乡知识青年到离县城 30 里地的西慈亭村插队。在繁重的体力劳动之余，他发挥自己文学特长，在村里的俱乐部说快板、编节目、出板报、写文章，丰富了农村的业余文化生活，受到农民群众的欢迎。同时，他的才干也进入县文化系统领导的视线。

贾大山（1943—1997 年）

1971 年，贾大山迎来了人生中的机遇，县里挖掘文艺人才，他被招到县文化馆任创作员。合适的人才放到了合适的岗位，他拥有了展示自己才华的舞台。

贾大山不负众望，进馆不久就拿出了《向阳花开》的剧本，参加全省的会演一鸣惊人，一下子拿了“优秀剧本奖”和“优秀演出奖”两个最高奖项。一个名不见经传的县城作家，拿走省级的最高奖项，在当时引起了轰动，贾大山也因此被转为国家干部。

《向阳花开》这个剧目初步体现了贾大山的创作特点，扎根生活，贴近百姓，充满乡土气息。所以他的作品不光能得奖，还能走市场，老百姓爱听、爱看，看完了还受教育。县剧团把这个剧目连演了三四年，一百多场，成为团里创收的主要来源。此后，他陆续创作了《小红马》《新风赞》《比翼双飞》等作品，年年有创新，年年有突破，年年拿大奖，大家都叫他“获奖专业户”。

随着文笔打磨愈加成熟，贾大山逐渐把创作重心转到小说上。他长期受正定古城深厚文化的熏陶，生活积累又很丰富，人也聪颖多思，小说创作很快打开局面。原《河北文艺》的编辑肖杰在回忆文章里，记录了贾大山创作短篇小说《取经》的经过。

1977 年冬天，肖杰骑着车子到正定县看望贾大山，顺便向他约稿。贾大山高兴地把肖杰让到家里炕头上，买了只马家卤煮鸡，炒了两盘菜，在煤火炉上筛了一壶酒，两人一边喝着，一边聊起来。

聊天中，大山讲起了一位村党支部书记。他对那位书记了如指掌，讲起来滔滔不绝，有故事，有情节，形象鲜明，生动逼真。他口若悬河讲了一个多小时，酒喝了有大半瓶子，脸膛红红的，兴致极高。他问肖杰：“肖老师，你看我说的这些能不能写成小说？”肖杰说：“好，好，你把刚才讲的故事原封不动地写下来，就是一篇很不错的小说。”

后来，肖杰就收到了贾大山这篇题为《取经》的稿子。稿子是在稿纸上抄写的，蝇头小楷，一格一字，一笔一画，工整秀气。当中偶有改动的字句，就用小刀抠掉，另贴上稿纸，再写上所改的字句。从中可见他对创作一丝不苟、精雕细琢的态度。小说构思新巧，人物性格鲜明，语言质朴幽默，发表在了《河北文艺》1977 年第 4 期上，接着《人民文学》进行了转载。

这篇小说一炮打响，在1978年全国第一届优秀短篇小说评奖中，《取经》荣获了大奖，贾大山成为河北省新时期第一位获全国优秀短篇小说奖的作家。与他一同获奖的还有作家王蒙、刘心武、贾平凹等人。

此后，贾大山的作品陆续在《人民文学》《北京文学》《长城》等刊物发表，并获得奖项。《花市》《村戏》《赵三勤》等作品分别获河北省优秀小说奖、河北省文艺振兴奖、山西省优秀小说奖，其作品还多次被收入各种小说选本和中学语文课本。其中《小果》入选《〈人民文学〉创刊30年小说选》，《容膝》收入《1992年全国短篇小说佳作选》。贾大山的知名度在全国传播，被文坛公认为短篇小说的高手。

"高手"自然有成功之道。这还要从他"压褥子底"的故事讲起。贾大山并不是高产作家，一生中发表了50多篇小说，但篇篇都叫得响，篇篇都是精品。他的作品有鲜明的精短取向，追求在简短中作出精致。贾大山在创作时有个习惯，就是写了初稿先把它放在褥子底下压几天，想好了就拿出来修改，修改时尽量把可有可无的字句删掉。有一次，他写了一篇小说《中秋节》，编辑认为总体不错，但有的地方还需要再改一改。但修改后原先的6000多字压缩成了4000多字。编辑问，怎么这么短了？贾大山说："我就是这么个习惯，改一遍我就会减少些字，再让我改一遍，我就减成3000多字了。"他的稿子，就是这样，越改越短，越改越精。贾大山的这种创作理念，与鲁迅先生"要竭力将可有可无的字、句、段删去，毫不可惜"的创作原则是非常契合的。

贾大山不仅在创作上不尚浮华，在“为官”上也是以“实干”著称。习近平总书记曾在文章《忆大山》中，回忆了他与贾大山的深厚友谊，以及贾大山的工作业绩。文中写道：“1982年冬，在众人举荐和县领导反复动员劝说下，大山不太愿意地挑起了文化局长的重担。虽然他的淡泊名利是出了名的，可当起领导来却不含糊。上任伊始，他就下基层、访群众、查问题、定制度，几个月下来，便把原来比较混乱的文化系统整治得井井有条。在任期间，贾大山为正定文化事业的发展和古文物的研究、保护、维修、发掘、抢救，竭尽了全力。常山影剧院、新华书店、电影院等文化设施的兴建和修复，隆兴寺大悲阁、天宁寺凌霄塔、开元寺钟楼、临济寺澄灵塔、广惠寺华塔、县文庙大成殿的修复，无不浸透着他辛劳奔走的汗水。”①

可惜天妒英才，这样一位有人品、有才华、有作为的优秀作家，却在年富力强之时患上了癌症。虽然经受着病魔的痛苦折磨，他却一如既往地保持着乐观的态度。1995 年秋天，作家铁凝（石家庄赵县人）去看望病重的贾大山。“那天我的不期而至使大山感到高兴，他尽可能显得轻快地从床上坐起来跟我说话，并掀开夹被让我看他那骤然消瘦的小腿——‘跟狗腿一样啊’，他到这时也没忘幽默。”铁凝在追忆文章中写道。

天籁之声，隐于大山。1997 年 2 月 20 日晚，年仅 54 岁的贾大山因病去世。天堂里多了一颗文曲星，现代文坛上少了一位德艺双馨的作家。

---

① 习近平：《知之深，爱之切》，河北人民出版社 2015 年版，第 227 页。

下篇

说说这儿的事

人们常说，一座城市就是一部厚重的大书；一部书里，又掩藏着多少个故事啊！稍微想象一下，这其中，会有慷慨悲歌、壮怀激烈的；会有曲折蜿蜒、源远流长的；会有饱含沧桑、云卷云舒的；会有令人激动感慨、振奋人心的；也会有使人伤心叹惋、唏嘘不已的。不管怎么说，他们都是有温度和张力的，会让人们记住的城市印记。

更明显的是，在这万千故事中，闪耀着这座城市灿烂的人文精神，辉映的是这方水土厚重的文化品格。

历史又是那么的浩如烟海，千言万语难说全面，只能择其精华，寻找和描述那些有代表性的、有地域文化特色的精彩故事。闲话少说，让我们进入正题，开始讲反映石家庄人文精神的故事吧。为了叙述方便，我们按照历史顺序来进行。

一、慷慨悲歌的古中山国

说到石家庄久远的往事，人们首先应当知道的是中山国的历史。因为，它是继鲜虞国之后，石家庄区域最早的国家形态。况且，它比之前者，无论是疆土面积，还是国力的强盛、存在的时间和影响力，都要大得多。

在2000多年前，春秋末至战国时期，中山国纵横于太行山麓，雄踞北岳。鼎盛时期，其疆界北跨恒岳（今曲阳县大茂山），南临泜水（今邢台市临城），东越漳水达到衡水一带，西至太行山，疆界方圆五百里，城邑几十座。

中山国前后存在200多年，南与赵国争城，北随齐国伐燕国，几度兴衰，失而复得，成为仅次于战国七雄的“千乘之国”（当时以战车的数量衡量军力的强弱），演绎了一幕幕慷慨悲歌、威武雄壮的活剧，也为石家庄的历史书写了浓重的一页。

它又是神秘多彩的。说其神秘，是因为历史上对它的记载少之又少，这本身就是一个谜；说其多彩，是从仅存的史料和出土的珍贵文物看，它的经济、文化和民风，又是那样的多姿多彩，令人叹为观止。

然而最让人印象深刻的是，中山人继承了祖先（北方白狄

中山国疆域图

人）骁勇善战、粗犷豪放、坚韧不拔的性格，有着极强的生存能力，在群雄争霸的夹缝中顽强生存发展。正是靠着这种顽强坚韧的性格，中山国不仅开创了国家发展史上的奇迹，而且开启了农牧业、手工业、建筑、商业、文化等多方面的繁荣，创造了多项中华文明之最。惊人的创造力，令人钦佩不已。

1. 不屈不挠、奋起再生的国家史

从公元前 506 年中山之名见之于史书记载开始，到公元前

295年被赵国所灭，中山国存在了211年，经历了7任国君：文公、武公、桓公、成公、王嚳、子次、胜（尚）。其中，桓公、成公、王嚳时期国势强大，从出土文物可以看到它的盛世气派。与战国七雄比较，中山国的历史并不很长，但却经历了几度灭国、几度复国的曲折命运，充满了荡气回肠、慷慨悲歌的传奇色彩。

中山原来称鲜虞，属于当时北方少数民族白狄，为姬姓。春秋时期，今河北省中部有3个白狄族系的小国，鲜虞在正定，肥在藁城，鼓在晋县，到春秋末年，肥、鼓被晋国所灭，只有鲜虞存在下来，改称中山（一说由陕北迁徙而来）。

春秋时末期，韩、赵、魏在完成瓜分晋国之后，又将目光瞄准了中山国。约在公元前432年，赵国将中山国纳入自己的势力范围，后者成为附属于赵的傀儡政权。这是中山国第一次丧失国家地位。中山人不甘寄人篱下，顽强抗争，于公元前

石家庄市中山古城遗址

414 年，再次建立了独立的国家政权。然而，好景不长，经过改革而强大的魏国恃强凌弱，发动战争，于公元前 406 年，再次灭掉中山国，中山人再次失去了自己的国家。

然而，他们不甘心忍受亡国之辱，卧薪尝胆、厉兵秣马、矢志革新，强壮国力，经过 20 多年的不懈努力，终于公元前 381 年，重新复国。领导再次复国的桓公很有魄力和作为，他实行兼收并蓄的强国之策，注意吸收中原文明，注重发展交通，鼓励商贸活动，经济持续发展，社会充满活力，由此开创了中山国最辉煌的时期。后人评价说，一个国家，几度兴衰，不甘沉沦，顽强再生，非中山不能成矣！

2. 开创中华北方长城之先河

说到长城，人们首先想到的是秦始皇修建的横亘在塞北漠南的万里长城，许多人也会想到八达岭的明代长城。实际上，中山国的长城才是北方最早的长城之一。考古发现和史料记载，中山国最早的长城始于春秋战国时期，是为防御侵略修建的，比举世闻名的秦长城要早 100 多年。

严峻的战争形势是促使中山人下决心修建长城的原因。从地理位置看，复国后的中山国定都在太行山东侧、今石家庄市灵寿县西北一带，位于赵国东北部，把赵国南北两部分领土分割开来，因此成为赵国的心腹之患。中山复国不久，就遭到赵国攻伐。公元前 377 年，赵敬侯派兵伐中山，战于房子（今高邑县西南）；公元前 376 年，赵敬侯再次兴兵攻中山，双方战于中人（今唐县西北）。房子位于中山的南疆，中人位于中山的北疆，分别是中山国南北军事重镇，中山虽然取得了胜利，但也付出了沉重的代价。

为了防御再次的外来侵略，中山国开始修筑长城。《史记·赵世家》记载：赵成侯六年（公元前369年）“中山筑长城”[①]。中山国沿着延绵起伏的太行山脉，依山势修建长城，自东北向西南呈带状延绵分布，考古工作者曾在顺平、唐县等地发现了土石混筑的战国中山长城，其高处约有3米，宽0.5米—2.5米。做法是两侧挖地基，砌石块做边墙，中间用土和碎石填充。据专家推测，中山长城在中山西部边界，沿今唐县、曲阳、行唐、灵寿、平山西部的太行山南下，止于邢台西北。长城的修筑，对稳定中山国疆界和防御赵国入侵，发挥了积极作用。中山长城是以土石为建筑材料修建的，经过2000多年风雨冲刷，如今墙体

井陉县石佛村南山窦王岭上的中山国长城遗址

① 孙万勇主编：《石家庄通史（古代卷）》，河北人民出版社2010年版，第90页。

剥蚀，大多地段的城墙成为山石泥土，融化为山脉的一部分；有的只留下残垣断壁。然而，中山人却以自己的智慧和创造力，顽强地书写了中华北方长城史的第一页。

3. 堪称历史上最早的“石家庄制造”

《史记》记载，中山多美物。司马迁见多识广，学识渊博，他笔下说中山国美物多，当是代表了那个时代先进的生产力水平，反映中山国力雄厚，手工业发达，工匠技艺超群。

先秦时期，中国有五大集团，中部是华夏集团，东部是东夷集团，西部是羌戎集团，南部是苗蛮集团，北部是北狄集团。“四夷”大部分变成汉民族，少部分分化为各少数民族。在千百年的迁徙、征战、稳定、汇融中，总的趋势是游牧民族向生态环境良好、依山傍水、土地肥沃的地方流动，便于放牧、狩猎和采集。

狄族的分支白狄，这个“马上”游牧民族转化为“马下”农耕民族，是一个自然的历史过程，只要看看当今城市化的进程，就不难感觉到当年农耕化的力量，如自然界沧海桑田的伟力。正是这种从“马上”到“马下”的华丽转身，使得没有历史包袱的中山国，吸收了各族群先进生产方式，在一片处女地上白手起家，后来居上，造就了几千年后惊艳世人的中山文明。而其中最能留下痕迹的是手工业的遗址和文物。

战国时期的中山国手工业达到了相当高的水平。1978 年前后，在原中山国所属的今石家庄、保定等地出土了大量属于战国时期的文物，从材质上看，有金、银、铜、铁、陶、漆、木、玉、石等；从用途上看，有生产工具、生活和装饰用品，几乎涉及社会生活的各个方面。在古城址里面有大面积的冶铜、冶铁手工业作坊遗址，还有陶器、骨器、纺织、酿酒、木工、皮革、兵器等作坊遗址。

中山国没有经过新旧石器时代、红铜时代，直接进入了青铜时代和铁器时代。青铜器制作水平相当高，制范（类似今天的模具）的材料不仅有陶范，还出现了可多次重复使用的石范，石范的使用比陶范更有利于提高生产效率。铁器被广泛用于生产和生活各方面。早在2300多年前，中山国的工匠已经能利用范具成批生产铁制农具，还掌握了先进的铸铁柔化退火处理技术（指在高温下将铸铁件长时间加热，以增强其韧性的一种冶炼方法），这是当时世界领先的冶炼铸造技术。中山王墓出土的长方形铁铸大盆，重达126.4公斤，其体量之大、用铁料之多，在已发现的战国铁器中首屈一指。

中山王墓出土的古酒

值得一提的是，中山国的酿酒业也很发达，并且品质优良。在出土的一件巨大的青铜酒器中，发现了美酒。深埋地下 2000 多年的酒，依然香味扑鼻，令人惊讶，足见当年酿酒业的水平之高。这也让人产生联想，今天一些石家庄人的血液里，可能就有祖先善饮的基因吧！

4. 破传统世俗，开创商贸繁荣之景

《史记·货殖列传》称中山人“仰机利而食”[①]。意思是说，中山人善以机巧谋利。这里的机巧，实际上指的就是商贸活动。这在当时是一件很了不起的事情。因为自儒家学说创始以来，中国封建社会一直是重农抑商的，生意人被人瞧不起，是投机取巧的下九流。而中山人没有那么多顾忌，破了这个“规矩”，开创了商贸繁荣之景。中山国在发展农牧、手工业的同时，鼓励产品进入市场流通及与中原诸国贸易交换。

令人惊讶的是，石家庄及周边各县出土的中山国遗址中，有大量文物，种类繁多且来自四面八方，有今天河北、河南一带的粮食、丝织品、陶器，也有新疆、辽宁、河南等地的玉石玛瑙，证明中山国当时与邻国间贸易频繁，而且交易规模可观。不仅如此，交易结算也已摆脱了物物交换的方式，而广泛采用了货币，这在当时条件下也是非常先进的，如今天的移动支付代替货币结算一样，意义重大。

中山国的货币以刀币为主，兼用布币。战国早期至公元

① 孙万勇主编:《石家庄通史（古代卷）》，河北人民出版社 2010 年版，第 102 页。

前406年被魏国所灭为止，中山国沿袭鲜虞尖首刀币。战国中期桓公复国后，中山国为适应货币经济的需要，铸造发行了中山特有的“成白”圆首刀币，之所以叫“成白”，有多种解释，其中一种解释为钱币上的地名，这个谜题还有待进一步考证。

令世界惊叹的精美物品。其中有造型精美的青铜制品。中山王陵墓中许多出土文物都是艺术珍品。例如错金银虎噬鹿铜屏风座，长51厘米，高22.5厘米，老虎张开虎口，用锋利的虎牙一口咬住鹿身，把虎的凶猛和小鹿挣扎的形象表现得栩栩如生，虎的前爪由于抓鹿而悬空，为了保持虎身的平衡，又利用鹿腿来支撑，造型生动，设计精巧。

中山王墓出土的错金银虎噬鹿铜屏风座

又如，十五连盏灯。出土实物高84.5厘米，形似三秋落叶后挺拔的树枝，树上攀缘着嬉戏的群猴，树下有身着短裳的

中山王墓出土的十五连盏灯

二人仰面向上抛扔食物逗引猴子，甚是幽默，反映了当时太行山区森林茂盛，气候温和，湿润多雨，有群猴嬉戏的存在，群猴的生动场景触发了工匠的创作灵感。

再如，银首人俑铜灯。高66.4厘米，造型为一身穿绣袍的男子，左手握着螭龙（螭龙为龙生九子之一，善于储水）连接的两层灯盘，右手高举螭龙连接的另一灯盘，错落有致，形成了无影灯的效果。这些虎、猴、龙的造型把生态中山、开放中山、文化中山的形象生机勃勃地展现出来。

精美绝伦的丝麻织品。在中山王墓出土的丝麻织品中，其工艺之精美、品质之丰富，在先秦遗址考古发掘史上称绝。仅从夹杂在玉佩和青铜器中的丝缕碎片，就可以想象当年服饰的华丽和丝麻纺织业的发达。

精致的“兆域图”。在中山王墓的发掘中，一位工作人员偶然发现一块扭曲的错金铜板，表面上是一幅由金银线镶成的图案，经修复考证，图案上画的是中山王陵的设计图，是中国迄今为止发现的最早的建筑平面图，也是世界上最早使用比例尺的建筑图。根据科学家计算，此图案按 1：500 的比例尺缩制而成，而且相当准确。这一发现，使我国使用比例尺绘制地图的历史，提前了 600 多年。

遗憾的是，这样一个彼时经济如此发达、科技如此先进的国家，在经历了灿烂辉煌时期之后，也走向了衰亡。公元前 296 年，中山国被赵国所灭。

其亡国之因，与其说是赵国的强大，不如说是输给了自身的懈怠。中山国桓公的继任者，丢却了不屈不挠、顽强奋斗的精神，没有居安思危，继续革新强国，而是不思进取，沉溺于享乐。统治者奢侈糜烂，花天酒地，民间也夜夜笙歌，日日歌舞，到了农夫“惰于田”、战士“怠于行阵”的地步。

在后人咏中山的诗篇里，几乎都有饮酒作乐的描写：“宜城溢渠碗，中山浮羽卮”（羽卮为酒器，南朝萧统），“只言千日饮，就逐中山来”（南北朝庾信），“中山不知醉，饮德方觉饱”（南朝谢灵运），“三春小苑游，千日中山醉”（唐张昌宗），连大文豪苏轼都忍不住说，“我老念江海，不饮空咨嗟”[①]。当对酒当歌成为生活常态时，一个国家灭亡的挽歌已经唱响。

慷慨悲歌的中山国随历史远去，却给后人留下了千古名训：“生于忧患，死于安乐”。

---

① 中共石家庄市委宣传部编：《千秋雅诵——古人咏石家庄诗集》，河北人民出版社 2017 年版。

二、千古之美的正定古城

“正定，我来得晚了。正定拥抱着太多的国宝，可以让人强烈地感到一种千古之美。”“正定的历史文化积淀，让我找到了中华文明最辉煌时期的图谱和证据。”这是余秋雨在2002年寻访正定古城之后发出的由衷赞叹。当你走进正定的时候，更会不由自主地钦佩余秋雨的敏锐目光和深邃的洞察力。

古城正定，历史悠久，拥有2200多年的郡县史，1600多年的建城史。自东晋以后一直是府、路、郡、州的治所。至今，高大的南城门上，还镌刻着厚重大气的“三关雄镇”的匾额。1994年，正定古城被考古文物界的泰斗罗哲文“钦点”、国务院批准为国家历史文化名城。这里是石家庄地域文化的根脉和源头。走入古城，人们可以随处感受到浓重的文化氛围。中国文联主席、中国作协主席铁凝曾经说过，这不是一个普通的县城，每次来到这里的时候，都会感受到强烈的历史文化美感，由不得你不肃然起敬。

正定的千古之美，首先表现在蜚声海内外的中华古建筑上。从20世纪30年代开始，著名建筑学家梁思成、林徽因等先后3次来到正定考察，对正定的古建筑赞赏有加。梁思成所撰写的《正定调查纪略》详细记载了正定古建筑的状况，绘制

2001 年重修的南城门“长乐门”，再现“三关雄镇”英姿

了大量的结构图，拍摄了大量的照片。新中国成立后，华罗庚、罗哲文、余秋雨等不少建筑学家、教育家、文学家，来正定考察古建筑，一致赞誉其为“古建艺术宝库”“中国古建筑学博物馆”。

难得的是，经过战乱和岁月的侵蚀，如今依然遗存着众多的古建筑，号称“八朝古建、千年古韵”。现存隋唐代以来建筑 38 处，其中国家文物保护单位 9 处，馆藏国家一二级文物 200 多件，素有“九楼四塔八大寺，二十四座金牌坊”的美誉。

古建筑的美是要慢慢品味的。正定的古建筑不仅数量众多，而且气韵不凡，造型精美。来到正定，每一处文物，都是一件精美的艺术品，也都或多或少有一段美丽或传奇的故事。

驻足于此静静听着它诉说前世今生，慢慢地仔细观赏，方能体味到它的大美。让我们沿着大师们的足迹慢慢品味吧！

进入闻名中外的隆兴寺，这座初建于隋代、后经宋太祖敕建重修的古建筑群里，可以欣赏到我国现存历史最久远、体量最高的铜铸千手千眼观世音像，俗称“大菩萨”。大佛身高（含莲花座）21.3 米，面容慈祥，目光从容，神情笃定，双手合十，仿佛在为人间祈祷祝福。大菩萨构思精巧，工艺上乘，堪称完美。要知道，在 900 多年前的宋代，虽然铜冶炼技术已经很成熟，但要将融化的铜水，从地面提升浇铸到 20 多米高的铜像里，仍然有很大的难度。宋代的工匠们是如何破解这个难题的，还有一段神奇的传说。

大佛始铸于北宋开宝四年，有 3000 多工匠参与制作。由于佛像高大，所以自下而上，分段接续铸造。当佛像铸到肩部时，离地面距离越来越高，提上来的铜水开始凝固，难以继续浇铸，众工匠一筹莫展。这时忽来一蓄满白胡须的老者，众人向他求教，老人捻着胡须说，我已经是土囤到脖子的人了，能有什么办法！说完，飘然而去。工匠们恍然大悟，急忙取土筑台，将铜水融化炉提高至佛像肩部，使得浇铸顺利完成。由于铸像高大，取土量多，其坡道绵延三里之长。至今，正定城东仍有一村，名曰三里屯。

其实，在隆兴寺内，这样绝美的国宝，不止一处，还有许多堪称绝版的珍贵文物。比如，被梁思成先生誉为“世界古建筑孤例”的宋代十字抱厦建筑摩尼殿；以自在悠闲、超凡脱俗的形象，被鲁迅先生称为“东方美神”的“倒坐观

隆兴寺内我国现存历史最久远、体量最大的铜铸千手千眼观世音像

音”[1]；被考古界勘定为国内唯一遗存的独木支撑近千年、现仍能转动的转轮藏殿（能放上万册经书）；被誉为“楷书鼻祖，天下第一隋碑”的《龙藏寺碑》；有400多平方米、价值极高的明代壁画；等等。毫不夸张地说，一座寺院，就是一个博物馆，在这里，可以充分感受到中华古建筑的无穷魅力。

况且，正定绝不仅仅只有这一处值得书写的古建筑。

从隆兴寺出来，西行来到城南历史文化街区，一条古香古色的大街，串起了散落在周边的“珍珠”。街的北头及两旁矗立着“古城四塔”，街的南头是省级保护文物、高大巍峨

① 李荣新等编著：《走进古城正定》，河北人民出版社2011年版，第45页。

被鲁迅誉为“东方美神”的“倒坐观音”

的南城门——长乐门。全部都是千年以上的国家重点文物保护单位。像这样一条街上，密集如此之多的重量级文物，在全国也是罕见的。余秋雨评价说：“这条历史文化街比我想象的要好，比我想象的更有希望。关键是把几个点（重点文物）贯穿起来，很有魅力。”学者王鲁湘说，“这是一条真正的文化街，因为有千年的历史文化的强有力的支撑”。2005 年 5 月，时任浙江省委书记习近平同志曾登临长乐门，俯瞰重修的历史文化街区，给予了极高的评价，称赞是富有特色的文化街。

的确，文化街和古城四塔寺建筑，都极富特色。我们由北向南一一来认识：

天宁寺及凌霄塔，同时建于唐代重修于金代。凌霄塔俗称“木塔”，是一座砖木结构的九层楼阁式塔，最大的特点是，中心部位竖立一根直达塔顶的木质通天柱，并依层位用放射状八根梁柱与外部相连接。此种构造，国内罕见，极为珍贵。

始建于唐代的天宁寺凌霄塔

开元寺钟楼和须弥塔。前者是中国现存的唯一唐代的钟楼，内有一口唐开元年间铸造的铜钟。难得的是，塔和钟的结合完美无缺。1952 年，著名数学家华罗庚来此考察，从几何力学的角度，分析钟楼的受力结构，他感叹，“楼的木质结构，长短粗细，辐射方向差一点也不行。这样建起来，大钟挂上去，结实得好像打上了一个非常奇妙的钉子”。后者是形状酷似西安小雁塔的须弥塔，但比之建筑的时间还

始建于唐代的开元寺须弥塔

早了许多。因塔身建在正方形砖砌台基之上，且第二层以上全部由青砖砌筑，俗称砖塔、方塔。如果再加上 21 世纪初出土的唐代大赑屃，残重 105 吨，也是国内同类文物之最。一座开元寺，就有三个千年以上的文化遗存，堪称一绝。

始建于唐代的临济寺澄灵塔

临济寺，佛教禅宗临济派的祖庭。寺内的澄灵塔，始建于唐咸通八年，是为纪念临济宗创始人义玄禅师而修建的衣钵塔。澄灵塔是一座砖砌八角九级密檐式实心塔，塔身檐瓦、脊兽为绿琉璃制作，塔顶绿琉璃瓦，故俗称青塔。塔的造型与临济禅师的风格非常贴切，机锋四出，清秀玲珑，稳重挺拔。又因南宋以后，临济宗在日本广为传播，日本僧人也尊称澄灵塔为祖塔。前些年，有许多日本信徒，远涉东海，来此祭拜祖庭和祖塔。作为临济宗第 48 代传人的台湾星云大师说，临济寺是临济宗的发祥地，正定是驰名中外的临济宗的祖庭。他呼吁全世界的朋友们来石家庄参观访问。

广惠寺华塔，俗称“花塔”，得名于其华丽的外形，始建于唐代，重修于金大定年间。梁思成称它集中了“五塔”（即一座主塔、四座单层子塔）的组合方式，是中国建筑保存下来的一个孤例。罗哲文的评价是，其造型最为特异、雕饰最为富丽，艺术价值、建造水平被考古界、建筑界所公认。华塔最精华的部分，是上部花束形的塔身。上面刻塑着虎、狮、象、龙等动物，以及力士、菩萨等形象，其风格与今天的现代艺术手法相近，远观尤似一幅大型立体、生动的雕塑艺术品，给人以完美的视觉享受。

始建于唐代的广惠寺华塔

文化街的尽头是雄踞滹沱河畔、俊伟壮观的南城门楼。它既是文化街的“龙头”，引领一街的古香秀色，又是古老正定沧桑历史的缩影。史载，正定城墙始建于北周，历代均有修建，城基为明代按府制拓建，全长二十四华里，高三丈二尺，上宽两丈，可以并排走两辆大车。城墙设四城门，东曰迎旭，南曰长乐，西曰镇远，北曰永安。遗憾的是，战乱的损伤、人为的破坏、岁月的侵蚀，使它破败不堪，到 20 世纪末，城墙已经千疮百孔、面目全非。

为了恢复历史文化风貌，2001 年，在财力十分紧张的情况下，正定县动员全县干部捐资，从县委书记到一般干部每人拿出一个月的工资；群众献砖，将散落在民间的万余块城墙砖

2001 年正定复建了全长近 3 华里、建筑面积 3 万平方米的历史文化街区

收集起来，本着“修旧如旧”的原则，严格规划，精心施工，在短短的半年时间，修复了南城门楼及两侧城墙，再现了当年三关雄镇的英姿；复建了全长近 3 华里、建筑面积 3 万平方米的历史文化街区，尘封多年的国宝一朝见著于世。开街之时，正定全城欢腾，万人空巷。古城人民对弘扬历史文化的巨大热情令人惊叹！

正定的千古之美，除古建筑之外，还体现在深厚的文化底蕴上。这里人杰地灵，人才辈出，仅史书上记载的历史名人就有 200 多位，先后走出了开辟岭南、“和辑百越”的南越王赵佗；一身是胆、忠勇诚义的三国名将赵云；创立“脾胃学说”、被誉为中国医学史上“金元四大家”之一的李杲；元曲四大家之一的白朴；僧人与工匠集于一身，主持过赵州桥、黄河大铁索修复工程的怀丙；明代兵部尚书梁梦龙；清代著名文学家、收藏家梁清标；北洋政府总理王士珍；著名眼科专家、毛泽东的保健医生张晓楼；被习近平总书记称赞的著名小说家贾大山；等等。

这里还是全国有名的民间艺术之乡。先后荣获中国民间艺术之乡、中国书法之乡等称号，各项文化活动都有很好的群众基础。单说书法一项，常年活动着大批的爱好者，拥有一批全国、省级书法家协会会员，而且“上到九十九，下到小朋友，人人都能露一手”，组织一个书画展，往往只需要一两天时间，参加者往往是父子兵、夫妻档。如果你走到历史文化街上，迎面遇到一位普通的老者或小朋友，很可能就是位书画的高手。

除此之外，正定的饮食文化也很有特色，有许多令人垂涎欲滴的美食，其中有香飘十里的美酒“银光”和“常山香”，有入选非物质文化遗产的崩肝（儿）、八大碗、烧卖等。不管是不是“吃货”，你只要亲口尝一尝，一定会大快朵颐。

百闻不如一见。正定拥有如此多的故事，还是赶快来一场说走就走的旅行吧！

三、神奇的赵州桥与智慧的柏林寺

“赵州桥什么人修？玉石栏杆什么人留？什么人骑驴桥上走？什么人推车轧了一条沟？”这是河北民歌《小放牛》的歌词。这首流传河北民间千余年的优秀民歌，采用村姑与牧童对唱的形式，互相诘问与对答，旋律明快优美，富于浓郁的田园风格，在赞扬古代文明的同时，为赵州桥增添了几分神秘的色彩。

赵州桥又称安济桥

其实，赵州桥——这座世界上现存最早和保存最完整的石拱桥，对多数国人来讲并不陌生。我们在小学课文里，在大量的影视片里已经与它接触过，其中的故事也耳熟能详。可是，当你近距离观察、仔细触摸它时，仍然感到一种震撼。站在桥上，仿佛回到1400年前的隋代，在水流湍急的洨河上，工匠们挥汗如雨、夜以继日地劳作着。很难想象，在当年简陋的生产技术条件下，能够产生这样一件巧夺天工的作品。

应当感谢为我们留下千古传世之作的伟大工匠李春。[①] 由于某种原因，史料关于李春的记载很少，在赵州桥建成后的相

① 孙万勇主编:《石家庄通史（古代卷）》，河北人民出版社2010年版，第411页。唐玄宗时期宰相张嘉贞《石桥铭序》:“赵郡洨河石桥，隋匠李春之迹也。”

当一段时间里，人们并不知道它的设计建造者是谁，唐代以前，民间一直传说赵州桥是中国建筑大师鲁班所为。是的，人们可能不记得李春的身世，不记得他或许还有一些重要的作品，但他留下的赵州桥，就足以让世人感受到古代中国人民伟大的智慧与创造精神。因为他敢为天下先，开创了许多世界之最。

根基之最。自重 2800 吨的赵州桥，它的根基只是由 5 层石条垒成的承台，直接建在自然砂石上。也就是说，它完全没有今天各种桥梁那种深深的钢筋水泥浇筑的基桩，并且能够屹立 1400 多年，仍然稳重如山。在漫长的岁月里。它经历了无数次风吹雨打、严寒酷暑的侵蚀，接受了 10 次洪灾、8 次战乱和多次地震的考验，却安然无恙。如果不是 1961 年大桥被列为全国重点文物保护单位，它如今仍然能够承载川流不息的车辆和熙熙攘攘的人流。

隋代造桥匠师李春

拱形之最。为克服大跨度桥梁拱顶高、桥高坡陡的缺陷，李春和工匠们创造性地采取了圆弧拱形式的结构。全桥没有一个桥墩，只有一个大拱，跨度达 37.4 米，是当时世界上最长的石拱桥。桥洞不是普通半圆形，而是像一张弓，从而大大降低了桥梁中间的高度，实现了大跨度、低桥面、便于人车通行的三重目的，而且具有用料节约、施工方便的优点。

敞肩之最。李春对桥梁拱肩设计进行创造性的设计，改实肩为敞肩，将大桥的两肩上各设两个小拱。这一改，不仅大大节约了石料，减轻了整座桥梁的重量，而且增加了泄洪量，减低了汛期洪水对桥梁的冲击，提升了桥梁的稳定性。同时，大拱居中，4 个小拱比肩，众星捧月式的设计，使得整座桥梁美轮美奂，宛如一幅天造地设的大美图画。古人赞叹其是“初月出云，长虹饮涧”。

赵州桥巧妙的构思设计，精湛的工艺制造，以及产生的珍贵艺术价值，开创了世界桥梁史的新篇章。要知道，像这样的敞肩拱桥，欧洲到 19 世纪中期才出现，比我国足足晚了 900 多年。由此，梁思成将它称为“精美绝伦的桥梁”“中国工程界一绝”。他还说：“一本考古典籍记载，其中一个桥墩上一度镌刻着建桥者李春的名字……中国古代很少会有建造师或工匠得获荣名，因此这样特地的提及多少可以证实，这座桥的造法与式样不是沿袭当时的定式，而是天才的独创。”著名中国科技史专家李约瑟说：“在西方圆弧拱桥都被看作是伟大的杰作，而中国工匠李春，约在（公元）610 年修筑了可与之辉映，甚至技艺更加超群的拱桥。”如今，作为石家庄城市十大名片之一的赵州桥，已经被美国土木工程师学会选定为世界

“国际土木工程历史遗迹”。

与赵州桥遥遥相望的，还有另外一处历史悠久的古建筑群落，这就是著名的佛教名刹柏林禅寺。

柏林禅寺始建于汉献帝建安年间。著名的玄奘大师在西行取经之前，曾来此研习。晚唐时，禅宗从谂禅师在此驻锡40年，形成影响深远的“赵州门风”，柏林禅寺由此也成为中国禅宗史上一座重要寺院。明、清两朝中央政府，曾经在这里成立了管理地区佛教事务的机构，柏林禅寺的主持还兼任过僧正（管理宗教事务的官员）。

如果说，赵州桥是以独特的设计著称于世的话，那么柏林禅寺就是以具有浓烈禅风的赵州禅而知名。来到柏林禅寺，不管是修学悟禅的，或是观赏游览的，恐怕都要了解一下赵州禅，才算不虚此行。

著名的柏林禅寺

中晚唐时期的赵州从谂禅师

何为赵州禅？依据许多方家的概括，应当是佛教中国化的产物。佛教自印度传入中国之后，很长时间“水土不服”，是少数人信奉的教义，一直游离于普通百姓之上，不够接地气。到了六祖慧能开创禅宗，把佛教从高深莫测的神秘之道，变为通俗易懂、理论与中国本土文化相结合，人人都可践悟的修行之后，才进入百姓生活中，广为传播。这也是中国历史上几次出现灭佛运动之后，佛教仍能生生不息的原因所在。这其中，源于禅宗的赵州禅贡献可谓大矣！

赵州禅，顾名思义，就是赵州和尚的禅。赵州和尚原籍山东，是生活在中晚唐时期的一位高僧，在禅学方面很有造诣，并且树立了独特的禅风，人们尊称他为“赵州佛”。

那么，赵州禅的特色究竟是什么？在日常生活中如何体验？这让一个佛门之外的人来解释，颇有难度。笔者偶然发现，若干年前，柏林禅寺前任主持净慧长老在南方某地的一次演讲，对这个问题诠释得十分透彻，不妨摘其要点转录过来。

净慧长老说，赵州禅有最具普遍意义的两大特色。第一个特色是，“平常心是道”。此语出自赵州和尚的悟道公案。《赵州禅师语录》中讲，赵州和尚向老师请教：“如何是道？”师答：“平常心是道。”赵州和尚进一步问：“还可去向也无？”意思是说，能不能走向平常心？怎样才能走向平常心？师答：

“拟向即乖。”意思是说，你准备向平常心那个方向走就错了，认为有个目标可追，就已经不是平常心了。赵州和尚又问：“不拟争知是道？”意思是说，我不走向那个目标怎么知道是道呢？师答：道不属知，也不属不知，属知不对，属不知也不对，知是妄想，不知是无记，“若真达不疑之道”，心犹如一轮明月，高高地挂在虚空中，朗照万物而如若不动。这个“朗月孤圆”的境界就是平常心。赵州和尚此时方“顿悟玄旨”，忽然开悟。

这样说，似乎有些高冷，不大好理解。净慧长老又解释道：“在禅宗里，平常心是个很高的境界，不是普通人所能做得到。不过，我们可以把平常心这个禅味儿十分浓的高深境界，掺一点水加以淡化，然后在生活中应用，那是很有用的。它能够帮助我们在毁誉面前心态平和。比如说，某某人得到一个很高的荣誉，或是突然发了大财，好心人会提醒他千万不要太高兴，要以平常心来对待。因为曾经有人因此忘乎所以而倒了下去。今天，我们的生活环境与过去有很大的不同，面临的诱惑太强烈了。因此，我建议，我们一定要以禅的平常心来对待生活中的名与利、毁与誉、好与坏。面对社会万象，要以一颗平常心去面对它、接受它、处理它，放下它。”

其实，赵州禅的这个特色，已经渗透到我们生活之中。大家经常会说平常心，天天在用平常心，但不知道它的出处何在，原来就在柏林禅寺中！现代社会纷繁复杂，除长老说的荣誉和发财之外，很多人生活会起伏变化，常常不尽如人意，结果或好或坏、情绪或高或低、步履或顺达或蹒跚，生活总要继续下去，太阳照常升起，还是要以平常心来对待。当然，这种平常心不应是回避矛盾或是不求上进的盾牌，而是学会正确的生活态度，积极地扬长避短，有所作为。我以为，这才是平常心的本来之意。

净慧长老接着说，“赵州禅的第二个特色是，‘本分事接人’。‘本分事’，在赵州和尚的语录里经常提到。他说，老僧只以本分事接人。如果还有其他的方法，与老僧无关。意思是说，你要从根本上解决问题，就到我这儿来。否则，你可选择其他法门，与老僧无关。这个接引人的方法很高冷，很高明。人人都有本分事，大事未明是本分事，大事已明也是本分事。禅宗要解决的问题，就是我们每个人的本分事是什么，怎么来解决？解决以后又怎么办？‘本分事’，说到底，就是要找到我们的本来面目。解决本分事，用现代时髦的话说，就是净化自己的灵魂。虽然佛教不讲灵魂，但还是有灵魂的影子。否则，我们的一切努力就没有什么意义了。我想，我们每个人都可以从这一点入手，首先不要为自己生活，要多多考虑他人，用菩萨的精神来要求自己，就是一切从利他出发，而不是从自己出发，在利他当中来利益自己。如果我们能够不断地超越、提升和完善自我，那就算是把自己的本分事解决了。”①

净慧长老的一番话，蕴含深义，不管信仰如何，都可能

① 净慧老和尚：《赵州禅的特点》，见 http：//www.sohu.com/a/221472513_488650，2002 年 10 月 29 日。

从中悟到一些东西。我觉得，本分事，从人的精神方面讲，就是倡导修身养性，去除私欲，克己利他；从社会行为管理角度看，就是要求懂得本分，知道规矩，按律行事。试想，如果人人懂得本分，又恪守本分，尽本分事，那么，我们的社会会减少多少矛盾，会增加多少和谐因素。

除上述两大特色之外，赵州禅还有一个“赵州桥”的公案。有僧问赵州和尚：“如何是佛法？”赵州和尚答：“赵州桥。”又问：“如何是赵州桥？”答：“度驴度马。”看起来玄奥无比，实际上，赵州和尚是以桥为喻，说明佛法与桥梁一样，具有负荷和引众的作用，而且不分高低贵贱，承载万物，普度众生。这种境界，是大慈悲啊！

你看，多有意思：一座赵州城，同时有两座桥。一座是巧夺天工的实体桥梁，屹立千年，载荷无数，为人们度去物质方面的需求；一座是接引众生的修行之桥，传播禅风，连绵不断，为人们度去精神方面的需求。两者相辅相成，相得益彰，还有比这个地方更值得一看的吗？

四、辛亥风云与吴禄贞殉国

在石家庄市长安公园内，有一座依山傍水的陵墓。墓地前部的墓塔基石上，矗立着 3 座汉白玉墓塔，正中一座镌刻着“故燕晋联军大将军绶卿吴公之墓”14 个镏金大字。

位于石家庄市长安公园内的吴禄贞墓

这位吴公何许人也？为什么为他立碑？他就是辛亥革命义士、近代民主革命家吴禄贞。因为100多年前，在辛亥革命中，吴禄贞勇担大任，谋全局而动，策划了直捣黄龙的燕晋联军的行动，为此，他的鲜血洒在了石家庄这片土地上。

尽管“壮志未酬身先死”，但他的果敢精神鼓舞了千千万万个革命者，推动了辛亥革命伟大历史使命的完成。很多人讲，如果吴禄贞的壮举成功，辛亥革命可能早些完成，清廷统治可能早些崩溃，中国的历史也将改写。当然，历史不能重演，但民主革命先行者在石家庄留下的伟大壮举，值得后人长久尊敬与怀念。

吴禄贞，字绶卿，湖北云梦人。少小立志，为国雪耻，毅然投军，先考入湖北武备学堂，后到日本士官学校学习，是我国第一批赴日留学生。在校期间结识了张绍曾、蓝天蔚，三人学习成绩突出，志向不凡，被称为“士官三杰”。留学时，正值甲午战争后日本利用中国的巨额赔款，一跃成为世界强国，他深感清政府的腐败无能，立下了救国救民的志愿，决心以推翻清廷为己任，走上了革命道路。

在日本，他结识了许多民主志士，在孙中山的影响下，秘密加入兴中会。在日期间，吴禄贞曾受孙中山委派，回国谋划了沿长江兵分五路的“自立军”起义，吴任军前总指挥。因走漏风声，起义失败，吴又潜回日本继续学习。虽受此挫折，但他志向不移。学成回国后，他一边在张之洞的湖北新军里任职，一边秘密从事大革命活动，宣传革命理论，印发革命书刊，极大地改善了湖北新军的成分和文化素质，为日后湖北新军武昌起义打下了强有力的基础。这以后，他又按同盟会的安排，趁机进入清政府任职于北京练兵处、延吉边务督办，一直做到袁世凯新军第六镇统制，驻扎保定。

翻阅吴禄贞的经历，并无过多与石家庄的交集，是因为辛亥革命才把彼此联系在一起。正是在石家庄这个舞台上，吴禄贞充分展示了他为救国救民而义无反顾的大无畏革命精神。

吴禄贞（1880—1911 年）

1911 年 10 月 10 日，注定是一个改写历史的日子。这一晚，敲响清王朝丧钟的武昌起义爆发。经过一夜的战斗，11 日，起义军占领武昌城。1911 年 10 月 12—13 日，起义军攻占汉阳、汉口。武昌起义的成功，极大地鼓舞了全国人民的革命斗志，一时间全国各地革命党人纷纷响应起义。石家庄作为扼守直隶与山西交通的军事要地，成为革命党与满清王朝角斗的战场之一，一时间风云波涛汹涌。

腐朽的政权从来不会自动退出历史舞台。武昌起义爆发，摇摇欲坠的清王朝立即派陆军大臣荫昌前往湖北镇压，并抽调吴禄贞所辖第六镇十一协南下。吴禄贞见武昌起事，形势逼人，希望能和义军接触，配合南方行动，遂到陆军部自荐，请求随军前往。清廷对吴禄贞早有戒心，他的请求不但未得到允许，反遭申诉，令其回保定待命。这时屯兵滦州的二十镇统制张绍曾在滦州兵谏，拒绝执行清政府的命令，并提出“二十条政纲”，迫其停战，实行立宪。南有义军起事，北有军队骚动，清政府内外交困，只得派与张绍曾有同学之谊的吴禄贞为宣抚使去滦州平息动乱。

吴禄贞一到滦州，不但不“宣”不“抚”，反而鼓动张绍曾：趁清兵南征武昌、北京空虚不备之机，夺取京城，然后绥靖士民，推翻帝制，实行宪政。张绍曾等人被说服，决定尽快采取革命行动，调集滦州二十镇进军丰台。吴禄贞由保定进逼长辛店，蓝天蔚的第二混成协作后援，形成夹击之势，攻占北京，策应武昌起义，推翻清王朝。但由于张绍曾犹豫不决，使这一计划未能付诸行动。[①]

---

① 孙万勇主编:《石家庄通史（近现代卷）》，河北人民出版社 2011 年版，第 91 页。

1911 年 10 月 20 日，山西革命军击毙巡抚陆钟琦，宣布独立，推举阎锡山为都督。清廷惊慌，电令驻防保定的六镇十二协协统吴鸿昌率军开赴石家庄，进军太原，镇压革命军。吴禄贞在滦州接到消息后，心急如焚，深知六镇如与山西民军开火，定会造成严重后果，遂派革命党人何遂急赴保定任十二协参谋随军前往，防止发生意外。吴禄贞与张绍曾商议，准备进一步联合山西民军，以实现南北夹击推翻清廷的计划。

1911 年 10 月 31 日，吴禄贞到达石家庄，命令吴鸿昌停止进剿山西革命军。吴鸿昌质问理由，吴禄贞道："已呈请内阁、军咨府、陆军部代奏，准其招抚，不动枪支，民生自不受涂炭之灾。"吴鸿昌无奈，只得将所部后撤待命。同时，为解脱自己的责任，向清政府谎报了退兵的军情。

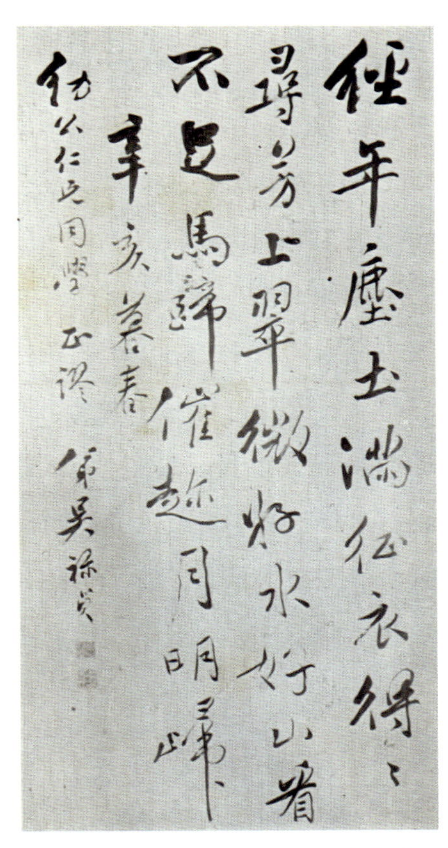

吴禄贞将军的诗作手迹

11 月 1 日，吴禄贞派副官周维帧持函到山西会见阎锡山，商谈组织燕晋联军共同举事。11 月 4 日，清廷突然宣布任命吴禄贞为山西巡抚，想用高官厚禄笼络吴禄贞，叫吴禄贞与山西义军相互残杀。当天上午有一列由北京开往湖北前线运送军火辎重的火车，开进石家庄车站，吴禄贞当即下令扣留，并奏请停战。下午 1 时，吴禄贞轻装简从，如约赶到娘子关与阎锡山谈判。双方一拍即合，推举吴禄贞做燕晋联军大都督，阎锡山、张绍曾为副都督，温寿泉为联军参谋长，燕晋联军宣告成立，并决定 11 月 7 日凌晨晋军与六镇在石家庄会师，举行起义。

这一计划得到了各地革命党的积极响应。11 月 5 日，吴禄贞电奏清政府，要求“速改政见”，“大赦各省革命党，速停战争，以息兵戎之祸而救危亡之局。”[①]11 月 6 日夜，吴禄贞在石家庄车站东不远的电报局楼上（今电报局街）召集中级以上军官开会，宣布 7 日凌晨举行起义。部署完毕匆匆赶回设在正太车站的行辕。

此时，清廷正秘密行动，暗害吴禄贞。11 月 5 日，被吴禄贞撤职的原十二协协统周符麟和军咨府第三厅厅长陈其采先后窜至石家庄进行秘密活动。何遂等人看到这些反常现象，立即向吴禄贞报告，希望他提高警惕。11 月 6 日下午，由北京到石家庄投奔吴禄贞的孔庚也从北京带来消息，说军咨府已开会，准备派人来石家庄暗杀他，希望他加倍注意。何遂建议调山西革命军来充当卫队，或换个地方住，可是吴禄贞却认为骑兵营长兼警卫队长马惠田是心腹，靠得住。马惠田是吴禄贞一

---

① 孙万勇主编：《石家庄通史（近现代卷）》，河北人民出版社 2011 年版，第 91 页。

手提拔起来的军官，因善于逢迎耍两面派，长期得到吴禄贞的信任。吴禄贞万万没有想到，自己倒在了最信任的人手里。

11 月 7 日凌晨 1 时，车站司令部里，吴禄贞和参谋长张世膺、副官周维帧、参谋张厚琬，还在紧张地研究部署作战计划。吴禄贞批阅军咨府转滦州张绍曾的电奏件，交书记员送出，此人出去后突然又惊慌折回。这时司令部已被包围，马惠田带着一些人闯进办公室，口称大人高升，向大人贺喜，却随手拔出手枪连连射击，吴禄贞随即倒在血泊中。马惠田遂割下吴禄贞首级去邀功请赏。办公室案上滦州张绍曾的来电"我军整装待发，请与山西义军前来会师"和吴禄贞的复电"愿率燕晋子弟一万八千人以从"墨迹尚未干。参谋长张世膺在车站旁同时遇难，参谋张厚琬混乱中逃避到附近英美烟草公司楼上。

一夜枪声不断，临时住在离车站不远的孔庚被枪声惊醒，换了便衣要到司令部去，此时已戒严，不许任何人通过，只好返回车站。等到天明后，赶到车站，见吴禄贞和周维帧的尸体倒在办公室的地上，用毛毯遮掩吴禄贞的无头尸体。此时石家庄秩序大乱。何遂、孔庚等随同山西军队将吴禄贞的尸体运往娘子关，为吴禄贞做了一个木制的脑壳入殓。由刘国盛带领的赶到石家庄赴约的山西义军先头部队，听到吴禄贞被刺的消息，遂拆毁铁路十余里，将第六镇的辎重物资装上火车，撤回山西。

由此，本可以改写历史的壮举戛然而止，令人扼腕叹息！后人有怀念吴氏的诗篇："风雨太行泣，讴歌豆水长。裹尸原素志，痛绝石家庄。”

“青山遮不住，毕竟东流去。”尽管吴禄贞策划的南北夹击直捣黄龙的起义归于失败，但他用大无畏的行动，以舍生取义的举动，产生了巨大震撼力，加速了清王朝的灭亡。辛亥革命的风云没有消散，反而更加汹涌，急速激荡着腐朽的清王朝，中国最后一个封建王朝在千夫所指中终于轰然倒下。

1912 年 1 月 1 日，以孙中山为首的南京临时政府成立。为表彰先烈，下令以陆军大将军例赐恤，追赠吴禄贞的亲密战友、同时遇难的张世膺烈士为陆军少将衔，周维帧烈士为陆军大都尉衔。3 月 14 日，黄兴主持在上海张园举行追悼吴禄贞活动。孙中山派员前往致祭，并亲撰祭文。祭文说：“荆山楚水，磅礴精英，代有伟人，震我汉声，觥觥吴公，盖世之杰，雄图不展，捐躯殉国。”[①] 1913 年 11 月 7 日，正值吴禄贞烈士遇难两周年之际，石家庄、山西两地人民在三烈士牺牲的石家庄车站旁修建了吴公祠和陵园，将吴禄贞的遗体由娘子关迁葬于此，与他同时遇难的张世膺和周维帧烈士的遗体，安葬在吴墓的两侧。举行葬礼时，万余人自动参加。

历史走过 70 年，石家庄人民依然没有忘记吴禄贞将军，1982 年，又将三烈士的陵墓修葺一新，迁至风景优美的长安公园。如今，这里是石家庄爱国主义教育基地，这位血洒沃土的民主革命先贤将永受人们瞻仰。

---

① 孙万勇主编：《石家庄通史（近现代卷）》，河北人民出版社 2011 年版，第 93 页。

五、风雨沧桑正太路

说到石家庄的故事，无论如何也不能绕过正太铁路。因为，这条铁路与近代石家庄兴起发展的关系与生俱来，近代石家庄发生的重大事件几乎都与它密切相关。

一条铁路的诞生，打破了石家庄区域的政治经济局面，带来了治所的迁移，奠定了今天石家庄的重要产业基础和都市格局。从某种意义上讲，它也是现代石家庄城市的发祥端。

然而，正太铁路的问世又是很不容易的。从20世纪末动议修建，到建成后最初的运营管理，都是在清廷腐败、国力衰微的大背景下进行的。其时，外有帝国主义列强的巧取豪夺，内有腐朽保守的王朝官员和地方势力作梗，正太铁路一路走来，磕磕绊绊，产生了许多曲折和沧桑的故事，也充满着革新集团与保守势力、爱国人士与殖民者的激烈斗争。

首先是它立项建设的曲折。这条铁路从地方动议到朝廷批准上马，反反复复，长达8年之久。用今天的话讲，纯粹是“胡子工程”。1896年，清政府接受湖广总督张之洞的建议，决定修建卢（沟桥）汉（口）铁路。以铁路为干线，邻省可修建支线与之衔接。山西巡抚胡聘之抓住机会，上疏朝廷，提出修建一条从太原到正定的铁路，与卢汉线连接，得到批准。不久，鉴于财力缺乏，胡聘之又奏一折，请求向外

张之洞

资华俄道胜银行借款，同样照准。[①]1898年5月，山西方面与华俄道胜银行签订了借款合同，借款2500万法郎，年息6厘，25年还清。

钱有了，似乎没有什么问题了，可谁知甲方又出了情况。山西保守的地方势力，一直强烈反对和抵制修建这条铁路。合同签订后不久，主张修路的胡聘之离职，后两任山西巡抚都是反对派，他们竟然上疏朝廷山西不宜修铁路，还列举了修建铁路的五大罪状，请求此事缓办。加之八国联军侵华、义和团闹事，清廷自身难保，无暇他顾，致使修路之事搁置。这一搁，就是4年。

直到1902年，华俄道胜银行催办此事，并且提出依据卢汉铁路的融资方式，改商借为官借。明眼人都看得出来，这是洋人要为自己增加一条保险带——国家担保。清廷即着卢汉铁路总公司事务大臣盛怀宣与之谈判，承诺以“中国国家所有进款为担保”，最终，双方签订了正太铁路的借款合同和行车合

① 赵明信：《历史上的石家庄》，方志出版社2004年版，第341页。

同，借款4000万法郎，年息5厘，并约定1903年正式开工。从动议修路，到开工建设，已经过了8个年头，可谓长矣！

其次是铁路起始点变更和路轨宽窄之争。这两次变更或争论，都以国内保守势力占上风、外国资本取得利益最大化为特征，以国力衰败、受列强宰割的中国方面让步、利益受损而告终。

先说起始点。正太铁路，顾名思义，应当是当时的正定府到太原府之铁路。“花花正定府，锦绣太原城”，河北、山西两座历史重镇连接到一起，谁都认为是顺理成章的事。但华俄道胜银行不管这些，眼中只有银子，为节约投资，力避在滹沱河架桥，将正定府的起始点南移至滹沱河南边的柳林堡（今石家庄市柳林铺），并由此签订了《柳太铁路合同》，而与此同时，石家庄地区的地方豪绅、保守势力也以不能破坏风水为由，大肆反对在正定或获鹿修建车站，客观上也配合满足了外国资本的贪利之欲。这还不算，当铁路开工时，因柳林堡地质松软，不宜土建，首任的法国施工方将起始点再次南移至石家

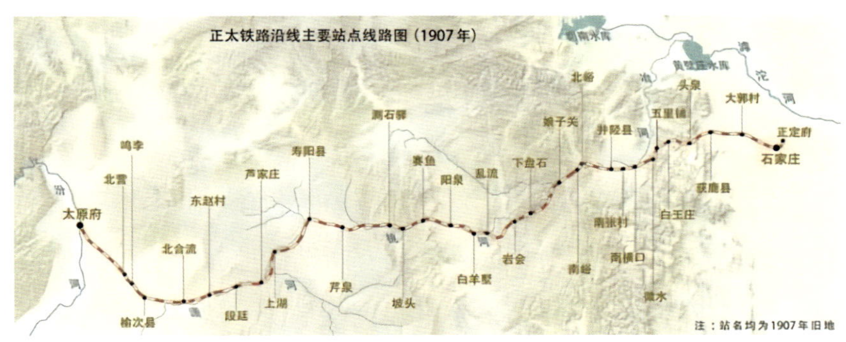

正太铁路全线竣工通车

庄村。由正太铁路，到柳太铁路，再到石太铁路，一条铁路还没开工就 3 次移址更名，在中国铁路史上绝无仅有。

再说宽窄轨之争。按国际通用标准，铁路轨距为 1.435 米，小于这个标准的为窄轨。法方以地势险峻、施工艰巨为由，决定修建 1 米宽的窄轨。中方起初并没有引起重视，及至开工，洋务大臣盛怀宣才发现并提出反对，以正太铁路是卢汉铁路分支、须一气衔接为由，要求修建宽轨。这时，借款的华俄道胜银行与施工的法国公司联手演出了一段“双簧”。法方说，如用宽轨，需增加借款 6000 万；俄方则说，没钱，不能追加借款。这完全是一副无赖的嘴脸：贷款时，说是与卢汉铁路一样，要求国家借款担保；而修建时又不按卢汉铁路的标准进行。盛怀宣极为不满，认为：“五洲无此公理，中国独受此亏。”但弱国无公理。甲乙双方僵持一年有余，清政府还是被迫让步。

由此，修建完成的正太铁路不仅窄小而且车行速度极慢，由太原到石家庄 200 多公里的距离，快则需要 9 个多小时，慢则需要十几个小时。同时，埋下了两条铁路相接而不能相通的隐患，直接导致一座城市近在咫尺设两座火车站的奇观，并且一直并存了 30 多年，给经济民生带来了巨大的成本和负担。

再有是铁路运营后压迫与反压迫的斗争。由于不平等的合同约定，中方除了对正太铁路拥有所谓的监督权之外，所有运营管理权均掌握在法国人手里。也就是说，从一开始，中方就处于十分被动的地位，失去了对铁路的管控权。法国殖民者为了最大限度地追逐利润，不择手段，千方百计压榨剥削中国工人。方法之一是，肆意延长工人劳动时间，降低工人工资。有记载显示，从运营开始，工人每天都工作十几个小时，直到国际劳工组织来视察并提出警告后，法方才于1928年12月改为9小时工作制。不仅如此，工人劳动时，经常被打骂侮辱，稍有反抗即被监禁或开除。正如马克思说的那样："资本来到世间，从头到脚，每一个毛孔，都滴着血和肮脏的东西。"

压迫与反抗是一对伴生体，剥削与反剥削的斗争也随之展开。为了争取自己的合法权益，改善工作和生活条件，正太铁路工人进行了前赴后继的不懈斗争。第一次展示斗争力量是修建大石桥。

如今，来到石家庄市中心的老火车站旧址的附近，矗立着近现代石家庄两座标志性的建筑。一座是石家庄解放纪念碑，另一座是大石桥。前者是1987年，为纪念解放石家庄40周年而建立；后者则是1907年，由当时的正太铁路工人自发捐款建造。

原来，正太铁路通车之后，横穿城市南北，给东西交通带来极大不便，且极不安全，经常出现火车轧死、撞伤人畜的恶性事故。为此，各界人士纷纷上书法国正太铁路总办，要求拨款修桥，但对方置之不理。铁路工人毅然发起捐献工资、集资建桥的壮举。在工人代表的提议下，全线2500多名工友每人捐献一天工资，委托承包商设计施工，当年即建成投入使用。建成的大石桥全长150米、宽10米、高7米，共

正太铁路工人捐献工资修建的大石桥

设23个桥孔。整座桥由青石砌成，两面有石栏板，既坚固又美观。从此，火车畅通、行人安全过路，大大减少了伤亡事故，得到了广大市民的赞扬。这也是石家庄工人阶级第一次集体亮相于城市舞台，展示了当家做主和慷慨无私的气概。留下的大石桥则横亘百年，历经沧桑，它见证了吴禄贞血洒正太路石家庄车站、正太铁路工人大罢工、京汉铁路工人大罢工、石家庄人民支援五卅运动、日寇盘踞石家庄、国民党最后的负隅顽抗等历史风云和场景，如今依旧巍然屹立，成为石家庄的地标性建筑。

更大的斗争还在后面。1921年7月，中国共产党的成立，标志着中国革命进入了崭新的阶段。石家庄是中共最早建立党组织的地方之一，而诞生地就在正太铁路。为了加强对反帝斗争的领导，中共和李大钊先后派邓中夏、张国焘、罗章龙、张昆弟、傅懋恭（彭真）等早期共产党人来到石家庄正太铁路指导斗争。从此，正太铁路的工人运动有了主心骨，斗争的组织性和战斗力大大提升。

1922 年 12 月 15 日，爆发了震惊全国的正太铁路工人大罢工。正太铁路机器总厂的 3000 多名工人，在张昆弟的领导下举行罢工。工人向法方资本家提出增加工资、保障 8 小时工作制、提高死亡伤残抚恤标准等 9 项要求，后又提出 5 项补充条件。闻讯，北洋政府、各路军阀、直隶省政府纷纷出马，威逼利诱，甚至派兵企图武力胁迫工人复工。罢工工人不为所动。罢工得到了石家庄工、农、学、商各界的支持，全国各地工人也给予声援。罢工坚持了 12 天时间，正太铁路当局被迫答应了 14 项条件，罢工取得了胜利。[①] 这次大罢工充分显示了正太铁路工人团结战斗的强大力量。这以后，正太铁路工人在党的领导下，还积极参加了京汉铁路大罢工，积极支援五卅运动，同样展示了良好的精神风貌。

到了 1932 年，又一次斗争出现在正太铁路国有权的收归上。1932 年 3 月，中国政府将正太铁路借款本息全部还清，决定按照合同收回路权。而法国方面无视中国的主权，拖延和阻挠正太铁路回归国有。法国人甚至还断言中国人管不了正太铁路，这更激起中国人民反帝的决心和爱国热情。

由于法国方面的阻挠，交接时间一拖再拖，直到当年 11 月底，交接手续才办完。中方就等行使经营管理权了，法方又

---

① 中共石家庄市委党史研究室:《中国共产党石家庄历史·第一卷（1921—1949）》，中共党史出版社 2016 年版，第 39 页。

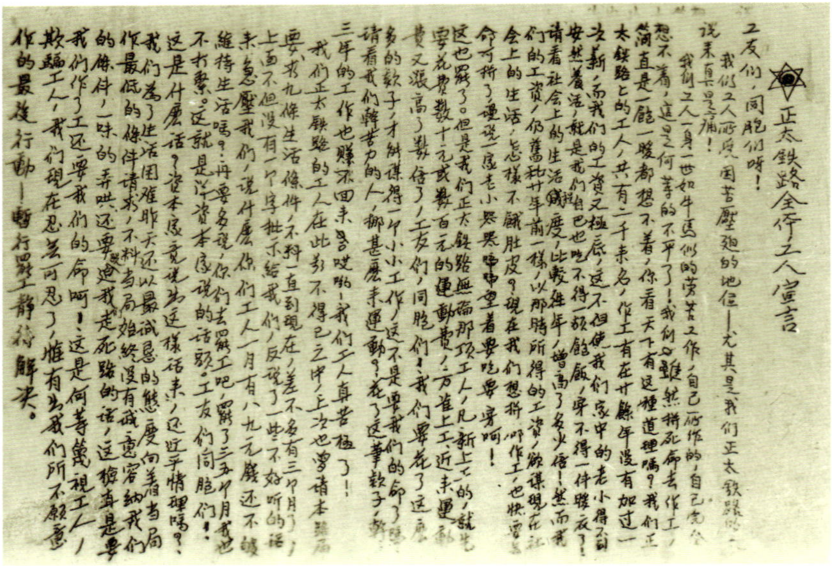

正太鐵路全体工人宣言

工友們，同胞們呀！

我們工人所處困苦壓迫的地位——尤其是我們正太鐵路的……說來真是可痛！

我們工人一身一世如牛馬們的勞苦工作，自己所作的，自己完全想不着，這是何等的不平了！我們雖然拼死命去作工，簡直是一飽一暖都想不着，你看天下有這種道理嗎？我們正太鐵路上的工人，共有二千來名，作工有在廿餘年沒有加過一次薪，而我們的工資又極底，這不但使我們家中的老小得不到安然養活，就是我們自己也吃不得一頓飽飯，穿不得一件暖衣了！請看社會上的生活程度，比較往年增高了多少倍！然而我們的工資，仍舊和廿年前一樣，以那時所得的工資，欲謀現在社會上的生活，怎樣不餓肚皮？現在我們想拼命作工，也快要命可拼了，還說一家老小哭哭啼啼望着要吃要穿啊！

這也罷了。但是我們正太鐵路無論那項工人，凡新上工的，就先要花費數十元或數百元的運動費，方能上工，近來運動費又漲高了數倍了，工友們，同胞們！我們要花了這麼多的款子，才能謀得一個小小工作，這不是要我們的命了嗎？請看我們辛苦力的人，那甚麼來運動？花了這筆款子，就三年的工作也賺不回來呀！哎喲！我們工人真苦極了！

我們正太鐵路的工人在此萬不得已之中，上次也曾請本路局要求九條生活條件，不料一直到現在，差不多有三個月了，上面不但沒有一個字批示給我們，反說了一些不好听的話來恐壓我們，說什麼你們工人一月有八九元錢還不夠維持生活嗎？再要多說，你們去罷工吧，罷了三五個月我也不打緊。這就是洋資本家說的話頭。工友們同胞們！這是什麼話？資本家竟說出這樣話來，還近乎情理嗎？

我們為了生活困難非天還以最誠懇的態度向着當局作最低的條件請求，不料當局始終沒有誠意容納我們的條件，一味的弄哄，還要逼我走死路的話，這樣真是要我們作了工還要我們的命啊！這是何等蔑視工人，欺騙工人，我們現在忍無可忍了，惟有出我們所不願意作的最後行動——暫行罷工靜待解決。

正太铁路全体工人宣言

耍起无赖，法国工程师偷偷地溜回法国，不能会同签字，交接无法完成。主持交接的正太铁路局局长王懋功、副局长朱华多次请示催促北洋政府铁道部早做决断。至 1933 年 3 月，铁道部发出指令，不需法方代表签字，正太铁路路权正式收归国有，隶属南京政府铁道部。然而，在经济方面的清理交接上，又是一番苦斗。法方总工程师采取一拖再拖、浑水摸鱼、明敲暗榨等卑鄙手段，千方百计巧取豪夺。王懋功、朱华等人，在正太铁路工人的支持下，据理力争，历经两年多，终于将大部分资本收归国有。

至此，这条铁路经过漫漫长路，终于回到祖国的怀抱。为了纪念这场斗争的胜利，表彰王懋功、朱华所作出的功绩，正太铁路职工自发捐款修建了纪念亭，取二人名一字，命名为

“懋华亭”。几十年来，饱经沧桑的纪念亭，成为反对法国殖民者斗争的历史见证。

这以后，正太铁路又饱经摧残。日寇盘踞 8 年之久，国民党占据 2 年多，铁路工人生活陷入了水深火热之中，但反抗斗争从没停止。1937 年 9 月，石家庄正太铁路工人组成了抗日游击队，沿正太铁路开展抗日活动。这是石家庄地区第一支以工人为主的抗日队伍，后被编入八路军 129 师 385 旅。配合解放石家庄的战斗，正太铁路工人组织护厂护路活动，帮助进城的解放军维持社会秩序，同样体现了工人阶级的力量。

中国开工最早的高速铁路石太（石家庄—太原）客运专线

由于战争的破坏，到新中国成立前夕，正太铁路已经千疮百孔，破旧不堪，全线通车里程不过几十公里。石家庄解放之后，解放区军民立即组织人力物力开展抢修，在很短的时间内恢复了全线的通车，为支援全国解放战争发挥了重要作用。新中国成立以后，国家对正（石）太铁路十分重视，先后进行了复线建设、电气化改造和客运专线建设。如今历经百年沧桑的正太铁路早已旧貌变新颜，重新焕发了青春，这条钢铁动脉依然不停顿地运行，承载着繁忙而巨大的运输量。

今天，在石家庄坐上动车，平稳运行一个多小时即可到达太原，再吃上一碗热腾腾的刀削面，舒适而惬意。仿佛是在怀念过去，石家庄到太原，现在依然运行着几列绿皮客车，方便沿途老百姓的出行，虽然物是人非，但它富有象征意义：不要忘记正太铁路的风云沧桑，更不能忘记奋斗创业的先辈们。

六、抗日模范县与“平山团”

“最后一碗米送去做军粮，最后一尺布送去做军装，最后老棉袄盖在担架上，最后一个娃，送他上战场。”这是抗战时期，流传在晋察冀边区平山县的一个民谣，它生动地表现了在外敌入侵、国家危难之际，平山人民慷慨赴国难、誓死抗敌顽的大无畏精神。

笔者手上有一组数字。在整个抗战时期，总人口只有25万的平山县，先后有7万多人参军参战，1.2万多人参加八路军，更多的人参加自卫队、农会、妇救会、儿童团，平山几乎人人参战。往昔这些纯朴而本分的庄稼人，在民族危难之际，表现得是那样坚决果敢、义无反顾。平山大地用鲜血和生命，谱写了全民皆兵、全员抗战的史诗。

1937年9月，旅长王震率359旅来到平山县。10月，717

团政委刘道生、副团长陈宗尧率战地救亡工作团来此扩军，得到了中共冀西特委的大力支持。时任特委组织部部长的栗再温，全力以赴宣传发动群众，号召广大青壮年参军参战，打日本，保家乡。他还带头将自己家族的子弟送到部队。在他和特委、县委的共同努力下，平山县很快掀起了保家卫国、参军参战热潮。

故事一，“滚雪球式的扩军”。1937 年 10 月 7 日，八路军战地救亡工作团、冀西特委、平山县委合编成 10 余个扩军小组，分赴全县各地宣传发动群众，进行扩军。在共产党员的积极带动下，全县掀起了从未有过的参军热潮，涌现出一大批模范人物和村庄。

陈宗尧带领的扩军小组来到西部山区猫石村，该村县委委员梁雨晴率先报名，随后，赵祥祥、崔庆山、崔二秃、郄三狗、姜哲、史吉吉、史二脏等共产党员也踊跃报名参军。在共产党员的带动下，这个只有 60 多户人家的偏僻小山村在工作团到达的第二天，就有 30 人报名参军。陈宗尧当即将这些新战士编为第 1 营第 1 连第 1 排，并任命刘桂云为营长兼连长，黄胜斌为营教导员，刘金彪为连指导员，梁雨晴为排长。

刘桂云等带领这一排人翻山越岭，沿滹沱河东行来到霍宾台。该村是平山县党组织创始人于光汉的家乡。抗战全面爆发后，于光汉再次回到家乡时，家乡已经组织起 60 多人的抗日游击队，其中共产党员 15 人。该村李法庄是平山县第一位农民党员、第一位农村党支部书记，担任过第二任县委书记。

八路军一到，他就立即报名，其他游击队员也大部参军，被编为第 1 营第 1 连第 2 排，李自林任排长。

紧接着这支队伍继续向东，在滹沱河南岸的丘陵地区大吾村一带又成立了第 1 连第 3 排，由赵祥祥任排长。就这样，这支令人瞩目的队伍以自己特有的动员方式，走一村带一村、走一路影响一路，像滚雪球一样越滚越大，人数越来越多。从 10 月 7 日到 11 月 6 日，一个月的时间，就有 1500 名平山县子弟报名参加了八路军，组成了著名的“平山团”。

故事二，“母亲送儿打东洋，妻子送郎上战场。”被誉为“子弟兵母亲”的戎冠秀，当时是一位极为普通的农村妇女。1943 年秋，戎妈妈出席边区群英会回来，听说区政府召开群众大会号召青年参加，就不顾路途疲劳，翻山越岭，步行十里山路到蛟潭庄参加大会。会上，区长刚刚讲完青年参军的意义，戎妈妈第一个从人群中站起来，为 3 个儿子报名参军。还有许许多多像戎妈妈这样的母亲，毫不犹豫地把自己的亲骨肉送上抗日战场。

南庄村刘汉文先后几次报名参军，都因身体不好未被批准。后来，刘汉文苦苦相求终于感动了接兵的同志。当他参军的消息传到家中，全家人兴高采烈，邻里乡亲奔走相告，纷纷到他家祝贺。出发那天，他的父母、妻子送他参军。他骑着大红马、戴着大红花，乡亲们敲锣打鼓举着红旗相送。这一场景被随军记者的镜头记录下来，如今，这张照片仍然悬挂在国家博物馆。

故事三，战不死的“王家川”。在平山，2/3 以上的村都

抗战时期踊跃参军参战的平山群众

有烈士的家属，有的村几乎占到总户数的1/2。平山县子弟前赴后继一次次掀起参军的热潮。平山团战士王家川牺牲的噩耗传到家中，他刚满20岁的弟弟王三子十分悲痛，要顶替哥哥的名字上战场杀敌。父亲忍着丧子的悲痛，积极支持三子的行动。三子临走的时候，村里“青抗先”开会欢送，他很高兴地说：“俺王三子今天去参加平山团了，平山团原是咱平山组织起来的，大家伙都应该来参加，参加平山团，才能保住家乡哩，咱平山人要多多为国出力，我希望我到平山团后，大家伙儿一个个都来。”

王三子拿着农会和“青救会”开的介绍信找到了平山团政治处，政治处的同志和他谈话，问他的名字，他说：“俺叫王家川。”政治处的同志十分惊讶：“王家川已经牺牲了，你怎么叫王家川！”他说：“俺是来补俺哥哥王家川的名字的，俺哥哥在土楼子牺牲了，俺没有名字，俺就叫王家川吧。”政治处的同志听了很感动，但是王家川的名字已经报抚恤表，所以劝他另叫一个名字，他坚决地回答：“俺一定得叫王家川，过几天俺还要写封信回去，有一天我和日本鬼子拼了的时候，我叫弟弟来顶替我的名字，还要叫王家川！”政治处的同志听了这番话，深受感动，只好让他叫王家川了。

战争之伟力存在于人民群众之中。正是有着千千万万个王家川，才撑起了全民抗战的壮观局面。

平山人民不仅献出了自己的骨肉，而且为了抗战的胜利，他们默默地承担起拥军支前的重任。史料记载，在全面抗战中，平山县是晋察冀边区政治、经济、文化中心之一。中共中央北方晋察冀边区党政机关、第四军分区、四地委、专署长期在此停留。此外，还有八路军部队和其他单位长期驻扎和移驻。平山人民常年保持着近万名官兵生活的基本供给。他们宁可自己忍饥挨饿，也要将粮食留给子弟兵；他们宁可自己受冻，也要将棉衣披在战士身上。不仅如此，他们还要忍受日寇残酷报复所带来的伤痛。平山县无愧是“抗战模范县”，平山人民无愧是伟大的人民。

当然，平山人民最值得骄傲和自豪的，还是赫赫有名的平山团。这是平山父老用生命换来的荣誉，是平山人心目中的一座丰碑。

说起平山团的光荣历史，人们都说有三大鲜明特点：一是前仆后继，旗帜不倒。1937 年 10 月，1500 多名平山子弟兵

位于平山县古月镇西洪子店村的平山团诞生地纪念碑

参加八路军的行列。来自全县的新战士集中到平山洪子店镇，单独建团。首任团长陈宗尧、政委刘子奇。1938 年 1 月，正式整编为 359 旅 718 团，战士都是清一色的平山子弟，领导和地方同志都亲切地称之为“平山团”。由于战争的残酷，平山团在频繁的战斗中，也带来了严重的伤亡。不少战士效死疆场，为国捐躯。面对极大的悲痛，平山人民没有退缩和丝毫的怨言，他们擦干眼泪，发出了“平山团绝不减员，平山团的旗帜绝不能倒”的誓言，再次掀起了参军参战的热潮。1939 年 5

月，又有 630 名平山子弟组成平山营，补充到“平山团”；随后又有 805 名新兵入伍。这之后，年年月月，平山都有子弟参军抗战，为“平山团”和八路军提供了源源不断的兵源。

二是作战勇敢，战功卓著。1938 年 1 月，“平山团”在山西首战告捷，在田家庄伏击战中，全歼日军一个中队，缴获轻重机枪 7 挺和其他大批战利品。这是“平山团”组建以来的第一战，极大地鼓舞了全团的士气。这之后，“平山团”与友邻部队一起，相继参加了收复日军占领的神池、宁武、五寨等 7 座县城的战斗，沉重打击了日寇的嚣张气焰；上下细腰涧歼灭战，经过全团指战员拼死战斗，全歼了被围的 1000 余名日军，创造了 359 旅对日作战的光辉战例。“平山团”的辉煌胜利，鼓舞了晋察冀边区的全军将士。边区司令员聂荣臻亲自颁发嘉奖令，授予平山团“太行山上铁的子弟兵”的光荣称号。①

三是勇挑重担，转战沙场。1939 年 10 月，奉党中央命令，“平山团”随 359 旅西渡黄河开赴陕甘宁边区，驻防米脂县，警卫黄河沿岸河防，担负起保卫党中央的重任。在随后的 3 年半里，先后两次击退日军对陕甘宁边区的进犯；粉碎了国民党反动派 3 次反共高潮，胜利完成了保卫延安的任务。与此同时，为了冲破敌人的经济封锁，王震率 359 旅到南泥湾开展大生产运动。在开垦南泥湾过程中，团长陈宗尧率先垂范，带

① 程雪莉：《寻找平山团》，作家出版社、花山文艺出版社 2015 年版，第 123 页。

头挥动镢头，连续奋战，披荆斩棘，每天开荒一亩。在他的带动下，“平山团”的战士们争先恐后，苦干实干，人人争当生产模范，成为全旅学习的样板。1943 年 9 月，毛泽东在视察南泥湾时，亲自接见陈宗尧，称赞他“打仗是英雄，生产是模范”，为全军树立了榜样。①

1944 年，抗日战争进入战略反攻阶段。党中央决定，359 旅挺进华南，深入敌后，建立湘鄂赣抗日根据地。“平山团”作为八路军南下支队第二大队参加此次出征。在此期间，南下支队和“平山团”战斗十分频繁。至 1945 年 5 月，大小战斗 150 多次，杀伤俘获日伪军 3000 多人，其中，二支队取得消灭日军 400 多人的重大胜利，圆满完成了党中央交给的任务。令人悲痛的是，旅长陈宗尧在战斗中不幸壮烈牺牲。然而，“平山团”没有停止前进的步伐，全团将士化悲痛为力量，继续战斗，一直打到广东边界。

1946 年 8 月，“平山团”奉命北归，历经千辛万苦，回到延安。1948 年，编为中国人民解放军第二军 5 师 14 团，参加了解放大西北的战斗。新中国成立后，“平山团”留在新疆，改编为乌鲁木齐军区步兵 4 师 11 团。

“平山团”就是这样，时刻不忘家乡父老的嘱托，以“万里征尘人未歇”的精神，完成了一个个艰苦卓绝的任务，光荣地捍卫了“平山团”鲜红的战旗。

---

① 孙万勇主编:《石家庄通史（近现代卷）》，河北人民出版社 2011 年版，第 337 页。

七、将军救孤与友好佳话

1980年7月10日，一架由日本长崎起飞的客机经过4个多小时的飞行，平稳地降落在北京首都国际机场。飞机上走下来一位中年母亲和三个女儿，她们就是来自日本北海道都城市的美穗子一家。

在机场，她们受到了聂荣臻元帅女儿聂力的热情欢迎。聂力还送上了精心准备的家中盛开的玫瑰和菖蒲花。而后，这一家先后访问了北京、石家庄、井陉煤矿、井陉县东王舍村和附近的新井火车站等地，所到之处，都受到人们的热情款待。7月14日，聂荣臻在人民大会堂亲切接见了美穗子一家。美穗子如同见到阔别多年的亲人，激动得哭起来，并深深地感谢当年的救命之恩。

聂荣臻会见美穗子

为什么德高望重的聂荣臻会接见一位普通的日本妇女，美穗子为什么要感谢聂荣臻的救命之恩？这还要从40年前开始讲起。

镜头一，八路军战火中救孤。1940年8月，为反击日寇的疯狂进攻，八路军主动发起了以破袭日军交通线、矿山为主要目标的百团大战。距离石家庄40公里的正太铁路上的井陉煤矿，成为重点进攻目标。日军垂死挣扎，我军勇往直前，战斗进行得非常激烈。

这时，谁也没有想到的一幕发生了。在新井火车站附近，八路军战士在炮火中救出了两个日本女孩。这种事情从没遇到过，怎么办？据后来亲自指挥战斗的杨成武回忆说，敌人炮击后不久，我接到3团报告：井陉煤矿新井火车站日本副站长加藤清利夫妇被炸死了，遗留下了一对小姐妹，被1营的战士从炮火中救了出来。我要他们好好照顾孩子，立即送到我们前方指挥所来。

此时，我的心情很不平静。奋不顾身地从战火中抢救妇孺，这在我们八路军中是常见事。可这回3团的战士冒着生命危险救出来的并不是乡亲们的孩子，而是丧失双亲的日本小姑娘，我自然而然地想起，在日本法西斯进行的这场侵略战争中，多少中国人民惨遭杀害，甚至连初生婴儿也不能幸免。日本法西斯分子为了使我们亡国灭种，残杀了我们多少无辜的孩子！而现在，我们的战士却在死神的魔爪中把两个日本小姑娘救了下来。是啊，孩子无罪，她们两个也是日本军国主义发动的这场侵略战争的受害者。我们进行的战争，是反侵略的正义战争，不仅是为了拯救中华民族，也是为了使日本人民从军国主义统治下摆脱出来。

两个小姐妹被送到前方指挥所来了。我一看，稍大的那个约莫五六岁，穿着一件又脏又破的小连衣裙，头发乌黑，圆圆的、漂亮的小脸蛋上，挂着泪珠，一双大眼睛闪着惊惧不定的光，令人爱怜。小的那个，最多只有一岁，右肩胛受了轻伤，此时，她合着睫毛长长的眼睛，已经在战士怀里睡着了。她那又白又胖的小脸上，时不时地轻轻抽搐着。唉，可怜的娃娃，梦中也不得安宁。日本军阀的侵略行径，使他们本国的婴儿也在为战争流血啊！

指挥所的同志都围了上来，不住地叹息："可怜啊，这么小的孩子！"

我叫人给这两个日本小姑娘弄点吃的东西来，并给那个负伤的婴儿重新进行包扎。晋察冀军区前线指挥部，就在距我们不远的洪河漕村。我把3团抢救出两个日本小姑娘的事，用电话向司令员聂荣臻作了报告。他听了很高兴，连声说："很好！很好！ 3团做了一件很有意义的好事。你们要把孩子照顾好，等她们吃饱后，马上派人送到我这里来。"

镜头二，聂荣臻大义送孤女。很快，战士们就把两个日本女孩送到了位于井陉县洪河漕村的晋察冀军区前线指挥所，得到了将军悉心的照顾。"我先抱起那个受伤的婴儿，看到伤口包扎得很好，我嘱咐医生和警卫员好好护理这个孩子，看看附近有没有正在哺乳的妇女，赶快给孩子喂喂奶。那个稍大的孩子，很讨人喜欢，我牵着她的手，拿来梨子给他吃。"聂荣臻在他的回忆录里这样说。

据后来身边的同志说，在指挥所停留的时候，美穗子的小手都是紧紧牵着聂荣臻的手，寸步不离。这温馨的一幕，被当时正在前线采访的战地记者沙飞拍摄下来，成为历史的珍贵记录。在聂荣臻的安排下，很多善良的战士和村民都伸出了援助之手。负责照顾孩子的晋察冀军区四分区政治部副主任袁心纯规定，按团职干部负重伤的标准，供应孩子奶粉、罐头、白糖和水果。

最让人不能忘怀的是，那些正在哺乳的妇女。美穗子姐妹被救时，妹妹年仅 7 个月，尚在襁褓中。为了延续幼小的生命，先后有好几位中国母亲用自己的乳汁喂养过这个日本女婴。想想看，这些妇女的家园可能刚刚被日寇烧毁，亲人可能刚刚倒在敌人的屠刀之下。现在，面对敌方的后代、弱小的生命，毅然以德报怨，承担起母亲的责任，像自己的亲骨肉一样哺育，此情此景怎能不让人感动。在残酷的战争环境下，她们依然保留着中国人民善良纯朴的传统，这是令人敬佩的人间大爱！这些母亲之中，就有平山县古月村的陈文瑞。40 年后，美穗子专门来

聂荣臻与被救的日本小姑娘美穗子

聂荣臻送别美穗子

到陈文瑞老人家，拜谢救命之恩，向这位伟大的母亲致敬。

战争环境如此残酷，如何养育这对女孩是个难题。将军最初有意收养她们，但考虑到战火纷飞的环境，难以实现。最后决定，将她们送回给日军。在将军的安排下，战士们找了个可靠的老乡，准备了一副挑子，装上两个孩子，辗转送到80公里外的石家庄日军司令部。担心孩子在路上哭，还在筐里装了许多梨子。

随着美穗子姐妹回去的还有聂荣臻给日军的一封信。

日本军官长士兵诸君：

日阀横暴，侵我中华。……中日两国人民死伤残废、流离失所者不知凡几。……其责任完全由日阀负之。此次我军进击正太线，救起日本弱女二人，……情殊可悯。经我军收容抚育后，令派人送还，请转其亲属抚养，幸勿使彼辈无辜孤女沦落异域。……中日两国人民本无仇怨，不图日阀专政，逞其凶毒，对内横征暴敛，对外发动侵略战争，致使日本人民起居不

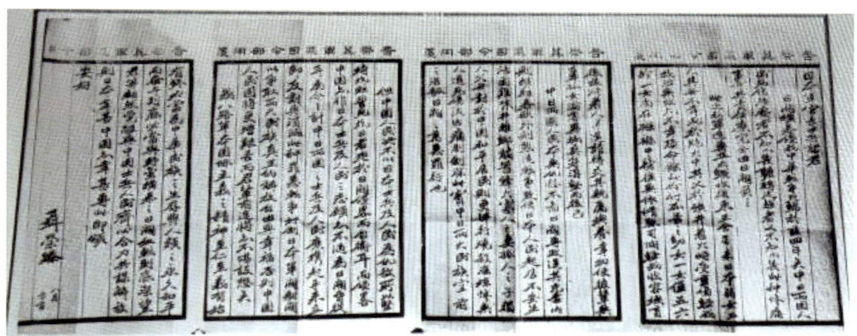

聂荣臻写给日军的亲笔信

安，背井离乡，触冒烽火。寡人之妻，孤人之子，独人父母。对中国和平居民更肆烧杀淫掠，惨无人道，此实为中日两民族空前之浩劫，日阀之万恶罪行也。中国人民决不以日本人民为仇敌。之所以誓死抗日者，皆迫于日阀侵略而自卫。……为今之计，中日两国士兵及人民应携起手来，反对与消灭此种战争，打倒日本军阀，争取两个民族真正的自由与幸福。……我八路军本国际主义精神，至仁至义，有始有终，必为中华民族之生存与人类永久和平而奋斗到底！必当与野蛮横暴之日阀血战到底！深望君等幡然觉醒，与中国士兵和人民齐心合力，共谋解放，则日本幸甚，中国也幸甚。

专此即颂安好

聂荣臻

八月二十二日

人们也许不知道，那位一路上精心照顾日本孩子的村民，其双目失明的母亲不久前刚刚被日军活活捅死；那位给孩子特殊照顾的袁心纯副主任，后来在“五一”大扫荡中负伤被俘，坚贞不屈，被残忍的日军用马刀割下头颅。

太行山、滹沱河的儿女，用宽容和大爱留下了抗日战争的一段传奇。40 年后，这段传奇又被续写，而且更具神采。

镜头三，40 年后寻孤女，中日交流传佳话。1972 年，中日恢复外交关系，两国关系进入了新时期，相互交往也越来越多。1980 年 5 月，《人民日报》刊登了解放军报社副社长姚远方（一位八路军老战士）的文章——《日本小姑娘，你在哪里？》，首次在新闻媒体上公布了将军救孤的故事，在中日两国之间引发了热烈反响。

日本媒体想方设法找到了当年的姐姐，现在住在宫崎县都城市的美穗子。直到这时人们才知道，美穗子姐妹从井陉县被顺利送到石家庄，住进了当时的石门医院。不满周岁的妹妹因为消化不良不幸死去。美穗子于当年 10 月被伯父带回日本，与外祖母相依为命。因为是孤儿，经常受到欺负，直到与丈夫结婚后，生活才逐渐稳定下来。她现在已是 3 个孩子的母亲，与丈夫一起经营一个小杂货铺，过着幸福的生活。

姚远方的文章改变了美穗子的生活，使她儿时的朦胧记忆得到了证实。此刻，她最大的愿望就是见到聂荣臻，当面感谢他的救命之恩。得知消息的当晚，她就写信给中国方面，要求尽快访华。在各方的沟通安排下，她很快成行。当他见到和蔼可亲的聂荣臻时，好像见到了自己的父亲，泣不成声。她用了日本人最高的礼节，低下头去，用自己的额头紧紧贴在聂荣臻手上，反复感谢聂荣臻的救命之恩。而聂荣臻则对她说，这件事，不仅是我一个人能这样做，我们的军队不论是谁都会这样做，这是我党我军的政策。

感动之余，美穗子下决心用一种方式来永远感谢聂荣臻、感谢善良的中国人民，那就是不遗余力地为中日友好而努力。这以后，美穗子先后6次到中国访问，发起在被救的井陉县洪河漕村建立了“百团大战美穗子获救井陉·都城友好纪念馆”，井陉县与都城市建立了友好县市关系，美穗子读书的小学与洪河漕村小学结成了友好小学；与宣传研究“将军救孤”故事的日本友好人士来住新平先生，共同发起成立了日中友好协会都城支部。

“将军救孤”的故事也在日本各地广泛传播，日本人民深受感动，掀起了中日友好的热潮。来住新平说：“能在残酷的战争中，救出恨之入骨的敌军的孩子，还像对自己孩子那样，无微不至的照顾，并将她们送到敌人的阵地，这是人道主义精神的最好体现。”许多人称聂荣臻是“活菩萨”，痛恨并反省

聂力送给美穗子“中日两国人民世代友好”的字幅

军国主义给两国人民带来的灾难，深切感到中国人民是真正爱好和平的人民，中日两国应当世世代代友好下去。

是的，时间可以消逝，但历史不会忘却。尽管日本右翼政客拼命篡改历史，但丝毫不能扭转历史大趋势。正义终将战胜丑恶，人道主义的光辉将普照人间。

八、新中国的摇篮

1949 年 10 月 1 日，当毛泽东在北京天安门城楼宣布，“中华人民共和国成立了，中国人民从此站起来了”的时候，大江南北、全国上下一片欢腾。新中国的成立，标志着中国结束了 1840 年甲午战争以来百年的屈辱史，以崭新的姿态昂首挺立在世界民族之林。

此时此刻，距首都 300 公里之外的石家庄人民更加兴奋，因为他们在新中国成立前夜，在党中央的直接领导下，积极探索，开创性地参与完成了“试验田”和提供“样本”“范例”的任务，为新中国的孕育和诞生作出了重要的贡献。历史选择了石家庄，石家庄也创造了辉煌的历史。他们可以自豪地说，石家庄是新中国诞生的摇篮，新中国从这里走来。故事要从石家庄解放说起。

1947 年，石家庄在全国的城市中，绝对算不上一个大城市。但是，它的解放，却在中国人民解放战争史上，占有举足轻重的地位，可谓重大意义，非同小可。

从战略大局上讲，石家庄的解放，打开了解放战争的新局面。石家庄地处冀晋咽喉，华北中枢，南北通衢，战略地位十分重要。日寇和国民党更是苦心经营，拼命打造，成了不折不扣的军事堡垒。谁夺取了石家庄，谁就在华北占据了主动。当时，国民党军队占据着石家庄，就像一枚钉子插在华北的心腹，北可接济京津保之敌，南可与中原呼应，西可与山西守军联系。因此，蒋介石对石家庄的防守十分重视，得知人民解放军欲攻打石家庄时，接连打电报、下手谕指示拼死防守，甚至不惜放低身段，与驻守石家庄的师长刘英称兄道弟，表示要坐飞机亲临石家庄督战慰劳。

人民解放军一举解放石家庄，彻底拔掉了插在晋察冀和晋冀鲁豫解放区之间的钉子，使两大解放区完全连成一片，解放区面积达到 100 多万平方公里，人口 4000 多万。同时，切断了国民党的南北交通，使华北的南大门洞开，平津地区的国民党军队失去了重要的一翼，北平变得岌岌可危，国民党从攻势完全变为守势，蒋介石妄图靠占领大城市来控制华北的战略企图破灭，从根本上扭转了华北战局，也对全国的解放战争产生了重大影响。

从军事上讲，石家庄的解放，提供了解放设防坚固的大城市的成功范例。攻克石家庄，解放军战略战术素养得到提升，积累了城市攻坚战术的经验，为后来攻取一系列大城市提供了借鉴，对于全国解放战争，发挥了重大指导作用。

石家庄的解放，标志着人民解放军的战术战法进入了新

解放军在石家庄举行盛大的元旦游行

阶段。被敌人称为“土八路”的我军，长期以来善于打游击战和运动战，并积累了一套行之有效的战法。但是对于攻取一座坚固设防的大城市，则无攻坚战先例，无经验可循。解放战争开始，我军曾经攻打过大同、包头等地，但都没有成功。因此城市攻坚战对解放军来说还真是一个新课题。正如朱德所说：“必须极大地注意学习阵地攻击战术，这是我军建军以来经过三次革命战争的新课题，它意味着中国革命战争已经跨入一个新阶段。”①

① 孙万勇主编：《石家庄通史（近现代卷）》，河北人民出版社 2011 年版，第 505 页。

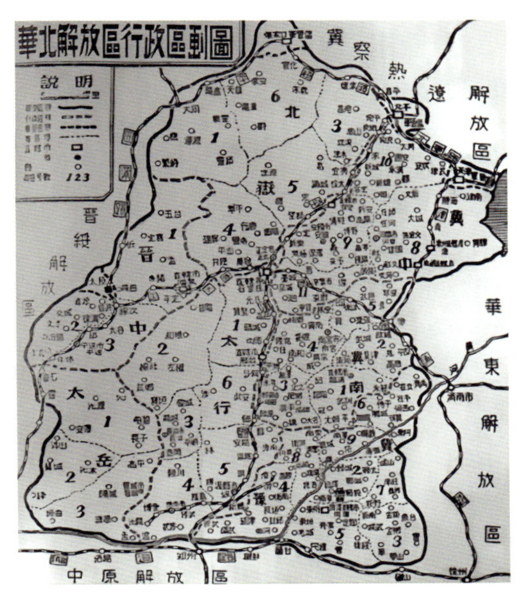

华北解放区行政区划图

为此，朱德亲临一线，指导这次攻坚战役。在他的指挥下，人民解放军发扬军事民主，制定了“勇敢加技术”的原则，大胆探索地面进攻与地下坑道推进相结合、步兵炮兵协同作战、炮兵“上刺刀”（抵近发射）、步兵连续爆破等战术，开创性地解答了这一新课题，为全军做了示范。石家庄的解放，被朱德誉为“夺取大城市之创例”。为了指导解放战争全局，中央工委专门召开了总结大会，晋察冀野战军攻克石家庄的经验，上报党中央后被转发各地学习。

重要的是，石家庄的解放，为党中央顺利移驻西柏坡奠定了基础。随着解放战争的急速推进，着眼于统一全国，建设新中国，党中央开始考虑向华北作战略转移，选择最后决战的指挥所。解放军攻克石家庄之后，建立了以石家庄为中心的广大的华北解放区，这样就为中共中央立足华北，靠近交通线和大城市，指挥全局，创造了极为有利的条件。应当说，这是党中央一个十分理想的落脚点。正因如此，不久，毛泽东率中共中央机关和人民解放军总部从陕北东渡黄河来到华北，移驻西柏坡。中共中央在指挥解放战争的同时，开始为新中国成立作全面准备。从此，西柏坡的光芒照亮了华北，照亮了全中国。

那么，石家庄这个摇篮，究竟为新中国的创建做了些什么贡献呢？

1. 人民民主政权雏形的试验田

所谓政权的雏形，通俗地讲，就是国家最高权力大厦的框架。

中国社会几千年历史，从来没有一个真正意义上的人民政权，新生的中国，则截然不同以往。人民是主体，是人民当家作主的国家，应当本着什么样的新的原则和形式，来组建国家管理机构？回答这个课题，不仅需要极大的智慧和勇气，而且还要慎重地搞好探索和实验。石家庄因缘际会，在这次实践中担当了重要的试验角色。

这次探索实践的过程，可以归纳为一个中心，两个重大任务。一个中心，就是贯彻民主的原则，最广泛地凝聚全中国的爱国阶层和人士，同心同德建设新中国，这是中共民主建设政权的基本思路。两个重大任务，一个是人民代表大会制度的实践，一个是人民政府的实践。石家庄为这两大任务完成作了多方面的工作。

第一个任务完成于 1948 年 8 月。经过紧张筹备，华北临时人民代表大会在石家庄人民礼堂（今石家庄中山路）召开。

华北临时人民代表大会在石家庄人民礼堂召开

大会从始至终都贯穿一个主题，那就是民主。参会的代表 500 多名，是各解放区民主推荐产生的，有着广泛的代表性，分别来自陕西、河北、平原（旧省名，包括河南、河北、山东的部分地区，省会在新乡）、察哈尔（包括河北、内蒙古、山西的部分地区，省会在张家口）、绥远（内蒙古南部地区，省会在呼和浩特）5 个省。大会探索了新型体制，确立了主席团组成、代表资格审查、代表提案、政府选举等一系列制度，开创了人民代表大会制度的先河。正如董必武在大会的开幕词中说的：华北临时人民代表大会“将成为全国人民代表大会的前奏和雏形。因此，它是中国民主革命历史中划时代的一次大会”。

第二个任务完成于 1948 年 9 月，经华北人民政府委员会全体会议选举，组成了华北人民政府，由董必武任主席（后曾任中华人民共和国副主席、代主席，中央政治局常委），薄一波（后曾任国务院副总理）、蓝公武（后曾任最高人民检察署副检察长）、杨秀峰（后曾任最高人民法院院长、全国政协副主席）任副主席，并任命了政府各部、委、院领导人。政府的组成，同样贯彻了民主的原则。在政府组成人员中，重视吸收各民主党派和无党派人士参政议政，广泛地吸纳非中共人士出任领导职务。在27名政府委员中，非中共人士有8名，占了近1/3，并且都担任了重要领导职务。由此形成的党外民主人士参政议政制度，为创立中共领导下的多党合作和政治协商制度奠定了基础。

在其后的一段时间里，华北人民政府还积极摸索政府运行模式，为建立新中国的政权做准备；参与中央人民政府的组建工作，为政府的组织架构设置、干部配备做准备。中央人民政府的许多机构，就是在华北人民政府所属有关各机构的基础上建立起来的。1949年10月27日，中央人民政府主席毛泽东发布政府令，“华北人民政府工作着即结束。中央人民政府的许多机构，应以华北人民政府所属有关各机构为基础迅速建立

中央人民政府主席
关于撤销华北人民政府令
1949年10月27日

中央人民政府业已成立，华北人民政府工作着即结束。原华北人民政府所辖五省二市改归中央直属。中央人民政府的许多机构，应以华北人民政府所属有关各机构为基础迅速建立起来。希即令所属各单位分别于本府所属各有关机构接洽办理交接，并于数日内将交接手续办理完毕为要。

下令
华北人民政府董必武主席

主席 毛泽东

毛泽东发布撤销华北人民政府令

起来”[①]。应当说，中央人民政府能够在新中国成立之初，就迅速投入运作，与华北人民政府的前期工作是密不可分的。从某种意义上讲，在石家庄这块试验田上，产生了一个准中央人民政府，或者说，为中央人民政府的诞生做了全方位的彩排。

不仅如此，民主的主题词还充分体现在石家庄自身的人民政权建设中。1949 年 7 月，石家庄市召开的首届人民代表大会，具有很强的民主性和广泛性，因为参加会议的代表是经全体选民“海选”出来的。候选人与选民直接见面，发表政见，让选民选择自己最信得过的人当代表。

大会的最高潮，是竞选和选举市政府委员会。石家庄人惊讶地发现，与旧石门市政府完全不同，选出的新政府委员有工人、农民、工商业者、知识分子、中西医、妇女、回族，好些就是身边熟悉的人——土生土长的市民，而从老解放区来的党政干部只有 6 个。重要的是，在石家庄诞生了第一个民主选举的城市人民政权，开创性地解决了人民政府如何产生的重大课题，具有强烈的现实意义。《人民日报》专题报道，誉为“提供了全国实行人民民主的范例”。

2. 新中国多项事业的诞生地

在华北解放区统一、党中央移驻西柏坡、华北人民政府

① 孙万勇主编：《石家庄：新中国的摇篮》，河北人民出版社 2009 年版，第 18 页。

成立等一系列重大事件之后，石家庄又在党中央的领导下，全身心地投入了新中国各项事业的筹备，石家庄也因此诞生了众多的“红色第一”，新中国的多项事业从这里起步发展。

发行第一套人民币，新中国金融事业起步。

说起人民币，它与我们的生活息息相关。但人们可能并不了解，它是什么时候、在哪里诞生的？如今，在石家庄市中华大街55号，有一座不起眼的“小灰楼”。抗日战争期间，它曾经是伪石门政府水利局的办公楼，国民党抢占石家庄后，这里曾经做过蒋军第三军的军部，新中国成立后，石家庄市委也曾在这里办公。石家庄刚开通的地铁3号线，就有小灰楼一站。这里就是新中国的中国人民银行的诞生地；第一套人民币，也是在这里发行的。现在，历经70年沧桑的“小灰楼”，已成为中国人民银行旧址纪念馆。

今天看来，人民币的发行，绝不是印几张票子那么简单，而是与旧政权的废除和新政权的建立密切相关；一个新生的国家，必须有与政权性质相匹配的货币及货币制度。

历史上，旧中国的货币是为统治阶级服务的工具，是剥削压榨劳动人民的手段。国民党统治时期，为了支持内战，大肆攫取社会资财，他们推行废法币，实行“金圆券”改革，造成恶性通货膨胀，物价飞涨，天怒人怨，社会经济几近崩溃。而新中国是人民的国家，必须有自己的、造福人民的货币。这是国家性质与信用的象征，也是一个新生国家经济发展必备的重要基础。

从现实意义上看，人民币的发行，也与解放战争的进程密切相关。由于战争的原因，1948 年以前，各解放区处在被敌人分割、包围、封锁的状态，互相之间没有多少经济联系，财政金融基本上是分散独立的，解放区的货币，也从来没有统一过，各自有各自的货币。据统计，当时解放区的货币有东北币、关东币、长城币、晋察冀边币、冀南币、西北农民币等 10 种之多，但都仅限于在本解放区内流通。这种情况直接制约了解放区的经济发展与贸易交往，并对野战军跨区作战造成重大不便。因此，确立统一的货币制度，具有政治、军事、经济多方面重大意义，迫在眉睫。

对于第一次发行人民自己的货币，中央和各个方面十分重视，反复酝酿。最初，关于银行的名称，分别提出了“联合银行”“解放银行”“中国人民银行”等多种方案。时任中央财经办主任董必武认为，银行名称不仅要考虑目前货币的统一问题，还要和将来人民当家作主的国家性质相吻合。用“中国人民银行”这个名称，既表示这是人民的银行，又有别于蒋介石的中央银行，将来也可以作为新中国国家银行的名称。这个重要的意见被中央采纳。

经过紧张筹备，1948 年 12 月 1 日，中国人民银行在石家庄市成立，同时开始发行统一的货币——人民币，面值有 50 元、30 元、10 元 3 种。当散发着油墨味道的纸币面世时，石

中国人民银行发行的第一张 50 元面额的人民币

家庄的街头反响热烈，老百姓纷纷议论，战争就要结束了，新中国快成立了！为了纪念这个有意义的日子，时任人民银行货币发行科长的石雷，购买并珍藏了 50 元面额的第一张人民币，编号为 00000001。

新中国第一套人民币的发行，在中国货币史上具有划时代的意义，标志着旧中国半殖民地半封建社会混乱的货币制度的终结，宣告了新中国统一的独立自主的货币制度建立，为新中国的金融体系的建立，奠定了坚实的基础。

一批新闻单位在这里诞生，新中国新闻事业起步。

为了发挥解放区扩大的优势，也着眼于新中国成立后形成中央的权威喉舌，1948 年 6 月 15 日，由毛泽东题写报头的《人民日报》在石家庄平山县正式创刊。这张由晋察冀边区的《晋察冀日报》和晋冀鲁豫解放区的《人民日报》合并而成的报纸，在新中国成立以后，成为中共中央的机关报。

1948 年 5 月，新华社的主要干部和业务骨干集中到西柏坡组成新华社总编室，及时报道了人民解放战争的胜利进程。1948 年 5 月，中央人民广播电台的前身——延安（陕北）新华广播电台落户井陉县天户村，播音员齐越、丁一岚等人通过电波，向国内外听众播出一大批重要稿件，包括毛泽东亲自撰写的《敦促杜聿明等投降书》、1949 年新年献词——《将革命进行到底》等，解放战争的捷报随着电波传向全世界。

与此同时，华北军区第一支军乐队、华北军区电影队，也分别在石家庄成立。前者后来作为人民解放军军乐团，在开国大典上，首次奏响中华人民共和国国歌；后者则成为中央新闻纪录片厂的前身，拍摄了中共七届二中全会和反映解放战争的珍贵的纪录片。

1948年6月，《中国青年》在河北平山县第二次复刊。毛泽东不仅又一次题写了刊名，还专门写了4句话："军队向前进，生产长一寸，加强纪律性，革命无不胜。"[①] 此后这4句话不胫而走，随着战争的胜利，传遍全国。1948年12月，华北邮电总局在石家庄成立，毛泽东为《人民邮电报》题写了报头。当年，华北新华书店总店在获鹿县成立，并代行了全国总店的职能。

一批红色高等学府在这里兴办，新中国的高教事业起步。

石家庄解放后的安定环境，为发展教育事业创造了有利条件。着眼于新中国成立后大规模建设的需要，多所人民的高等院校，如雨后春笋般在石家庄组建。

1948年8月，为培养大批青年干部，文理并重的综合性的大学——华北大学在正定成立，吴玉章担任校长。1950年，华北大学进京成为中国人民大学。

1948年8月，为培养理工科人才的华北大学工学院在井陉矿区成立，是中国共产党创办的第一所理工科大学，后来成为北京理工大学。

1949年1月，华北大学农学院在石家庄西郊农场成立，后来成为中国农业大学。

---

① 孙万勇主编：《石家庄：新中国的摇篮》，河北人民出版社2009年版，第21页。

朱德总司令视察华北军政大学

为加强培养党的理论干部，1948年8月，中央马列学院在平山县成立，刘少奇担任院长，后来成为中共中央党校。

1948年7月1日，培养军事干部的华北军政大学在石家庄成立，首任校长兼政委就是叶剑英，后来成为解放军石家庄陆军指挥学院。

1948年6月，为适应新中国外交工作需要，在石家庄获鹿县海山村开办了中央外事学校，后来进入北京。1954年8月，中央外事学校改名为北京外国语学院，1994年更名为北京外国语大学。

1948年9月，中国青年政治学院的前身中央团校在平山县创建。这些学校的建立，是新中国教育事业的开端，也源源不断地为新中国建设提供了各种人才。

3. 培养输出干部人才的大熔炉

作为第一个解放的大城市，石家庄在接收管理的实践中，积累了丰富的经验，也培养出一大批城市管理和各类建设人才。石家庄就像一座锤炼干部的大熔炉，一批批人员从各地集中到这里，经过淬火成钢，又一批批地输送到祖国的四面八方。

大批干部南下北上，把石家庄经验带到全国各地。随着一批大中城市的陆续解放，中央抽调了数万名干部到石家庄培训，之后派往新解放的城市工作。这些干部，就像种子，随着大军解放的步伐撒向全国，遍及长江两岸、淮河流域、珠江之滨、湘赣山乡、天府之国、云贵高原的各个城镇。

与此同时，北平、天津、张家口、太原、呼和浩特等城市解放后，石家庄都支援了一大批干部。时任公安局长的陈守中，被任命为太原市委书记。有些地方班子是石家庄干部整体组建的，1949 年 8 月，石家庄市委副书记吴立人、法院院长阮慕韩、公安局长王应慈、组织部副部长林润田等调往绥远（今呼和浩特），分别任归绥市委书记、市长、军分区政委、公安局长等职，同往者还有 15 名重要部门的党员干部。1949 年 9 月，市委书记兼市长刘秀峰调往天津市任职，也有一批干部同往。另外，还有不少干部被抽调到中共中央华北局和中央机关，以及工商业、新闻、文化、教育、铁路、邮电等战线。人民解放军渡江战役开始后，又有大批干部南下。

据一些老同志回忆，当时大约有 5 万名干部，从四面八方集中于石家庄，又陆续派往全国各地。仅1949年下半年统计，从石家庄市调往各地的干部就有401名，其中县级86人，区级103人。

很多在石家庄工作过的干部，后来在新的岗位上担负重任。例如，1949年4月，市长柯庆施调往南京任职，后担任过上海市委书记，先后主持了两大城市的工作，后任国务院副总理等职。1949年初，曾任石家庄敌伪物资管理委员会主任的黄敬调往天津，任第一任天津市市长，后任天津市委书记，主持了解放初期的城市工作，后担任国家科委主任兼一机部部长。1949年8月，石家庄市委书记兼市长刘秀峰调往天津，担任过天津市委副书记兼第一副市长，协助黄敬一起，主抓天津市的经济工作，后任国家建工部部长。1948年5月，担任石家庄铁路分局局长的刘建章，调任华北人民政府交通部副部长，他在北平和平解放后，带领一批在石家庄集中的干部，进城接收了北京的铁路及车站，后任铁道部部长。1950年，担任石家庄市长的臧伯平，调任河北省建工局局长，主持了河北

时任石家庄市市长的柯庆施

曾任石家庄敌伪物资管理委员会主任的黄敬

曾任石家庄市委书记兼市长的刘秀峰

曾任石家庄铁路管理局局长的刘建章

建材工业的开创工作，后转战教育战线，任南开大学党委书记、校长、教育部副部长等职。

新开办的院校也培养输送了大批干部。例如，华北军政大学在石家庄办学历时两年多，培养了1.4万多名军政指挥干部和专业技术人才，以及军事、政治、文化教员1000余名；华北大学仅一年时间就培养出毕业生16928名；中央外事学校培养了首批80余名学员，学校的师生后来都成了新中国外交工作的骨干。他们当中有后来担任中国驻联合国常任大使的凌青，主持中英香港回归谈判和中葡澳门问题谈判的新华社香港分社社长周南，曾任中国驻英国大使胡定一，等等。

曾在中央外事学校学习的周南

九、西柏坡的曙光

西柏坡，太行山下、滹沱河畔的一个小山村。发源于山西的滹沱河水静静地流过它的身旁，绿树环抱，风景秀丽。

这是一个普通的小山村，千百年名不见经传。

不承想，时间到了20世纪40年代后期，它却一举成名，扬名于世。一切都因为，1948年5月27日，中共中央机关和人民解放军总部，来到了西柏坡。从这一天开始，西柏坡的名字，就与中国革命的历史、中国的前途命运紧紧联系在一起。在这里，中共中央作出了改变中国命运、影响世界历史进程的伟大决策，创造了天翻地覆的伟大奇观，绘就了新中国建设的宏伟蓝图，古老的中国由此进入了一个历史新阶段。

西柏坡的重要地位，周恩来有一个高度概括的评语，他说，“西柏坡是党中央毛主席进入北平解放全中国的最后一个农村指挥所，指挥三大战役在此，开党的七届二中全会在此”①。当年曾在此工作的老同志也深有感触。曾任文化部部长的黄镇说，“新中国从这里走来”。曾任新华社社长的朱穆之说，“中国命运，定于此村”。

1. 电报声中，樯橹灰飞烟灭

党中央在西柏坡指挥了震惊中外的三大战役，创造了战争史上的奇观。可谁知道，解放战争初期，国内外各方对人民解放军都是不看好的。因为，那时国共双方军队实力太悬殊了：国民党军队430万人，使用的是“飞机加大炮”的美式装

① 张志平主编：《新中国从这里走来》，河北教育出版社1996年版，第1页。

备，占据的是大部分国土和大中城市；共产党军队 130 万人，使用的是“小米加步枪”，占据的是零散的农村和乡镇。

很多人都认为这个仗没法打，以弱搏强，难有胜算，以至于苏联“老大哥”也不相信我们。斯大林先后两次给中共中央发来电报，认为不能打内战，应该到重庆去和谈。但是，中共中央的领袖们充满必胜的信念。毛泽东在与美国记者安娜·路易斯·斯特朗的谈话中，提出了“一切帝国主义和反动派都是纸老虎”的著名论断，表现了一位战略家敢于斗争、敢于胜利的胆略和气魄。

1946年政协会议前 国共力量对比

共产党	VS	国民党
130万	军队	430万
以步枪为主	武器	100万日军的装备，大量美国武器
1亿多	人口	3亿多
小城镇、乡村、偏远地区	区域	大城市、绝大部分铁路交通线

解放战争初期国共力量对比表

战略上藐视，战术上重视。在西柏坡狭小的军委作战室里，在简陋的办公室内，中共中央和毛泽东掌控全局，精心研制，运筹帷幄之中，决胜千里之外，靠一封封电报指挥作战。警卫人员回忆说，“在指挥三大战役时，毛主席屋里的灯光常常彻夜亮着，周副主席、朱总司令频繁进出交谈。紧张时，一天要发出十几封电报。这些电报很多是毛主席亲自起草或修改。”

据统计，党中央在西柏坡的10个月里，共发出电报408封，指挥各个战场对国民党军队的战役。

在电报的嘀嗒声中，人民解放军扭转了被动局面，敌我双方力量对比发生了根本性转变。接着又一鼓作气，摧枯拉朽，打过长江去。特别是辽沈、淮海、平津三大战役，从1948年9月12日至1949年1月31日，历时142天，共歼灭、争取起义、接受投诚、接受和平改编国民党军队154万余人，国民党赖以维持其统治的主要军事力量基本被消灭，奠定了人民解放战争在全国胜利的基础。周恩来后来回忆说，“我们这个指挥部可能是世界上最小的指挥部，一不发人，二不发枪，三不发粮，只发电报，就把国民党打败了”。

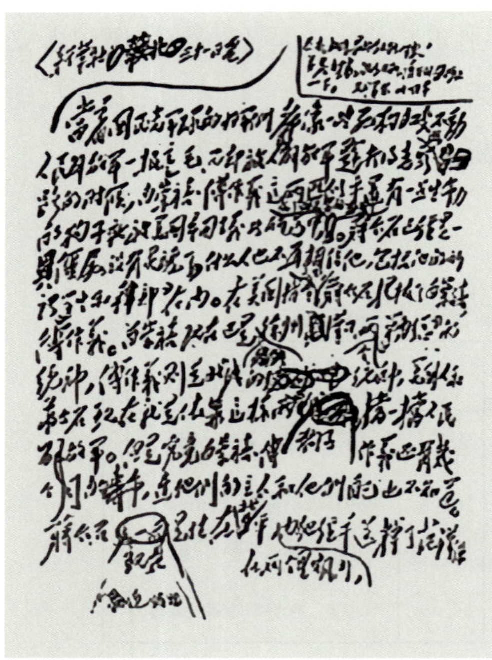

毛泽东为新华社撰写的述评《评蒋傅军梦想偷袭石家庄》的手稿

电报的威力如此之大，可以从毛主席用4封电讯稿，智退傅作义军队偷袭石家庄的故事中感受到。

三大战役期间，蒋介石不甘心失败，命令驻北平的傅作义偷袭石家庄，其实是想伺机攻击中共中央首脑机关。因我军主力部队都在远处作战，石家庄实际是一座空城。为粉碎敌人的进攻，毛泽东亲自撰写了《蒋傅匪军妄图突击石家庄》《华北各首长号召保石沿线人民准备迎击蒋傅军进扰》《蒋傅军已进至保定以南之方顺桥》《评蒋傅军梦想偷袭石家庄》的新闻稿，由新华广播电台对外播出，揭露敌军的阴谋，把敌人这次行动的背景、内幕、兵力组成及军长师长名单、装备等披露得一清二楚，并且严厉警告敌军：我华北党政军正积极行动起来，准备坚决、彻底、干净、全部地歼灭他们。这4份新闻稿极大地震慑了来犯之敌，蒋傅军犹豫不前，最终不战而退。[①]

毛泽东以高超的指挥艺术，用笔如神，成功上演了一部现代版的“空城计”。

2. 砸碎千年锁链，土地重回农家

中共中央和毛泽东在战争初期，敌我力量对比悬殊的情况下，之所以仍能保持必胜信念，根本的原因在于他们心中有“底气”。这个“底气”，不是别的，就是人民群众，特别是千百万翻身的穷苦农民的支持，他们坚定地站在共产党、人民解放军一边，并且义无反顾地投身到解放战争中。民心所向，排山倒海，焉能不胜？

① 李明华等主编：《西柏坡档案》，中国档案出版社2012年版，第567页。

要问这个“底气”是怎么获得的？还是中共中央顺应时代潮流，代表了最广大人民的利益，砸碎了千百年来压迫在农民头上的封建土地制度，实现了“耕者有其田”。

土地问题，一直是中国革命的首要问题。中共中央在延安时期，就在研究土地改革问题。随着解放战争的迅速发展，以刘少奇为首的中共中央工委，开始将全国性的土地改革提上重要议事日程。在经过大量的调查研究和政策酝酿之后，1947年7月17日至9月13日，全国土地会议在西柏坡举行。据后来参加会议的同志回忆，这个会议就在西柏坡的打麦场举行。为了遮阳，临时支起来一块白布，来自全国解放区的几百名代表，有的坐一个小板凳，有的坐一块石头，有的干脆席地而坐，可谓是一次最开放、最接地气的会议。

会场虽然简陋，但研究决定的是关系农民乃至中国命运的大事。在刘少奇主持下，会议总结了解放战争以来，各地推进土地改革的经验教训，通过了具有历史意义的《中国土地法大纲》。这个大纲的核心，就是消灭封建土地剥削制度，彻底废除一切地主的土地所有权，废除土地改革前的债务，平均分配一切土地和财产，实行“耕者有其田”的土地制度。

会议传出的消息，像一声春雷，震撼了古老的中国大地。随后在解放区掀起了暴风骤雨般的土地改革运动，几千年来的封建土地制度一朝土崩瓦解，长期受剥削、受压迫的穷苦农民挣脱了身上的锁链，第一次拥有了梦寐以求的土地。

想想看，祖祖辈辈房无一间、地无一垄、任人欺辱压迫

刘少奇在西柏坡主持召开全国土地会议

的农民，一夜之间翻身做了主人，他们怎么能不从内心感谢给予这一切的共产党和解放军，而痛恨妄图使他们再失去这一切的国民党反动派。他们把解放战争看作捍卫自己土改果实、维护既得利益的正义战争，极大地激发了参军参战的积极性，解放军从而获得了空前的兵源、财源和人力支持。

以淮海战役为例。当时兵力对比是，解放军60多万人，国民党军80多万人，但解放军后面是500多万踊跃支前的翻身农民，参战兵力和支前民工比例达到1：9。解放军所到之处，老百姓箪食壶浆，以迎王师；国民党军所到之处，人民群众坚壁清野，缺吃少穿。战役最后阶段，正逢天降大雪，阵地上的国民党士兵饥寒交迫，四面楚歌，有的甚至冻饿而死。在这种状况下，战争的胜负已经提前确定了。淮海战役结束后，陈毅元帅深有感触地说，“淮海战役的胜利，是人民群众用小车推出来的”。

在西柏坡纪念馆保存着这样一件历史文物，是哈尔滨市顾乡区靠山屯全体翻身农民写给毛泽东的一封信。信里写道：“毛主席呀，没有您我们真得饿死了。这回我们都翻身了，分了地，分了马，分了衣服粮食，都有吃有穿，也都抱团了。一定打倒大地主，打倒反动派。”从这封信中，我们不仅看到了翻身农民对人民领袖的深厚感情，更看到了解放战争胜利的曙光。有道是“得人心者得天下”，这就是解放军的“小米加步枪”，为什么能够打败国民党的美式“飞机加大炮”的奥秘所在。

3. 七届二中全会，引领历史转折

中国革命胜利的前夜，西柏坡格外忙碌。全国解放的城市越来越多，前方的捷报一个接一个传来，国民党彻底失败、人民终将胜利已成定局。几十年来，仁人志士前仆后继，孜孜以求的目标就要实现。

在这个历史转折关头，即将从农村走进城市、从打碎一个旧世界为目标到建设一个新中国为己任、从革命党成为执政党的中国共产党，以怎样的姿态来面对前所未有的转变呢？人们拭目以待。

常言说，打江山容易守江山难。中国历代王朝兴衰更替莫不如此。1944 年，郭沫若写了《甲申三百年祭》，讲李自成经过18年的奋斗打败明王朝，进北京城建立了大顺王朝，但却十分短命，42天就寿终正寝。文章的中心意思是不能骄傲，骄傲会亡国。毛泽东认为文章讲得好，作为整风文件推荐给全党干部学习。

1945年，开明人士黄炎培到延安访问，在窑洞里向毛泽东提出一个问题，历史上很多王朝都是短命的，“其兴也勃焉，其亡也忽焉”。意思是说兴盛很快，但是垮台也很快，似乎是个周期律。他问毛泽东，中国共产党能不能跳出这个周期律？毛泽东思考了几分钟说，可以，中国共产党有办法。黄炎培问他什么办法，回答是走民主之路。这就是有名的“窑洞对”。

可贵的是，中国共产党在历史转折关头保持了政治上的清醒。

1949年3月，经过充分准备，中共中央在西柏坡召开七届二中全会。这是一次开在历史重要时刻的里程碑式的会议。会议开得庄重而简朴，从始至终洋溢着清新的会风。会场设在中央机关长方形的大伙房内，因为没有更大的房间，临时将它布置成了会场。会议所用物品，大部分是从石家庄拉来的战利品，没有任何铺张。里面的座位也不统一，前面两排摆放的是几个陈旧的、样式不一的沙发，后面几排是木条的长椅。谁先到，谁就坐在前边。住在机关大院的同志，则是自己带凳子参加。会场内没有横幅，没有桌签，没有扩音器，更没有鲜花，讨论的却是事关中国前途命运的大问题。

全会共开了9天。在确定了促进革命迅速取得全国胜利

中共七届二中全会会址

的各项方针之后，着重讨论了党的工作重心战略转移的问题。最重要的是，全会强调加强党的思想建设，防止资产阶级思想腐蚀党的队伍，有预见性地提出了进城之后，防止“糖衣炮弹”进攻的重大问题，并进一步提出了“两个务必”的重要思想。

糖衣，本是包在药物外面的甜味的薄膜。用糖衣裹着的炮弹，比喻经过巧妙伪装使人容易接受的攻击方式。毛泽东用糖衣炮弹生动形象的说法，指出必须防止出现在糖衣炮弹攻击面前打败仗的情况，郑重告诫全党，中国革命胜利只是万里长征的第一步，革命胜利后的路还很长，工作还更伟大、更艰苦。“这一点现在就必须向全党讲明白，务必使同志们继续地保持谦虚、谨慎、不骄、不躁的作风，务必使同志们继续地保持艰苦奋斗的作风。”这就是著名的“两个务必”。它像一盏明灯，给中共全党、各级干部在转折关头定了坐标，明确了方向。

为了给全党同志做榜样，毛泽东代表党中央亲自提议“约法六章”，即党内不做寿，不送礼，少敬酒，不拍掌，不以人名作地名，不要把中国同志与马、恩、列、斯并列，并且带头执行。有个小故事，很能说明问题。第一张人民币在设计初期，有同志曾经提出按国际货币的惯例，应当将毛主席的头像印在上面，毛泽东听说后，十分坚决地婉拒了这个提议，坚持把劳动人民的形象印在上面。

这些郑重的告诫和领袖的表率作用，为全党同志敲了警钟，使新入城的执政者没有重蹈周期律的悲剧，避免了更多的领导干部走上刘青山、张子善的不归路，保证了新中国的航船沿着正确的方向扬帆远航。

离开西柏坡时还有一个“赶考”的故事。据身边的工作人员回忆：在临走头一天晚上，毛泽东批阅完最后一批文件后，站在窗前眺望着夜空，一支一支地抽起烟来，边抽烟边思考着问题。直到凌晨三四点钟，才上床睡觉。周恩来知道毛泽东睡得晚，便对战士们说：“你们不要九点钟叫主席起床，让他多睡一会儿没关系。”

1949 年 3 月 23 日上午，快十点钟了，值班战士才把毛泽东叫醒。毛泽东显得精神焕发，异常高兴。他说：“今天是进京赶考的日子。”周恩来风趣地说：“我们都应当考及格，不要退回来。”毛泽东满怀信心地说：“退回来就失败了。我们决不当李自成。”[①]

“赶考”，体现了一个政党时刻保持清醒、直面挑战、与时俱进的优秀品质，激励人们永不停顿，不断向前，直到今天。

习近平总书记是“两个务必”精神的忠实实践者。早在20世纪80年代，他任正定县委书记时，就骑着自行车去西柏坡旧址参观；2005年，任浙江省委书记时，又提出要传承红船精神、井冈山精神、延安精神、西柏坡精神。党的十八大之后，更是在多个场合讲到西柏坡精神。2013年7月11日，他当选中共中央总书记不久，就来到西柏坡。他表示，西柏坡我来过多次，每次都怀着崇敬之心来，带着许多思考走。在2016年“七一”重要讲话中，习近平总书记告诫全党，在新的历史征程中，考试还没有结束，还在继续。要不忘初心、继续前进，努力向历史、向人民交出新的更加优异的答卷！

应当说，在石家庄大地上诞生的西柏坡精神特别是“两个务必”，是党的第一代领袖留下的一笔十分宝贵的精神财富，意义深远。如果说井冈山、延安这些革命圣地，给了人民正确革命道路和艰苦奋斗的精神引领，那么西柏坡这个中国革命的圣地，则站在历史的高度，给了执政者以永恒的启示。那就是，要永葆一个政党的青春活力、永续一个国家的长治久安，必须时刻保持“赶考”的状态，时刻保持清醒的头脑，时刻保

---

① 孙万勇主编：《石家庄通史（当代卷）》，河北人民出版社2013年版，第83页。

持谦虚谨慎艰苦奋斗的作风，永远不脱离人民群众，永远与人民群众在一起。

其实，“两个务必”对普通人来说，又何尝不是座右铭。“成由勤俭破由奢”。在日常生活中，头脑发热、忘乎所以，必定要“跌跤子”；铺张浪费、追求奢靡，没有不败家的。这样的例子难道还少吗？

不论是官员、企业家、工人、农民，还是军人、教师、科技工作者，为了事业、家庭，都应当牢牢记住“两个务必”，只有落化于行，才能行稳致远。也许，这才是来到西柏坡需要悟到的真正意义。

延续篇

——闲谈城市文化气质

春夜，春雨潇潇，万籁俱寂，与三两好友围坐在茶炉旁。茶水沸滚，茶气氤氲，让人产生一种温馥而慵懒的感觉。直到谈起最近的读书写作，话语才渐渐稠了起来。友人知我正在写一本关于城市文化的书，话题也就围绕这个漫谈开来。

甲君是一位老石家庄人，号称石家庄的“土著”。他以特有的直爽性格提问，为什么写这样一本书？乙君是一位历史文化的爱好者，对城市的历史比较熟悉。他提出一个容易引发讨论的话题，什么是城市文化气质，怎么样界定一座城市的文化气质？丙君是一位相对年轻的文学爱好者。他的观点是，城市文化气质是一个十分难把握的话题，近年来，一些地方有了解读城市文化的出版物，但给人的感觉是不够精准，不是“那么回事儿”，准确地反映一座城市的地域文化与气质是很不容易的。丁君是一位机关的公务员，他的思考是，怎么才能完善一座城市的文化品格和气质，重点是什么，从哪儿做起？

有了议题，大家你来我往，相互问答，畅所欲言，间或有一些争论，最后，逐渐趋向了统一。第二天，细心回味，猛然发现，日常思考的一些问题忽然找到了答案，这不就是这本书很好的后记吗？于是把这个集体讨论之作整理出来，奉献给读者。因为是围绕传承和弘扬历史文化的讨论，权作为本书的承上启下篇吧！

一、城市文化研究需要新的深度

改革开放以来，对石家庄城市文化的研究，犹如剥茧抽丝，层层深入。过去一段时间，这座城市对历史和文化做了许多挖掘和解读，历久经年，有了多方面的成果，也产生了很好的影响。例如，2007 年以来，陆续出版了《石家庄通史》、拍摄发行了大型电视纪录片《璀璨时空——石家庄历史文化影像志》、反映解放石家庄战役的电视片《石破天惊》、反映历史文化名城的电视片《正定》等。这要感谢那些持之以恒地做这项工作的专家学者。其中，有一位郭西昌先生，人们特别应当记住。此君毕业于北京广播学院，是中国电视艺术家协会电视纪录片学术委员会的副秘书长，创作了《孙中山》《新四军》《中国神农架野人调查报告》《齐民要术》等多部作品，获奖若干。2007 年以来，他受邀创作拍摄反映石家庄历史的系列电视纪录片，除上述 3 部作品之外，还有《没有共产党就没有新中国》《太行古陉》等多部作品，是第一位用影像镜头系统记录石家庄历史文化的作者。由此，刷新了这座城市历史文化挖掘弘扬的表现形式和高度，广受市民好评。2010 年，郭君被授予石家庄市荣誉市民，当选年度“感动省城”十大人物，是第一位获此殊荣的外地人士。

耕耘者为这座城市的历史文化传播作出了重要贡献，也使世人对这座城市有了比较深入的了解。譬如说，石家庄的身世何来，历史演变过程和长度如何？地域文化的内涵怎么样，有什么特色？人们大致有了了解。对比前些年，那些认为“石家庄没有历史，缺少文化”甚至是更偏颇的看法，已经大大地减少了。当然，认识水平还参差不齐，认识程度也不尽一致，本地人与外地人看法也不尽相同。这是需要不断努力，随着时间的推移逐渐解决的问题。

与此同时，在对历史文化的解读上，也遇到了如何深化的问题。现代的人们特别是中青年人已经不满足于对悠久历史、灿烂文化的单纯欣赏，而是想再进一步，透过千年历史的浸润，深入思考一座城市凝练出的文化品格和气质，弄清楚历史的背景和催化过程，以及对现代社会发展的影响与作用。

为什么会这样？我们以为，是社会发展到一定阶段的必然要求。一方面，在物质生活达到一定水平、衣食无忧之后，人们自然而然要追求精神的充实与丰富，追求生活的品位。另一方面，人们也关心自己生活的城市未来发展的走势和持续性。毕竟，文化是软实力，是一座城市的灵魂和形象，也是不断创新发展的基础。任何一座城市，经济实力再强大，物质财富再丰足，如果没有与之相适应、引领发展的文化力，是不可能真正立足于世且持续发展的。许多城市的发展之路已经提供了充足的论据。

从某种意义上说，关心一座城市的文化形态，关心它的文化品格和气质，不仅是关心当下的生活，而且也是关心这座城市的未来。这是人们在新时期文化意识回归、文化自觉提升的表现，是非常可喜而无可厚非的。

因此，研究城市文化的同仁们，不应当满足于普及历史文化知识，展现辉煌与自豪，还应当有一个新的视野和角度，积极回应人们精神的新需求，在历史文化的研究传播上，立足现在的基础，更进一步深入。哪怕是做些尝试，也是值得的。

二、城市气质更多表现在精神层面

这个问题实际包含3个概念，即文化、文化气质、城市文化气质，而且彼此之间相互联系和递进，回答起来说易而实难。姑且说说我们的“一孔之见”吧！

先说“文化”这个概念，这可能是迄今为止争论时间长且很难统一定义的学术问题。多年来，中西方学者给了许多答案。从广义上讲，文化是人所创造的一切物质财富和精神财富的总和。从狭义上讲，是相对于物质的“精神”，延伸包括人们的价值取向、思维方式、生活习惯，甚至风俗礼仪、言谈举止、明文的制度、潜在的约规等。有人说，文化是感觉得到却摸不到、没有界限却能渗透到一切领域，无处不在的。此话是有道理的。

但文化究竟是什么，总要有个说法。我们倒是赞成余秋雨下的定义。他说，文化是一种精神价值和生活方式。它通过积累和引导，创建集体人格。我们理解，所谓精神价值和生活方式，实际上是人们对价值观的追求、形成和实践。也就是说，在社会生活中，价值取向如何，提倡什么、排斥什么，按照什么标准去取舍、去实践。所谓积累和引领，按照余先生的解释，文化是一种时间的积累，但也有责任引导“移风易俗”。

余先生把文化的定义，界定在一个相对较小的范畴内，使我们比较好把握和驾驭，可以将此作为讨论问题的基础。

再说文化气质。网络有个热词“主要看气质”，加上自拍照，刷爆了朋友圈和微博。什么是气质，按理论解释，是指人相对稳定的个性特点和风格气度。它是发自内心、由内到外的心理、性格的体现，所谓“诚于中而形于外”。通俗地讲，也可以说是人的脾气、性情和处事的方式。我们常常见到，在同一件事情面前，不同人的反应会各有不同，或冲动或沉稳，或大度或小气，或优雅或猥琐，或明快或忧郁，这都是不同气质的外在表现。

朋友们谈过，最让人信服的一个例子，是我国第一位太空人杨利伟，他承担中国第一次载人飞船发射、环绕太空又返回地面的重任，面临的压力非常人所能想象。当发射进入倒数计秒阶段、火箭即将升空时，观众紧张得心跳怦然加快，但坐在飞船里的杨利伟却稳如泰山，气定神闲，仪表显示他脉搏72次/每分钟。这是何等强大沉稳的气质啊！相信这是他经过长时间的锻炼，所形成的坚强毅力、稳定心理素质的表现。在这种时候是绝对“装”不出来的。

其实，气质是个中性词，本身并不代表好与差、优与劣。只是时间一长，人们都习惯于把气质约定为一个褒义词。比如说，某某人有气质，这座城市有气质，等等。为什么这样，原因在于人们大都追求向往优秀的、高雅的气质。为了追求优秀的、高雅的气质，人们努力寻求其成功的渠道和途径。结果，“众里寻他千百度，那人却在灯火阑珊处”，这个它，就是文化。

你看，气质与文化一结合，马上不同凡响起来。然而，气质本身就是文化元素，之所以再与文化相加，我们以为是设法区别于物质方面包含的文化元素，也就更加体现了它的精神层面的内涵。此人言谈举止如何，为人处世的做派怎么样，追求什么样的价值观，按什么样的眼光选择生活方式，甚至穿什么衣服、化什么妆，怎么吃饭穿衣（吃什么、穿什么另当别论），都是气质的重要内容和衡量标准，也都能体现出一个人的文化层次来。

比如，清朝时在帝王面前受宠的太监，一朝暴富，挥霍大把钱财，也想过上有品位的生活，但因为没有文化，家里总是“树小屋新画不古”，不像那么回事儿，很难入流，颇似今天的“土豪”。

再如，“文革”时期，物资匮乏，人们的衣服不多，但上海人在中山装的领口上，加上一个白色衬领，以假乱真地替代白衬衣，投入很少，却显示了爱整洁、求美观的气质。也成为一些城市年轻人效仿的对象。显然，这里人们已经把气质作为一种文化品位来追求。而决定有没有文化品位的，归根结底，还是精神价值的取向如何、生活方式的文明程度高低等。

不可想象，一个极端自私、拜金思想至上的人，一个满嘴粗话、举止粗鄙的人，会被认为是一个有气质的人、生活有品位的人。结论是，文化气质更多地表现在人的精神层面，当然，它也会直接作用于物质层面；气质的提升也更多地通过文化的修养来完成。

最后说城市文化气质。在说完上述两个问题之后，这个问题似乎相对好说了。简单来说，是个外延伸展的概念。一个人的气质，在于阅历的积累和内在的修养，一座城市的气质，则与生活在这座城市的众多人的人文品质密切相关，是经过历史沉淀后的带有地域特色的集体人格。独特的个性、品位和内涵，体现着一座城市的风格与魅力，可以感受到它的与众不同。不同的城市，有着不同的人文氛围。譬如说，走进北京，可以感受到辉煌和大气；走进杭州，可以感受到它的精致和雅气；走进巴黎，可以感受到浪漫和温馨；走进新加坡，可以感受到现代和开放；等等。

与这些城市相比，我们的一些城市，硬件方面并不差，物质水准也还可以，楼房够高，马路够宽，霓虹灯够亮，甚至有的方面还更好一点，但总给人感觉差了一点儿。差在哪里，就差在内在的文化品位上，差在人文精神的气质上。

如果说，城市基础建设可以提高一座城市外在气质的话，那么，文化底蕴和感观就是衡量城市内在气质的标尺。这里的文化，不仅包括中华民族的优秀传统，也包括一座城市的地域文化，诸如开放包容的胸怀，善于学习的理念，质朴淳厚的民风，勤劳吃苦的传统上。过去若干时期，我们总在学习追赶人家的物质成就（这是应该的），但忽略了人家精神层面的长处，同时也忽略了挖掘弘扬具有自己特色的文化气质。

在京津冀协同发展的大背景下，需要我们补齐与北京、天津等城市诸多的“短板”。从一定意义上讲，最大的短板，应该就是文化的差距、城市气质的差距。现在是抓住有利时机，抓紧做好这方面工作的时候了。

三、需要直面自己的勇气和自信

直面自己的历史，清晰地认识自己文化中的优劣，也是个难题，原因有两个。一个原因是，我们不是简单地陈述历史，而是透过历史，找寻沉淀在里面的文化品格和气质。比如电脑的菜单，不是反映一级、二级的内容，而是要整理出延伸的三级、四级的东西，工作量和难度显然够大。由于认识的局限性，包括史料掌握的多寡、分析辨别能力的强弱、文字表达水平的高低，也包括当下社会诸方面因素的纷扰，都有可能影响归纳整理的合理性、科学性。这是客观存在不可回避的问题，应对的办法，是剥茧抽丝、去伪存真，反复比较、仔细推敲，力争做出全面准确的结论。

另外一个原因，就是我们主观的因素。

长期以来，在历史文化的弘扬上，我们习惯于展示辉煌灿烂的一面，很少反映不那么鲜亮的一面，有点儿“为尊者讳”的味道。形成这种状况，也有一些客观因素，就是实用性在起作用。这些年，大家已经熟悉了“文化搭台、经济唱戏”的说法，很多地方用展示地方文化特色的手法，来吸引投资者。例如，某某历史文化节及招商引资洽谈会等。试想，在一个时间和空间都有限的场合里，东道主当然要尽量介绍优秀的一面，要求其大量宣传缺陷和不足，是不合情理的。何况，缺陷和不足并不占主要成分。

问题是，处在新的历史时期，我们对文化建设在全局中的地位和作用，应当有新的认识。其一，按照十八大确定的“五位一体”的战略部署，文化建设已经不再是处在单纯搭台唱戏的位置，而是与政治、经济、社会、生态一起同步发展的战略一翼。先进文化承担着引领社会前进的重任，主动加强文化建设，提升一座城市的文化气质，本身就是全面建设小康社会的重要内容，当然，也会为经济、生态、社会事业提供内在的支持。其二，全面准确地评价一座城市的文化品格和气质，是加强文化建设的基础条件。只有认清了自己的脾气秉性，才可能扬长避短，提升文化建设的精准性。

然而，直面自己的优点往往容易做到，而解剖自己的缺点则有些困难，或不那么习惯。比如表扬信（包括自我表扬）比较好写，小学生都会，而检讨书写起来则不那么顺畅。朋友的小孙女，刚刚四岁多，听到别人的表扬，会心花怒放，洋洋自得，而听到一点批评，则很不以为然，颇为恼怒，甚至以号啕大哭来对抗。这是人的天性使然。

是的，直面自己的文化缺点是要有一点勇气的。这种勇气从哪里来？应当来源于对客观事物认识的全面性。其实，任何事物都有两重性，都是发展变化的，美好的东西都是相对存在的，没有十全十美的品格和气质，所谓“尺有所短，寸有所长”“金无足赤，人无完人”，讲的就是这个道理。在石家庄城市文化的研究中，我们就发现了这种两重性。譬如说，为人实在的性格，被人称道，而失去分寸，“过于实在”，则走向了反面。譬如说，开放包容的气质是优点，但自己没有融入进去，或是走不出去，则是个缺憾。这些都说明，只有实事求是地分析认识，才能保证研究的客观准确性。

敢于严肃地剖析自己，直面问题和不足，也是具有高度文化自信的表现。认识某些缺陷和不足，是为了完善主流文化气质，丝毫不会因此贬低一个地方的文化，更不会影响它的形象，反而会给自己加分。石家庄一带，是中华文明的发祥地之一，历史悠久，文化灿烂，祖先留下的优秀遗产足以引以为傲，近现代形成的人文精神，也毫不逊色。我们不能妄自尊大，也不能妄自菲薄。一方面，应当堂堂正正地弘扬文化精华，把优秀的城市气质发扬光大，再续新篇；另一方面，也要勇于抛弃不那么积极的文化习俗，使整个城市的文化品格更加完善。相信到那时，文化对城市发展的强大动能，将会展示得更加淋漓尽致。这就是文化自信。

“沉舟侧畔千帆过，病树前头万木春。”这是祖籍石家庄的著名诗人刘禹锡在一千多年前吟作的诗句，我们以为，应当成为今天增强文化自信最好的情怀和心态。

四、走向成熟完善的未来

完善城市文化气质的问题，答案有 N 个，我们想试着用一种相对轻松、探讨性的形式来选答。

譬如，将“、”改为“——”，将对的事情坚持做到底。

如前所述，石家庄历史上曾经创造过不少辉煌，例如不同时期城市管理的经验名扬全国；开创了城市经济体制改革的先河，为全国的经济改革发挥了示范和引领的作用；交通物流集散的优势明显，大型会展活动极具影响力。改革开放初期，石家庄曾经是全国糖烟酒、物资交易大会的举办地，极具人气，盛况空前。但遗憾的是，往往缺乏“长性”，优势不能持久，许多事情经常“虎头蛇尾”“昙花一现”，没有产生更大的、持续的效益。原因何在？除一些客观条件以外，缺乏一种文化品格上的自信，即恒心和毅力，可能是一个重要的因素。正常情况下，可以创新坚持，而一旦遇到困难或外界干扰，往往就发生动摇，甚至怀疑过去成功的合理性。这一动摇和怀疑，就走向了“行百里者半九十”的下坡路。

其实，世界上有许多事情的成功都是坚持的结果。我记得邓榕有一次问邓小平长征时在做什么，邓小平回答是“跟着走”。简单的3个字，道出了坚持到底的丰富含义。因为坚持，走出了一位改变中国历史的伟人。

现实也不乏其例。浙江义乌历史上是不沿海、不靠边，连铁路都没有的内陆小县城，在这里发展小商品市场，几乎没有人看好。可就在这样一个没有区位优势的地方，义乌人认准了这件事是对的，就坚持干、不停歇地干、变着法地干，结果经过几十年的努力，集腋成裘，“鸡毛飞上天”，义乌成了闻名世界的商品集散中心，全世界供应商趋之若鹜的地方。想想看，当年他们遇到多少困难和阻力，若没有坚定的信念和毅力，是绝对坚持不下来的。可以说，坚持、毅力和恒心，是义乌成功的关键词。

“他山之石，可以攻玉。”克服石家庄历史上的“虎头蛇尾”的遗憾，应当从增强文化上的自信、增添几分恒心和毅力做起，要有一点“咬定青山不放松，任尔东西南北风”的劲头，更要有一点久久为功的定力和绵绵不断的“长性”。

譬如，做好“加减法”，多说一点“能”，少说一点“不”。

有两个不同的例子。有个人习惯了按部就班地做事，凡是过去已办过的事就点头，凡遇新的事就一律摇头，养成了说不的习惯。有时人家找他说事，他先说不行，然后再问什么事啊！搞得人家哭笑不得。结果他工作压力很大，个人生活也很无趣。我相信这位同志是对事业负责的，但他形成了可怕的思维定式，以不变应万变，不加区别、简单地说不，实际上放弃了对新生事物的兴趣和研究，拒绝了进一步提升履职能力的机会。

另外有一位年纪稍大的人，始终思维活跃，对新事物兴趣十足，不仅工作得法，而且生活也很充实，退休下来后，也生活得有滋有味，十分开心。书画、篆刻样样在行，还会开汽车、玩电脑、发微信，最近又学会了用支付宝和共享单车，他认为，没有什么是不可能的，只要你感兴趣，愿意学习。

两相可以比较，一个人字典里写满了“不”，另一个人字典里写满了“能”，看似是生活性格的差别，实际是文化修养和气质的反差。

由此可以看出，保持兴趣，创造可能，不轻易说“不”，是一种重要的思维方式。处在日新月异的时代，人们熟悉的东西往往相对已经滞后，对层出不穷的新生事物（不是打着新事物幌子的腐朽东西），千万不要用老眼光去看、不能用老经验去处理，不应胸有成竹地、简单习惯地说“不”，而应当具体地、实事求是地分析认识，只要是有益于社会民生的，就要努力变其为“可能”；有不足的要帮其去完善。我相信，这是一个人、一座城市不断保持活力的应有的文化气质。也许，完善文化品格要从加减法开始：多说一点“能”，少说一点“不”；多把“能”变为优势和效益，少把“不”作为借口和推辞。

譬如，养成登高望远的习惯，站得更高、看得更远一点。

古诗云，“欲穷千里目，更上一层楼”，“会当凌绝顶，一览众山小”，就是告诉我们，生活做事要站得高一点，看得远一点。一个人要进步，一座城市要发展，总是要不断确立新起点、新目标，保持不断前进的动力；只看眼下、满足于既有，就失去了继续奋斗的欲望。因此，应当有意识地与小富即安、小进即满这些小农意识做彻底的切割。

有人会说，这都什么年月了，还有小农意识？的确有。有事例为证。有两位农民企业家，同样在搞民营企业，同样都取得了成功，不一样发生在成功之后。前者生活好了，仍然不满足，看准了新的项目，将赚来的钱全部投了进去，还申请了贷款，负债经营；后者则住上小洋楼，每天酒足饭饱，感觉很知足，把赚来的钱存入银行吃利息。几年下来，出现了不同的结果。前者做成了知名品牌企业，后者的企业却日渐式微，不死不活地维持着。

在日常生活中，也有这样的现象。我们常听一些人在说，“差不多行啦，多少是够啊！”同时，也听到另一种声音，“看看还差多少，拿下来！”人家追求的是，如何做成全国之最、全世界之最，你想的是怎么保住现有的市场。这就是差距，是两种不同文化意识的差距。这也许就是有些地方产生不了强大的民营企业、出现不了知名品牌的主要原因。

的确，人生和事业都要不断追求更高的目标。做规划，搞设计，应当瞄准一流水准；衡量业绩，满意度测评，既要纵向比，更应当横向比，常常思之不足，时时居安思危，保持进取状态，才能实现持续发展。“逆水行舟，不进则退。”无数事例说明，在日常激烈的市场竞争环境下，小进即满，就是停滞；小富即安，就是倒退。为了事业更成功一些，为了使生活更美好一些，人们不能只活在“知足”的当下，而需要经常“登高望远”。

譬如，学会去粗取精法，把“活儿”做得更加精细一些。

精细是一种文化气质，也是生产力，精细出品位、上档次。精细体现在日常生活的方方面面。前些年去日本考察，无意中看到超市的两种小商品，颇有感触。一件是体温计，不大的东西品种繁多，按测温时间分，有 30 秒、45 秒、1 分钟、2 分钟、5 分钟不等；按使用部位分，有舌下用的、腋下用的、肛门用的。造型不一，五花八门，且做工精细。另一件是掏耳勺，品种多不说，令人惊奇的是，有一种在小小的勺头上，居然安装了一个微型发光物！想来，这是为帮助他人掏耳朵所设计的，既方便又减少了失手的危险，可谓用心到家了。这里体现的就是精细的气质。与之相较，我们在搞生产、做事情、建设管理上，还比较粗放，还缺乏那种精细的意识，精益求精的精神。比如，刚修的马路，就又“开膛破肚”；刚出的产品没有多长时间就“下岗了”；等等。也许，这就是制约从制造大国向制造强国转变的主要因素。

让精细成为一种文化，需要思维意识的改变。我们已经做了很多事情，但常常是一般化，还不到位；也有不少成功的经验和产品，但往往还差那么一点，还不够出类拔萃。这一点，就是精细的意识。之所以这样，原因在于传统文化中一些囿于粗放、不求精细的观念，已经形成习惯、潜移默化于生活，需要下大力气有意识地转变。比如，把人们经常说的“差不多”“马马虎虎”“不错啦”“齐不齐，一把泥”，改变为还不够、还有差距、还有提高的空间等。在这方面，要有意识地与自己“较劲”：凭什么功夫也下了，力气也出了，人家是一流，我们是二三流，人家是精致，我们是粗放？怎么就不能不做则已，做就做到底、做到极致、做出品位？“世上无难事，只要肯登攀。”只要把意识和观念转变过来，一切都会迎刃而解。当精细成为一种意识和文化自觉、成为一种习惯或行为方式，当一件件产品精致起来，当一项项管理精细起来，社会面貌将会焕然一新。

五、令人期待的石家庄

世界上最让人依恋的是家，最让人难以忘怀的也是家。

不知道你是否有这样的感觉，像离家多年的学子，像游走世界的游客，在经过漫漫长路，终于回到家中那一刻，是那样的如释重负，感觉是那样的温馨惬意；又闻到那熟悉的气味儿，又听到那熟悉的乡音，旅途上一切疲惫、烦恼、寂寞，一股脑地随风而去，剩下的是一团团浓浓的温情。这是一种连着骨肉血脉的情感，因为这里是你唯一的、不可替代的家。

一座城市就是一个大家。在这片热土，曾经慷慨地给予我们生活的养分，曾经无私地提供我们安居乐业的港湾，不管今后路途顺畅通达，还是艰难曲折，它都将伴我们走下去。这是我们赖以生存的有温度的家园。

参加工作之后，到过许多地方，不管走到哪里，不管多长时间，都淡忘不了我们对石家庄的思念。忘不了市区道路两旁开着白花、散发着淡淡香味的国槐，忘不了高大挺拔、为行人遮阴避雨的梧桐树，忘不了太行山上苍翠的植被和潺潺的流水，忘不了大平原上漫天如雪的梨花，更忘不了那群热情如初的人们。是的，我们爱石家庄，爱它的平实、爱它的纯朴、爱它的善良、爱它的温馨、爱它的正能量，这是一个让人可以信赖的地方，是一个让人感到温暖的地方。

因为爱，有时人们会有些盲目，有时甚至有些“霸道”：我可以说自己的不足，却听不得外人的批评，你不能说三道四。像一位大学校长说的，什么是母校，母校就是我可以说、我可以骂，但听不得外人说不好。像一些所谓的“愤青”，在国内看一切不顺眼，天天抨击一切。到了国外，看“老外”对中国说三道四，却拍案而起，据理驳斥，毫不含糊。有人说，出了国以后，才真正懂得什么是爱国。这是切身体会之说。

但是，正是因为爱之深，我们才应当欢迎善意的批评和建议。必须承认，这座城市还有这样那样的不足。比如，不如北京大气，不如上海时尚，不如广州繁华，不如成都舒适，不如西安古朴，不如青岛美丽，也不如很多城市的生态环境和生活质量。但是，这是一个愿意倾听的城市，并且在孜孜不倦地追求着、改变着、进步着，如同一棵参天大树，它愿意接受一切阳光、雨露和各种营养，甚至治病的良药，而除去影响生长的病害和老枝残叶，使自己更加完美起来。一个不满足现状、不断试图改变的地方，一个不忘初心、继续前进的地方，应该是充满希望和美好未来的地方。

“两岸猿声啼不住，轻舟已过万重山。”我们相信，假以时日，在平实的文化品格的积淀上，融入与时俱进的现代元素；在优秀的传统文化母本上，植入创新智慧的枝干，这座城市的气质一定会更加成熟完美，石家庄将不负众望，以新的令人印象深刻的面貌立足于世。

石家庄的未来是令人期待的。让我们静候佳音。

参考书目

1. 习近平著:《忆大山》,载于《当代人》杂志,1998 年第 7 期。

2. 孙万勇主编:《石家庄通史(古代卷)》,河北人民出版社 2010 年版。

3. 孙万勇主编:《石家庄通史(近现代卷)》,河北人民出版社 2011 年版。

4. 孙万勇、肖力分主编:《石家庄通史(当代卷)》,河北人民出版社 2013 年版。

5. 聂荣臻:《聂荣臻回忆录》,解放军出版社 2007 年版。

6. 孙万勇主编:《石家庄历史名人(古代卷)》,河北人民出版社 2008 年版。

7. 杨成武:《杨成武回忆录》,解放军出版社 2005 年版。

8. 孙万勇主编:《璀璨时空——石家庄历史文化影像志》,中国书籍出版社 2010 年版。

9. 孙万勇主编:《石家庄:新中国的摇篮》,河北人民出版社 2009 年版。

10.《石家庄市纺织工业志》，河北人民出版社 1994 年版。

11. 净慧法师:《禅宗入门》，华东师范大学出版社 2013 年版。

12.《石家庄解放》，中国档案出版社 2010 年版。

13.《石家庄市志》，中国社会出版社 1995 年版。

14. 梁勇、石丽娟等编著:《京津冀挽起一带一路》，河北美术出版社 2016 年版。

15. 李惠民著:《近代石家庄城市化研究（1901—1949）》，中华书局 2010 年版。

后　记

这本书从构思立题到初稿、定稿，经历了资料准备、实地考证、个别叙谈、征求意见、修改、再修改等过程，前后用了一年多的时间。感慨颇多。

写作的过程，也是我对这座城市文化气质不断加深认识的过程。越写越感觉石家庄历史文化的厚重。应当说，石家庄的历史文化有一条主线，并且是一脉相承的，但它的治所有过若干的变迁，把它们有机串联起来，比较其他城市要多费一些笔墨。这还比较容易，相对困难的是，要从浩繁的史料中提炼出这座城市的“筋骨”——人文精神和文化气质，并且要全面准确，鲜活翔实，则是一次开创性、探索性的尝试。描述得像不像、准不准，人们认可不认可，始终是第一要务。为此，经过反复推敲，颇费了一些心思，生怕以偏概全或挂一漏万，引人歧误。尽管如此，很可能还有不准确或有争议之处，权作抛砖引玉，就教于专家和读者。

品读并不是纯粹写历史，但又不能脱开历史，而要有一种新的表现形式。我以为，这种形式融史学、评论和散文为一体。它是以历史事实为基础，以人文精神和文化品格为主线，以理性的分析品味为主要叙说形式，并且尽可能地以讲故事为表现手段，深入浅出，夹叙夹议，尽量生动一些，避免陷入讲历史的枯燥，以增强它的可读性和感染力。我一直以此为标准，努力把握写作全过程的。不知是否达标，也请读者给予评判。

好在，我不是一个人在写作。从一开始立题到最后定稿，整个过程，得到了许多朋友的热情鼓励和支持，这是我完成书稿的信心和动力。感谢我国文化界老领导、尊敬的高占祥主席欣然赐序；感谢中国书协苏士澍主席为本书题写书名；感谢中华文促会王石主席的热情关注；感谢出版社的领导、编辑和相关人员，给予的首肯、鼓励和具体而细致的帮助；感谢多年的好友和为搜集素材而结识的新朋友，以及他们提供的建设性意见。写作中的资料支持、素材整理、图片选配，得到了王惠周、韩振民、王律、何凯等同志的帮助，在此一并致以谢意！

2017 年 11 月 20 日

再　记

2018年9月，《品读石家庄》正式出版，至今已6年矣。其间这本书得到不少读者的关注和肯定，专家学者也给予好评，认为契合了传承中华优秀传统文化的新时代要求，对深入了解石家庄乃至京津冀地区的传统文化，从历史纵深的角度，增强文化自信和文化自觉有所帮助。鉴于这本书目前市场数量较少，一些读者希望再次印刷，以方便阅读。

为此，我对书稿进行了修订。本着实事求是的原则，在基本保持原书结构和内容的基础上，对一些章节顺序有所改动，一些史料、图表和字句有所校正，尽可能进一步提升书的品质。但可能还有瑕疵之处，敬请读者雅正。

感谢责任编辑及相关同志的热情支持，他们以严肃认真的态度，从装帧设计、文字内容、图片整理等多方面付出了辛勤的劳动，使本书能够以新的面貌示人，再次与读者见面。

中华优秀传统文化博大精深，是一笔取之不尽用之不竭的宝贵财富，愿我们的所有努力，都能为它的传承与弘扬添砖加瓦，为中国式的现代化贡献微薄之力。

2024 年 6 月 18 日